目　录

第 2 部分　案例项目

第 **2** 部分　案例项目

案例项目导读

　　北塞至畔绥公路为旧路改建项目，是百色市地方路网的重要组成部分。其中，No.1 合同段位于广西壮族自治区百色市右江区境内，起点 K10+000 位于百色市北塞乡附近，终点位于百色市畔绥镇附近，桩号 K 33+000。

　　北塞至畔绥公路 No.1 合同段路线全长 23 km，路基宽度为 8.5 m，采用水泥混凝土路面。

　　A 公司接到编制招标控制价的任务。招标委托人要求 A 公司在开标前 5 天公布招标控制价(最高投标限价)。

　　北塞至畔绥公路 No.1 合同段工程在规定的媒体上发布公开招标信息后，共有 10 家施工单位报名参与项目投标，B 公司是其中的一家。在项目招标规定的投标截止日期之前，B 公司需要编制投标文件并参与项目投标。

模块 1　公路工程造价基础

案例任务 1　公路工程造价认知

1.1　任务引入

北塞至畔绥公路 No.1 合同段已进入招投标阶段,A 公司负责编制招标控制价(最高投标限价),B 公司需要编制投标报价。造价文件编制涉及的造价基础知识涵盖了工程构造与识图、基建程序、招投标管理、工程造价、合同管理等方面,在开始编制造价文件之前,应熟知上述公路工程造价基础知识。

1.2　任务目标

帮助学习者梳理公路工程造价文件编制需要熟知的基础知识,以及如何应用这些知识编制各种造价文件。

1.3　任务书

阅读和学习公路工程造价的基础知识,了解公路工程建设各阶段造价工作及其依据、方法,明确项目招投标阶段有哪些造价工作,招标人和投标人需要编制哪些造价文件,编制造价文件的依据和方法是什么。

1.4　任务实施

1.4.1　公路基本建设程序

公路基本建设有着细致的分工和广泛的外部协调关系。一个公路项目从计划到竣工交付使用,要经过许多阶段和环节。它们互相衔接,循序渐进,其整个建设过程中的各个阶段和先后次序即为基本建设程序。

根据《交通运输部关于修改〈公路建设监督管理办法〉的决定》(交通运输部令 2021 第 11 号),政府投资和企业投资的公路建设项目实施,应按表 2.1.1 所列程序进行。

表 2.1.1　政府投资和企业投资的公路建设项目实施

政府投资公路建设项目	企业投资公路建设项目
根据规划,编制项目建议书	根据规划,编制工程可行性研究报告
	组织投资人招标工作,依法确定投资人
根据批准的项目建议书进行工程可行性研究,编制可行性研究报告	投资人编制项目申请报告,按规定报项目审批部门核准

续表

政府投资公路建设项目	企业投资公路建设项目
根据批准的可行性研究报告,编制初步设计文件	根据核准的项目申请报告,编制初步设计文件,其中涉及公共利益、公众安全、工程建设强制性标准的内容应当按项目隶属关系报交通主管部门审查
根据批准的初步设计文件,编制施工图设计文件	根据批准的初步设计文件,编制施工图设计文件
根据批准的施工图设计文件,组织项目招标	根据批准的施工图设计文件,组织项目招标
根据国家有关规定,进行征地拆迁等施工前准备工作,并向交通主管部门申报施工许可	根据国家有关规定,进行征地拆迁等施工前准备工作,并向交通主管部门申报施工许可
根据批准的项目施工许可,组织项目实施	根据批准的项目施工许可,组织项目实施
项目完工后,编制竣工图表、工程决算和竣工财务决算,办理项目交、竣工验收和财产移交手续	项目完工后,编制竣工图表、工程决算和竣工财务决算,办理项目交、竣工验收
竣工验收合格后,组织项目后评价	竣工验收合格后,组织项目后评价

合作共赢

被称为"新世界七大奇迹之一"的超级工程港珠澳大桥,预估造价729.4亿元,这么巨大的投资,如何筹集建设资金?经过多方论证分析,在常用的几种筹集方式即国家出资、贷款、BOT、PPP中,选择了由内地、香港和澳门三方业主资本金+贷款方式。为什么不采用目前常见的社会资本的BOT或PPP模式呢?这个项目属于国家边防基础设施,更多要体现国家利益的需要,而不应该进行社会融资和获取经济收益。因此,项目筹资方案由三地政府深入讨论,创新性地形成了最后的方案,即三地政府一致同意按照"效益费用比相同原则"分摊资本金,即香港占比50.2%、内地占比35.1%、澳门占比14.7%,由中国银行牵头的银团提供贷款。如果没有合作、没有创新、没有科学研究的精神,这一超级工程不可能在8年建成通车。如今,港珠澳大桥这一国家工程、国之重器,体现了我国综合国力、自主创新能力,体现了勇创世界一流的民族志气。

1.4.2　公路工程施工招标与投标

招标是指在货物、工程和服务的采购行为中,招标人通过事先公布的采购和要求,吸引众多的投标人按照同等条件进行平等竞争,按照规定程序并组织技术、经济和法律等方面专家对众多的投标人进行综合评审,从中择优选定项目中标人的行为过程。其实质是以较低的价格获得最优的货物、工程和服务。

投标是指投标人应招标人的邀请,根据招标公告或投标邀请书规定的条件,在规定的期限内,向招标人递交投标文件的行为。

《中华人民共和国招标投标法》规定,招标方式分为公开招标、邀请招标两种。国际上常采用的招标方式还有第三种——议标。

公开招标，又称为竞争性招标，即由招标人在报刊、电子网络或其他媒体上刊登招标公告，吸引众多企业单位参加投标竞争，招标人从中择优选择中标单位的招标方式。

邀请招标，也称为有限竞争招标，是一种由招标人选择若干供应商或承包商，向其发出投标邀请，由被邀请的供应商、承包商投标竞争，从中选定中标者的招标方式。

议标，也称为非竞争性招标或指定性招标。这种方式是业主邀请一家，最多不超过两家承包商来直接协商谈判。这实际上是一种合同谈判的形式。这种方式适用于工程造价较低、工期紧、专业性强或军事保密工程。其优点是可以节省时间，容易达成协议，迅速展开工作；缺点是无法获得有竞争力的报价。

公路工程施工公开招标程序一般如图 2.1.1 所示。

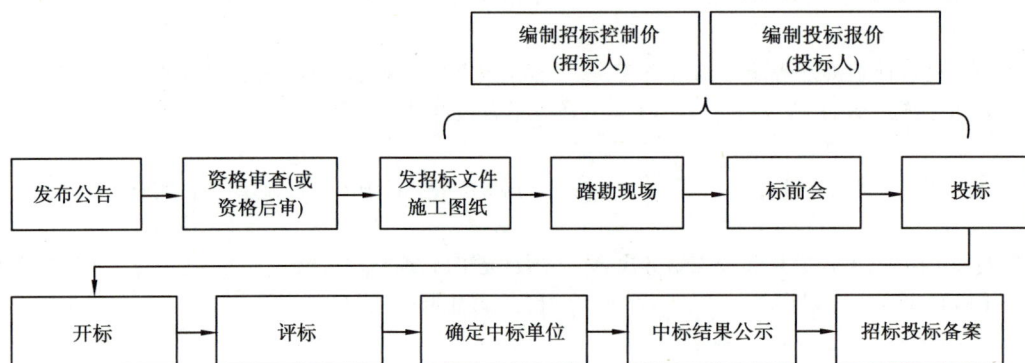

图 2.1.1　公路工程施工公开招标程序

根据《中华人民共和国招标投标法实施条例》（2019 年修订），招标人设有最高投标限价的（或招标控制价），应当在招标文件中明确最高投标限价（招标控制价）或最高投标限价（招标控制价）的计算方法，招标人不得规定最低投标限价。

同一投标人提交两个及以上投标报价的，投标报价低于成本或高于招标文件设定的最高投标限价，投标文件没有对招标文件的实质性要求和条件作出响应的投标，评标时予以否决。

> **安全至上**
>
> 某跨海大桥桩基施工时，合同中有关桥梁桩基的报价是"机械成孔灌注桩"的单价。某承包公司施工时，其公司领导为经营效益，要求项目经理采用人工挖孔施工。项目部在施工过程中发现采用此方法，一是会给施工工人造成安全隐患，二是由于海水潮涨潮退，也无法正常施工，因此果断采用机械成孔进行桩基成孔作业，避免了因人工挖孔造成的塌孔返工和工人可能出现的人身安全带来的损失。

1.4.3　各阶段造价文件及其编制内容

一个大型的公路建设项目（如特大桥、特大隧道或新建高速公路）的建设程序较完整，建设阶段、编制依据和编制目的不同，则编制审核的造价文件也不同。一般的公路建设项目，根据需要只编制审核其中部分造价文件。各建设阶段及编制审核的造价文件名称如图 2.1.2、表 2.1.2 所示。

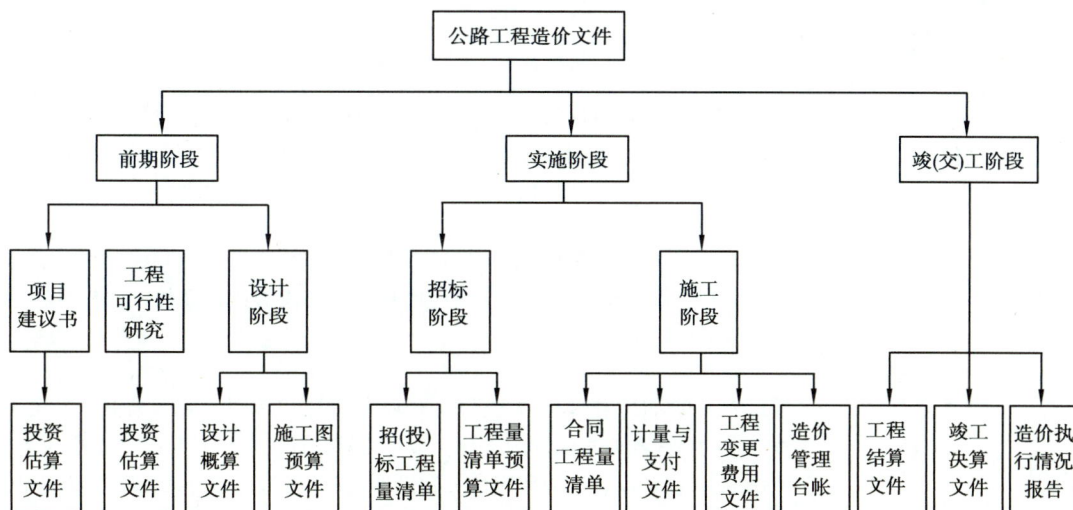

图 2.1.2 公路工程造价文件

表 2.1.2 造价文件编制范围及内容

序号	造价文件	编制范围及内容
1	项目建议书投资估算	在规划与研究阶段,根据基本建设前期工作的深度和要求,根据项目建议书、《公路工程估算指标》(JTG/T 3821—2018)和类似工程的有关资料编制的造价文件,是对拟建工程所需投资的预先测算和确定
2	工程可行性研究报告投资估算	在工程可行性研究阶段,根据可行性研究报告、《公路工程估算指标》(JTG/T 3821—2018)和类似工程的有关资料编制的造价文件,确定近期建设方案和建设项目成本,研究经济上可行性
3	设计概算	在项目初步设计阶段,根据初步设计文件、《公路工程概算定额》(JTG/T 3831—2018)、各类费用定额和编制办法编制的造价文件,计算和确定建设项目从筹建至竣工验收的全部建设费用
4	修正概算	在项目初步设计进行修正时(技术设计阶段),对初步设计所定的技术方案和施工方案作出完善和补充、修正工程内容,在此基础上编制的造价文件,修正概算与设计概算的作用、编制依据、编制程序和编制方法基本一致
5	施工图预算	在项目施工图设计阶段,根据施工图设计文件、《公路工程预算定额》(JTG/T 3832—2018)、《公路工程建设项目概算预算编制办法》(JTG 3830—2018)和工程所在地人工、材料、机械等预算价格编制的造价文件,是反映工程造价和考核施工图设计经济合理性的经济文件。进行招标的项目,施工图预算是承发包人造价确定、工程招标的标底或造价控制值的编制依据
6	招标控制价与投标报价	由招标单位(或委托招标代理机构)以招标工程量清单、设计概算或施工图预算为基础编制的造价文件为招标控制价,是建设单位对工程项目造价的目标期望值或工程项目最高投标限价(有时还有下限控制价)。以建筑安装工程费为主,一般不应超过概算或预算造价
		由投标单位根据招标工程量清单、招标文件及施工企业自身条件,计算完成招标工程所需各项费用的经济文件为投标报价,是投标文件商务标的重要组成部分,是投标的关键和核心。中标单位的投标报价将成为工程承包价的主要基础,在施工过程中起着制约作用

续表

序号	造价文件	编制范围及内容
7	计量支付文件	在施工阶段,根据合同约定可采用按月结算、分段结算或其他结算方式等,由建设单位(业主)、监理工程师和承包人共同完成,根据承包人的合格工程量按合同进行合理计价并办理支付,包括计量、计价和支付工作,形成的经济文件
8	工程结算	项目竣工后,由建设单位(业主)、监理工程师和承包人共同完成,根据承包人完成的全部合格工程量按合同进行合理计价和支付形成的造价文件,反映建设项目全部建筑安装工程费用
9	竣工决算	项目完工交付使用阶段,由建设单位(业主)根据工程竣工结算及其他有关工程资料,按一定的格式和要求编制的文件。竣工决算全面反映项目从筹建至交付使用全过程的造价,包括各项资金的使用情况和设计概算执行的结果,是公路建设成果和财务情况的总结性文件。竣工决算是一个工程项目的实际造价

1.4.4 公路造价文件的编制依据

1)设计图纸

公路设计图的内容很多,主要有道路工程图、桥涵工程图、隧道工程图、防护工程图、路线交叉设计图、交通工程及沿线设施设计图、环境保护工程图及工程数量表、筑路材料图表、施工组织计划等。

2)《公路工程标准施工招标文件》(2018年版)

《公路工程标准施工招标文件》(2018年版)是我国公路行业招投标必须遵循的范本,自2018年3月1日起,依法必须进行招标的公路工程应当使用《公路工程标准施工招标文件》(2018年版),其他公路项目可参照执行。在具体项目招标过程中,招标人可以根据项目实际情况,编制项目专用文件,与《公路工程标准施工招标文件》(2018年版)共同使用,但不得违反国家有关规定。

招标文件组成为:

第一章 招标公告/投标邀请书

第二章 投标人须知

第三章 评标办法

第四章 合同条款及格式

第五章 工程量清单

第六章 图纸(另册)

第七章 技术规范(另册)

第八章 工程量清单计量规则(另册)

第九章 投标文件格式

《公路工程标准施工招标文件》(2018年版)是工程量清单计价的主要依据,其中的第五章工程量清单和第八章工程量清单计量规则,已经成为工程量清单计价的范本。

《公路工程标准施工招标文件》(2018年版)附录采用电子招标投标条款示例,明确了信息化时代采用电子招标投标方式时招标文件条款调整的具体要求。

3)《公路工程建设项目概算预算编制办法》(JTG 3830—2018)及地方补充规定

《公路工程建设项目概算预算编制办法》(JTG 3830—2018)规定了概预算造价的各项费用确定方法、相关的取费基数及费率。

各省、自治区等根据不同情况,对《公路工程建设项目概算预算编制办法》(JTG 3830—2018)进行相关补充,形成重要的编制办法补充规定文件。

《公路工程建设项目概算预算编制办法》(JTG 3830—2018)广西补充规定主要有:

①广西壮族自治区交通厅文件:《关于印发公路工程建设项目估算概算预算编制办法广西补充规定的通知》(桂交建管发〔2019〕39号),主要是对广西人工费单价、规费等取用的规定(见附录5)。

②广西壮族自治区交通工程造价管理站文件:《关于发布广西公路工程机械台班车船使用税标准的函》(桂交监造价函〔2019〕16号),主要是对广西车船使用税取用的规定。

4)公路工程定额

公路工程定额是在正常的生产条件下,合理组织施工、合理使用材料和机械前提下,完成单位合格产品所必需的人工、材料、机械设备及资金消耗的限额标准。同时,定额中还规定了相应的工程内容和要达到的质量标准及安全要求。

定额是经过科学的测定、分析、计算后用数字加以规定的法定尺度,是组织施工的基础,也是计算工料机、资金消耗的依据,还是工程计价的主要依据。定额反映了一定时期的社会生产力水平,既考虑先进合理性,还要考虑正常条件下,大多数人经过努力可达到且少数人可超额的情况,具有相对的稳定性。随着生产技术的提高和生产管理的变化,定额需要及时进行修订及补充。

现行公路定额体系及用途如表2.1.3所示。

表2.1.3　现行公路定额体系及用途

定额名称	用途
估算指标	项目建议书投资估算、工程可行性研究报告投资估算
概算定额	初步设计概算、技术设计概算
预算定额	施工图设计预算、招标控制价
施工定额(企业定额)	成本核算、投标报价

5)计价有关文件

计价有关文件指国家及有关部门颁布的与计价相关的文件,例如:财政部、税务总局、海关总署公告2019年第39号《关于深化增值税改革有关政策的公告》,交通运输部公告2019年第26号《关于调整〈公路工程建设项目投资估算编制办法〉(JTG 3820—2018)和〈公路工程建设项目概算预算编制办法〉(JTG 3830—2018)中"税金"有关规定的公告》,交通运输部路网监测与应急处置中心《关于2018新编办新定额是否适用于农村公路建设项目的复函》,交通运输部路网监测与应急处置中心交路网函〔2019〕266号《关于请提供(2018版)定额使用意见的函》。

6)公路造价管理软件

目前,行业内使用的公路造价管理软件主要有同望WECOST公路工程造价管理软件(简称同望公路造价软件)、纵横SmartCost公路工程造价管理软件(简称纵横公路造价软件)、中交京纬公路工程造价软件XJTW、海巍公路造价软件、海德纵横公路工程造价系统HEAD SmartCost等。

以同望WECOST公路工程造价管理软件为例,软件中的计价依据包括的主要文件如表2.1.4所示。

表 2.1.4　同望公路造价软件计价依据

工程阶段	计价依据简称	计价依据
项目建议书	【部 2018 建】	《公路工程建设项目投资估算编制办法》(JTG 3820—2018)、《公路工程估算指标》(JTG/T 3821—2018)、《公路工程预算定额》(JTG/T 3832—2018)、《公路工程机械台班费用定额》(JTG/T 3833—2018)
工程可行性研究	【部 2018 可】	
初步设计、修正设计	【部 2018 概】	《公路工程建设项目概算预算编制办法》(JTG 3830—2018)、《公路工程概算定额》(JTG/T 3831—2018)、《公路工程预算定额》(JTG/T 3832—2018)、《公路工程机械台班费用定额》(JTG/T 3833—2018)
施工图设计	【部 2018 预】	《公路工程建设项目概算预算编制办法》(JTG 3830—2018)、《公路工程预算定额》(JTG/T 3832—2018)、《公路工程机械台班费用定额》(JTG/T 3833—2018)
招标	【部 2018 清】	《公路工程标准施工招标文件》(2018 年版)、《公路工程建设项目概算预算编制办法》(JTG 3830—2018)、《公路工程预算定额》(JTG/T 3832—2018)、《公路工程机械台班费用定额》(JTG/T 3833—2018)

案例任务 2　公路工程造价软件操作

2.1　任务引入

北塞至畔绥公路 No.1 合同段进入土建施工招标阶段,距离开标时间还有 21 天。开标前 5 天,招标人应公布招标控制价,而投标截止时间前投标人应完成投标报价。在有限的时间内,要快速准确地完成招标控制价或投标报价文件编制,必须应用公路工程相关造价管理软件才能完成任务。

2.2　任务目标

本案例主要帮助学习者使用公路工程造价管理软件,通过操作示例说明软件的操作方法以及应用软件编制造价文件的步骤。

2.3　任务书

应用公路工程造价管理软件完成北塞至畔绥公路 No.1 合同段工程量清单计价文件编制流程,包括新建项目、列清单项并填写相应工程量、套用定额并填写相应工程量、工料机分析及汇总、取费、计算、报表预览、导出导入文件等操作。

　启发与思考
> 1997 年,同望科技股份有限公司成立并发布公路工程造价软件,成为当时唯一一家能为公路工程建设提供电算化造价软件的民营企业。2002 和 2003 年,昆明海巍科技有限公司、珠海纵横创新软件有限公司相继成立,形成公路工程造价管理应用市场的三足鼎立局面。在两家新秀公司的竞争下,促进同望科技股份有限公司不断改进软件的用户体验,如今发展成为上市公司,而其他两家公司面对强大的

同望科技股份有限公司,采取创新发展理念,积极寻找突破,从而成为各自立足和站稳市场的利器。海巍公路造价软件创新研究的一个建设项目下多个项目同分项组价批量应用、施工图预算分项转换生成工程量清单分项等成为其优势。纵横公路造价管理软件以其免费网络版、定制广东公路造价编审专用软件和材料调差软件、养护管理软件等弥补用户需求成为其优势。

竞争带来发展,创新方能立足。

2.4 任务实施

2.4.1 同望公路造价软件操作方法

1)安装与运行(表2.1.5)

表2.1.5 同望公路造价软件安装步骤

序号	操作说明	操作界面截图
1	左键双击或右键打开安装包,安装软件	同望WECOST公路造价软件10.8.1 (64位) .exe
2	进入安装界面,点击【下一步】	
3	选择接受许可证协议条款,点击【下一步】	

续表

序号	操作说明	操作界面截图
4	默认安装路径,点击【下一步】或点击【浏览】,改变安装路径,点击【下一步】,进入安装过程	
5	安装成功,点击【完成】	
6	桌面生成图标	

2)造价文件编制流程(图 2.1.3)

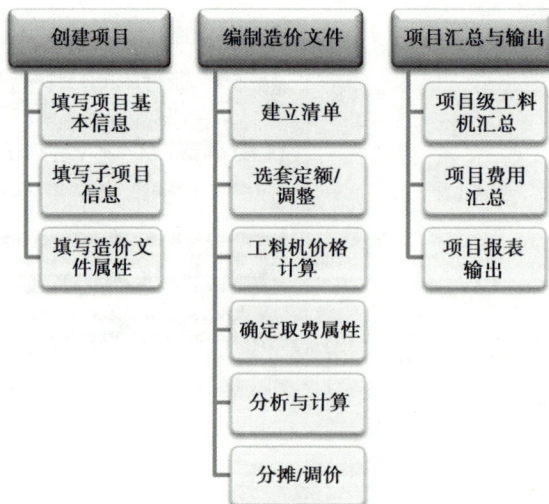

图 2.1.3　造价文件编制流程

3)创建项目及造价文件(表 2.1.6)

表 2.1.6 同望公路造价软件创建项目及造价文件操作步骤

序号	操作说明	操作界面截图
1	左键双击或右键打开软件,运行程序,进入软件登录界面,选择【锁登录】(正式版,需插入锁)或【账号登录】(学习版,需输入会员账号及密码	
2	进入【项目管理】窗口,点击【新建】或右键【新建项目】	
3	填写新建项目属性,正确选择工程阶段	
4	左键单击,选择已建项目,点击【项目管理】下拉菜单或右键【新建子项目】或【造价文件】	
5	输入文件名称、起止桩号、所在地、建设性质、工程阶段,选择计价依据,确定新建造价文件; 计价依据: 施工图预算,应选择【部2018预】计价依据; 清单招投标,应选择【部2018清】计价依据	

续表

序号	操作说明	操作界面截图
6	为满足电子招标接口文件要求,应建立二级项目结构,即项目文件(一级)→造价文件(二级)	
7	完成新建造价文件,左键双击【部 2018 清】或右键打开已建造价文件,进入造价文件编制界面	

4) 编制造价文件(表 2.1.7)

表 2.1.7   同望公路造价软件造价文件编制步骤

序号	操作说明	操作界面截图
	【设置】界面:设置精度、自动计算、填写工程量和自动保存文件时间等参数	
1	点击【设置】菜单,勾选【自动计算】,点击【选项】,在弹窗中依次填写选项参数,如自动保存时间和是否自动填写工程量等,点击【确定】	

续表

序号	操作说明	操作界面截图
2	再次点击【设置】菜单,单击【设置当前文件精度】,根据需要修改清单中各项参数的小数位数	
	【预算书】界面:建立清单(添加或导入)	
3	点击【预算书】,进入清单或概预算编制界面,如进入清单编制界面时,可选择"第100章至第700章合计"行,采用添加或导入方式建立清单	
4	添加工程量清单: 点击【标准模板】打开清单模板,通过点击章节号前的【+】打开清单,直接双击清单子目,或勾选清单子目后点击【添加选中】添加清单,在【工程量】栏填写相应清单子目工程量	
5	导入工程量清单: 【预算书】界面,右键→导入→导入Execl数据→选择Execl格式→选择Execl文件(满足格式要求的招标清单)→导入数据	

续表

序号	操作说明	操作界面截图
6	编制招标控制价或投标报价时,添加清单或导入清单后,可单击【清单锁定】,执行清单锁定后清单不可编辑修改,再进行下一步	
	【预算书】界面:选套定额、填写定额工程量、调整定额	
7	选中需要套用定额的清单子目行,选套定额有3种方法: ①方法1,点击右侧【定额库】或快捷键F3,选择适合定额,左键双击或右键【添加选中】定额子目; ②方法2,右键增加-定额,或 Ctrl+F3,在清单子目行后插入空行,在编号栏中直接输入定额号; ③方法3,点击右侧定额库,条件查询-定额名称栏中输入关键词-查询,找到所需要的定额,左键双击选择; 选择定额后,填写定额工程量,对清单子目进行组价	
8	选定需要调整的定额子目,点击下部窗口【工料机】,在右侧换算窗口中,根据调整内容点击【换算】【配比】【系数】或【辅助】进行定额调整	

续表

序号	操作说明	操作界面截图
9	编辑计算公式: 选中采用计算式计价的清单子目,如第100章,左键双击清单子目所在行计算公式单元格进入编辑状态,左键点击上述单元格右侧【 】,打开公式编辑对话框,编辑计算公式; 暂列金额,可在公式编辑对话框中输入规定的百分率进行计算	

【工料机汇总】界面:工料机汇总及预算价格

序号	操作说明	操作界面截图
10	点击【工料机汇总】,选择界面左侧所有工料机下的【人工】,左键双击界面右侧人工/机械工→单价→预算价单元格,进入编辑状态,输入人工/机械工预算单价	
11	选择【材料】,在拟计算预算价格的材料行前勾选【计算】,添加材料至下部预算价计算窗口,左键单击【原价运杂费】,填写起讫地点、运输方式、原价、运距、运价、装卸次数及单价等,右键保存起讫地点	
12	选择【机械】→机械费计算→车船税,在【车船税】中正确选择工程项目所在地车船税标准,勾选不计养路费,不变费系数默认1.0	

续表

序号	操作说明	操作界面截图
	【取费程序】界面:选择费率参数,确定措施费、企业管理费、利润及税金	
13	选择【取费程序】,进入取费程序界面,根据项目情况、编制办法及各省补充规定,选择费率参数	
14	返回【预算书】界面,点击【计算】,计算项目的工程造价,可察看清单子目综合单价及合价	
	【预算书】界面其他操作:显示或隐藏列、保存组价、统计砼	
15	【预算书】界面,右键【显示设置】→列显示/隐藏,在列显示或隐藏窗口勾选表示显示,否则为隐藏,调整列宽参数可进行列宽设置,设置颜色可调整选中行列显示颜色	
16	【预算书】界面,右键【组价方案】→保存组价,在弹出的保存到本地组价方案窗口,选择保存方案。如清单子目组价保存选择部 2018 清,概预算组价保存选择部 2018 概或部 2018 预,点击【保存】	

续表

序号	操作说明	操作界面截图
17	【预算书】界面,选中拟填写混凝土拌和工程量的定额子目行,右键【统计砼数量】→统计选中分项→填写拌和数→关闭。也可以在全部清单子目组价完成后,右键【统计砼数量】→统计所有章节→填写拌和数→关闭	
	【报表】界面:浏览及打印报表	
18	选择【报表】,进入报表浏览窗口,可以进行浏览、自定义、导出及打印报表等各项报表设置 概预算报表为甲组、乙组文件,招投标清单计价报表为工程量清单(2018范本)及标表、单价分析表等	

5)汇总与数据交互(表2.1.8)

表2.1.8　同望公路造价软件造价汇总及造价文件导出步骤

序号	操作说明	操作界面截图
	【项目管理】界面:汇总造价、导入导出造价文件	
1	关闭造价文件,返回项目管理界面,左键单击【计算】,汇总项目下各标段造价,形成项目总价	

续表

序号	操作说明	操作界面截图
2	项目管理界面,【导入】或右键→导入→WECOST文件,在弹窗中打开文件,导入后缀为.ecpt格式的为项目文件,导入后缀为.ecbt格式的为标段造价文件	
3	项目管理界面,【导出】或右键→导出→WECOST文件,选中建设项目行时,导出后缀为.ecpt格式的项目文件,选中标段行时,导出后缀为.ecbt格式的标段造价文件	

【项目管理】界面:导出招标文件

序号	操作说明	操作界面截图
4	文件编制完成后保存、关闭,回到【项目管理】界面;选择第一级项目名称后,单击左上方【文件】,选择公路电子标→导出招投标文件	
5	在弹窗中选择招标文件—广西,点【下一步】	

序号	操作说明	操作界面截图
6	系统会自动检测文件信息是否符合标准,不符合的会出现提示窗口,根据提示及需求补充	
7	修正好相关信息后,重新点【文件】,选择公路电子标-导出招投标文件,来到文件保存页面,选择保存路径; 　　广西地区的公路电子标招标文件后缀名称为:GLZB,导出招标文件图标如图所示	
	【项目管理】界面:导入招标文件	
8	单击左上方【文件】,选择公路电子标→导入招标文件	
9	在弹窗中选择选择广西地区以及部颁2018清单计价依据,点【确定】	
10	在弹窗中选择后缀名称为.GLZB的招标文件,点击【打开】,在【项目管理】界面就会出现招标项目	

2.4.2 同望公路造价软件操作示例

同望公路造价软件操作–新建项目及填写属性

同望公路造价软件操作–编制清单及套用定额

1）新建项目和造价文件

根据北塞至畔绥公路 No.1 合同段项目概况,完成新建项目和造价文件任务。

2）设置界面操作

将自动保存文件时间设为 10 min,不自动填写工程量,自动计算造价,工程量、消耗量、费用费率项显示 3 位小数。

同望公路工程计价软件操作–定额选择

3）预算书界面操作

按表 2.1.9 所示内容,在软件上列出工程量清单子目,并选择定额,填入工程量。

表 2.1.9　预算书界面操作基础数据

清单子目号	定额编号	子目或定额名称	单位	填入数量
102-1		竣工文件	总额	1
202		场地清理		
202-1-a		清理现场	m²	316780
	1-1-1-12	135 kW 以内推土机清除表土	100 m³	95034
	1-1-10-2	2 m³ 以内装载机装土	1000 m³ 天然密实方	95034
	1-1-11-7	12 t 以内自卸汽车运土 1 km	1000 m³ 天然密实方	95034
	1-1-11-8	12 t 以内自卸汽车运土每增运 0.5 km（平均运距 15 km 以内）	1000 m³ 天然密实方	24724
207-1-a		M7.5 浆砌片石边沟	m³	264
	1-3-3-1	浆砌片石边沟、排水沟	10 m³	264
	1-3-1-1	人工挖沟槽土方	100 m³	128
	4-11-6-17	水泥砂浆抹面(厚 2 cm)	100 m²	422

4）工料机汇总界面操作

①填写广西人工、机械工预算单价:101.25 元/工日。

②计算中粗砂预算单价,相关参数见表 2.1.10。

同望公路造价软件操作–工料机汇总及取费

表 2.1.10　材料预算单价计算参数表

原价（元/t）	起讫地点	运输方式	运距（km）	运价[元/(t·km)]	装卸次数	装卸单价（元/t）	其他费用	预算单价（元/t）
65	料场—工地	汽车	26.5	0.40	1	1.5	0	86.98

③计算 8001047 斗容量 2 m³ 装载机台班单价,相关参数见表 2.1.11。

表 2.1.11　机械台班预算单价计算参数表

机械工预算单价（元／工日）	柴油预算单价（元／kg）	车船使用税标准	养路费	不变系数	机械台班预算价（元／台班）
101.25	6.08	桂交监造价函〔2019〕16 号	0	1.0	855.24

5）取费程序界面操作

根据表 2.1.12 信息填写取费费率参数。

表 2.1.12　取费费率参数表

费率名称	取费费率参数信息
费率标准	桂交建管发〔2019〕39 号
雨季施工	百色市属于Ⅱ区,5 个月
冬季、夜间、高原、风沙、沿海施工、职工取暖	不计
行车干扰	施工期间平均每昼夜双向行车次数为 101～500 次
施工辅助、基本费用、职工探亲、财务费用、辅助生产、利润	计
工地转移（km）	50
综合里程（km）	3
税金（%）	9
基价系数	1.0

在表 2.1.13 中填写综合费率。

表 2.1.13　综合费率表

工程类别	费率				
	措施费Ⅰ（%）	措施费Ⅱ（%）	企业管理费（%）	规费（%）	利润（%）
03 运输	3.346	0.154	1.888	33.5	7.42

6）项目文件备份

经过以上第 1～5 步的操作可得到北塞至畔绥公路 No.1 合同段的部分造价编制成果,将编制成果分别导出为项目文件(.ecpt 格式文件)和造价文件(.ecbt 格式文件)。

7）项目文件交互共享

将导出的北塞至畔绥公路 No.1 合同段造价文件导入软件,得到新的造价文件,将其名称改为:北塞至畔绥公路 No.2 合同段。

同望公路造价软件操作–项目文件备份及交互共享

2.4.3　纵横大司空云计价软件操作方法

1）安装与登录（表 2.1.14）

表 2.1.14　纵横大司空云计价软件安装与登录步骤

序号	操作说明	操作界面截图
1	左键双击或右键打开安装包,安装纵横 Z+造价工作平台	纵横Z+造价工作平台Setup.0.2.54.0.exe

续表

序号	操作说明	操作界面截图
2	选择安装路径,点击【立即安装】	
3	安装造价工作平台成功,点击【启动软件】,点击【开始使用】(纵横 Z+造价工作平台安装成功后,电脑桌面生成快捷图标)	
4	点击左下角【下载中心】,进入软件下载界面	
5	选择【大司空云计价 3.0】,点击右侧【详情】,进入大司空云计价	
6	点击右上角【登录平台】,进入登录云计价软件窗口	

续表

序号	操作说明	操作界面截图
7	首次登录,输入手机号、密码或手机号、验证码,进入造价软件选择界面	
8	点【公路建设】右侧指引符,根据需要选择全国公路(2018)或广东公路(2018); 全国公路(2018),符合《公路工程建设项目概算预算编制办法》(JTG 3830—2018)等交通运输部颁布实施的造价依据; 广东公路(2018),符合《广东省公路工程造价标准化管理指南》(粤交基〔2022〕483号	
9	再次登录大司空云计价软件时,点击桌面"纵横Z+工作平台"快捷图标,点击云计价右侧【启动】,进入登录云计价软件窗口	
10	同一用户登录时,默认自动登录云计价软件,切换用户时,点击左下角【立即进入】,登录云计价软件	

2)编制造价文件流程

纵横公路造价软件与同望公路造价软件编制流程相同。

3)新建项目、编制标段文件、打印及导出(表2.1.15)

纵横公路造价
软件操作–编制
清单

表2.1.15　纵横公路大司空云计价软件操作步骤

序号	操作说明	操作界面截图
	【项目管理】界面:新建项目及标段文件	
1	【项目管理】界面,点击界面左上角【新建】,在弹出窗口中填写建设项目名称、分段(标段)名称,选择文件类型; 当编制工程量清单计价时选择清单预算,软件默认计价规则,可根据项目情况,选择编制具体年月及其地区的信息价,完成填写后,点击右下角【确定】,软件进入项目信息界面	

续表

序号	操作说明	操作界面截图
2	在项目信息窗口填写项目基本信息、编制说明,也可以在这里进行材料信息价设置; 注意:基本信息前面加红色"＊"标志的,表示必填项	
3	在选项设置窗口,关于计算方式、清单工程量精度、小数位数、系统选项等按具体项目情况填写	
	【造价书】界面:建立清单(添加或导入清单)	
4	点击【造价书】,进入清单或概预算编制界面,如进入清单编制界面时,可选择"第100章至第700章合计"行,采用添加或导入方式建立清单	
5	添加工程量清单: 单击【造价书】界面右侧上方的"清单范本",单击各章节前【田】打开清单,选择对应的清单,左键双击添加; 也可以根据清单编码或名称进行搜索,选择对应的清单左键双击添加	

续表

序号	操作说明	操作界面截图
6	导入 Excel 工程量清单： 点击软件左上角的【⬆】按钮，在下拉菜单选择导入 Excel 工程量清单，在弹出的窗口中，点击【浏览】，选择要导入的 Excel 清单文件，即可导入清单（注：导入的 Excel 清单文件需要和下载示例中 Excel 清单文件的格式一样）	
	【造价书】界面：选套定额、填写定额工程量、调整定额	
7	从定额库中选择套用，或直接输入定额号或使用"定额搜索"查找定额； 选中需套定额的清单子项，单击【造价书】界面右侧的"定额"打开定额库，在相应的定额章节中找到需要套用的定额后，左键双击定额名称，或右键选"插入定额"，即可添加定额到左边对应清单子项下	
8	选定需要调整的定额子目，点击【换算】，切换到子目换算，根据实际情况勾选或填写即可； 点击【系数】，切换到自定义系数，输入系数，可自动调整对应定额乘系数，点击【稳定土】，可自动调整稳定土配合比	
9	编辑计算公式： 选中采用计算式计价的清单子目，如第100章清单，左键单击清单子目行金额所在单元格进入编辑状态，左键点击单元格右上角【●】，在弹出窗口中编辑计算公式，点【确定】	
	【人材机】界面：工料机汇总及预算价格	

续表

序号	操作说明	操作界面截图
10	点击左侧【人材机】,在工料机汇总窗口,可双击人材机预算价直接进行修改;选择需要进行计算的材料,右键选"添加计算材料";在下方的材料计算窗口,可以查看到已添加的计算材料,右侧窗口输入起讫地点(右键保存运输起讫地点)、选择运输工具、输入单位运价、运距等信息,软件自动计算出单位运价	
11	在上部车船税标准栏,点击右侧下拉,在弹窗中选择合适的车船税标准	
	【费率】界面:选择费率参数,确定措施费、企业管理费	
12	点击软件左侧【费率】,进入费率计算参数填写界面,根据工程所在地、项目情况、编制办法及各省补充规定,选择费率参数	
	【报表】界面:浏览及打印报表	
14	选择【报表】,进入报表浏览窗口,可以进行浏览、导出及打印报表等各项报表设置;标准表文件夹为概预算甲组、乙组文件;清单范本文件夹为工程量清单计价报表	
	【项目管理】界面:交换数据	
15	选择需要导出或分享的项目,右键-分享协作,即可通过手机号码可进行数据交换,或导出项目文件,后缀.ybps	
16	纵横软件编制广西交通运输公路工程电子招投标造价文件,目前需要在"公路云(建设项目)"上注册付费用户使用,才能导出后缀为.GLZB 或.GLTB 格式的清单文件;今后将会统一在大司空云造价平台上完成	

模块 2　公路工程土建施工招标与招标控制价

案例任务 3　编制公路工程招标工程量清单

3.1　任务引入

北塞至畔绥公路 No.1 合同段已进入招投标阶段。距离开标时间还有 21 天。A 公司接到编制招标控制价(最高投标限价)的任务。

【工程量清单及招标控制价导读】

3.2　任务目标

本案例将帮助学习者了解工程量清单的相关知识,学会编制招标工程量清单的方法、步骤,以及一个项目的招标工程量清单固化方法。

3.3　任务书

北塞至畔绥公路 No.1 合同段工程项目土建施工招标已进入招投标阶段,A 公司受招标人委托编制工程量清单和招标控制价,投标人编制投标文件。

A 公司的第一步工作任务是编制招标工程量清单。

> **启发与思考**
>
> G 公司接到编制某高速公路项目 No.2 合同段招标控制价的任务,该合同段路线全长 50 km,路段结构物多,构造复杂。招标委托人要求 G 公司在 3 天内完成招标控制价编制,该任务时间紧、任务重、精度要求高。如果你是此项任务的负责人,你打算如何安排工作?

3.4　任务实施

【工程量清单基础】

3.4.1　工程量清单基础知识

1)什么是工程量清单

工程量清单是招标人(或设计单位)按照一定的原则将招标(设计)工程进行合理分解,以明确工程的内容和范围,并将这内容数量化的一套工程项目表。工程量清单一般由招标人提供,在招投标阶段,利用工程量清单编制投标报价或招标控制价。目前,也有设计单位在施工图设计中提供工程量清单。

工程量清单是招标文件的重要组成部分,其用途之一是为投标人报价所用,投标人根据合同条款、图纸、技术规范及拟订的施工方案,根据本企业以往的经验或通过单价分析对工程量清单的各项进行报价;用途之二是在合同执行过程中进行计量支付和工程结算时,可按已实施的工程数量、工程量清单中的单价来计算支付给承包人的款项。

2）工程量清单组成（图2.2.1）

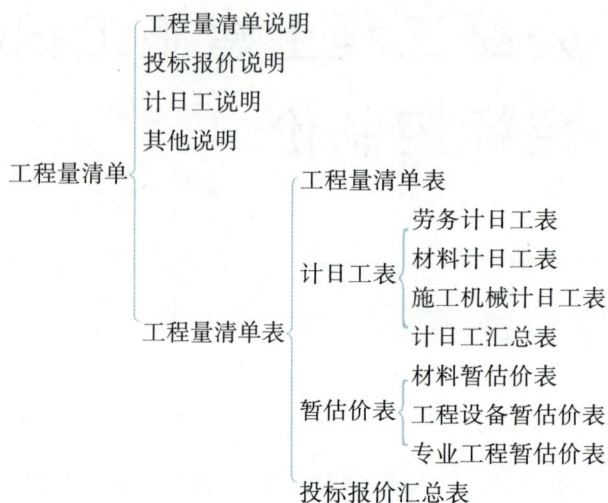

图2.2.1　工程量清单组成

3）工程量清单表的两种形式

工程量清单表由第100章至第700章组成，各章的工程量清单表包括子目号、子目名称、单位、数量、单价及合价栏。

根据招投标的工作进度，可分为未标价的工程量清单和已标价的工程量清单两种形式（表2.2.1、表2.2.2）。

表2.2.1　未标价的工程量清单

工程量清单						
工程名称：××公路工程						
合同段编号：No.2（K0+000~K26+000）			货币单位：人民币元			
投标单位：						
清单　第200章　路基						
子目号	子目名称	单位	数量	单价	合价	备注
202-1	清理与掘除					
-a	清理现场	m²	186640.0			
-b	砍伐树木	棵	10271.0			
203-1	路基挖方					
★-a	挖土方（含5 km以内运费）	m³	779222.0			
★-b	挖石方（含5 km以内运费）	m³	683314.0			
-c	挖除非适用材料（含淤泥）	m³	20396.0			
204-1	路基填筑（包括填前压实）					
★-b	利用土方	m³	346214.0			
★-c	利用石方	m³	461715.0			

续表

子目号	子目名称	单位	数量	单价	合价	备注
207-1	边沟					
-a	M7.5 浆砌片石	m³	2600.0			
-c	现浇混凝土	m³	4415.8			
207-2	M7.5 浆砌片石排水沟					
-a	现浇混凝土	m³	389.0			
-b	0.63 m³/m 排水沟(二式)	m	12708.2			
207-4	M7.5 浆砌片石急流槽	m³	382.5			
207-5	渗沟					
-a	300 mm×500 mm 渗沟	m	260.0			
208-1	植物护坡					
-a	种草	m²	143137.0			
208-3	M7.5 浆砌片石护坡					
-c	M7.5 浆砌片石护坡	m³	1101.2			
209-1	砌体挡土墙					
-a	M7.5 浆砌片石	m³	11761.4			
209-3	混凝土挡土墙					
-a	C15 片石混凝土	m³	8860.9			

清单 第200章合计 人民币 元

表 2.2.2 已标价的工程量清单

工程量清单

工程名称:××公路工程

合同段编号:No.2 (K0+000~K26+000)　　　货币单位:人民币元

投标单位:

清单 第200章 路基

子目号	子目名称	单位	数量	单价	合价	备注
202-1	清理与掘除					
-a	清理现场	m²	186640.0	3.41	636442	
-b	砍伐树木	棵	10271.0	34.40	353322	
203-1	路基挖方					
★-a	挖土方(含5 km以内运费)	m³	779222.0	9.51	7410401	
★-b	挖石方(含5 km以内运费)	m³	683314.0	28.90	19747775	
-c	挖除非适用材料(含淤泥)	m³	20396.0	15.46	315322	
204-1	路基填筑(包括填前压实)					
★-b	利用土方	m³	346214.0	7.00	2423498	

续表

子目号	子目名称	单位	数量	单价	合价	备注
★-c	利用石方	m³	461715.0	11.36	5245082	
207-1	边沟					
-a	M7.5 浆砌片石	m³	2600.0	618.50	1608100	
-c	现浇混凝土	m³	4415.8	210.98	931645	
207-2	M7.5 浆砌片石排水沟					
-a	现浇混凝土	m³	389.0	293.37	114121	
-b	0.63 m³/m 排水沟(二式)	m	12708.2	190.65	2422818	
207-4	M7.5 浆砌片石急流槽	m³	382.5	293.91	112421	
207-5	渗沟					
-a	300 mm×500 mm 渗沟	m	260.0	107.46	27940	
208-1	植物护坡					
-a	种草	m²	143137.0	7.36	1053488	
208-3	M7.5 浆砌片石护坡					
-c	M7.5 浆砌片石护坡	m³	1101.2	281.72	310230	
209-1	砌体挡土墙					
-a	M7.5 浆砌片石	m³	11761.4	339.69	3995230	
209-3	混凝土挡土墙					
-a	C15 片石混凝土	m³	8860.9	471.89	4181370	

清单　第200章合计　人民币56366529元

4)编制工程量清单的原则

①与技术规范保持一致。
②便于计量支付。
③便于合同管理及处理工程变更。
④保持合同的公平性。

5)编制工程量清单的一般步骤

①准备《公路工程标准施工招标文件》(2018 年版)。
②熟悉设计图纸,核实图纸工程量。
③按照《公路工程标准施工招标文件》(2018 年版)第五章工程量清单格式,结合第八章工程量计量规则要求,分章节逐项列出合同段工程清单子目、单位及工程量。
④全部章节工程量清单编制完成后,编制工程量清单相关说明、计日工表、暂估价表、投标报价汇总表等。
某公路工程项目招标工程量清单样例见附录1。

3.4.2　编制第200章路基土石方工程工程量清单

1)步骤1:认识路基土石方工程工程量清单

《公路工程标准施工招标文件》(2018 年版)第五章工程量清单(节选)见附录3。

通过查阅并分析附录3的第200章路基土石方工程工程量清单表可知,工程量清单表由子目号、子目名称、单位、数量、单价及合价栏等6列组成,其中,第1、3列的子目号、单位为固定项,一般不变;第2列子目名称可以补充描述;第5、6列用于填报清单子目价格。

若招标项目中的内容在工程量清单中找不到适宜的子目对应,则可以增加清单项,但相应招标文件工程量清单计量规则专用条款也需要对应增加条款。

《公路工程标准施工招标文件》(2018年版)第200章路基土石方工程量清单子目是按施工顺序罗列,其中路基挖方与路基填方分别列出子目,路基挖方按所挖的材料类别划分为土质、石质及特殊土质子目,土质、石质及特殊土质子目下不按土质、石质类别细分,路基填方则按填料来源、填料种类及回填位置划分子目。

2)步骤2:梳理设计图纸中的路基土石方工程

路基土石方工程内容一般包括场地清理,路基的挖方、填方和特殊路基处理。查阅本项目图纸,从所列图表中可知,路基土石方工程主要内容有填前压实、清表、挖台阶、软基换填、路基土石方、整修路基。

表2.2.3 图纸目录(路基土石方部分)

序号	图纸名称	图号	页码
	道路工程		
1	第一篇 总体设计说明书	S1-1	1
2	第三篇 路基、路面说明	S3-1	2~4
3	耕地填前夯(压)实数量表	S3-2-8	5
4	清除表土工程数量表	S3-2-9-2	6~7
5	挖台阶工程数量表	S3-2-16-1	8~9
6	特殊路基设计工程数量表	S3-2-19-1	10
7	路基每公里土石方数量表	S3-2-25	11~12
8	整修路基工程数量表	S3-2-26	13

从道路勘测设计中可知,路基土石方应满足以下平衡:

$$挖方=利用方+弃方$$
$$填方=利用方+借方$$

对北塞至畔绥公路No.1合同段的数量进行梳理,如表2.2.4所示。

表2.2.4 土石方工程数量

工程数量梳理情况	图纸数量表摘录							
北塞至畔绥公路No.1合同段: 挖土方包括挖普通土和挖硬土,挖石方包括挖软石和挖次坚石; 本项目挖普通土 111051 m³,挖硬土 528091 m³,挖软石 451202m³,挖次坚石 162162 m³; 复核总挖方量= 111 051+52 8091+4 51 202+162162=1252506 m³(天然密实方)	序号	起讫桩号	长度(m)	挖方(m³)				
				总数量	土方		石方		
					普通土	硬土	软石	次坚石	坚石
	1	2	3	4	5	6	7	8	9
		本标段合计		1252506	111051	528091	451202	162162	

续表

工程数量梳理情况	图纸数量表摘录

本项目填方的总量 = 55881 + 742436 = 798317 m³（压实方）或 396607 + 401710 = 798317 m³（压实方）；

填方中有利用土石填方，无借方；

本项目利用普通土填方 19479m³，利用硬土填方 414003 m³，利用软石填方 295878m³，利用次坚石填方 73694 m³

清除表土和软土回填（m³）	填方数量（m³）	填方（自然方）										
		利用方（m³）					借方（m³）				合计（m³）	
		普通土	硬土	软石	次坚石	坚石	普通土	硬土	软石	次坚石	土	石
10	11	12	13	14	15	16	17	18	19	20	21	22
55881	742436	19479	414003	295878	73694						433482	369572

本项目有弃方，复核：

弃普通土 111051 − 19479 = 9 1572 m³，弃硬土 528091 − 414003 = 114088 m³，弃软石 451202 − 295878 = 155324 m³，弃次坚石 162162 − 73694 = 8 8468m³；

总弃方量 = 91572 + 114088 + 1 55324 + 88468 = 449452 m³（天然密实方）

弃方（m³）					机械碾压（m³）	
普通土	硬土	软石	次坚石	坚石	土方	石方
23	24	25	26	27	28	29
91572	114088	1 55324	88468		396607	401710

在公路工程计价中，挖方工程量采用天然密实方计算，填方工程量采用压实方计算，但由于本工程图纸中的填方采用的是天然方，根据定额规定，应将填方（天然密实方）的数量换算成压实方的数量，换算系数如表 2.2.5 所示。

路基土石方压实方与天然方换算系数应用

表 2.2.5　每立方米压实方换算天然密实方系数表

公路等级	土方			石方
	松土	普通土	硬土	
二级及以上等级公路	1.23	1.16	1.09	0.92
三、四级公路	1.11	1.05	1.00	0.84

《公路工程预算定额》（JTG/T 3832—2018）路基章说明中指出：除定额中另有说明者外，土方挖方按天然密实体积计算，填方按压（夯）实后的体积计算；石方爆破按天然密实体积计算。当以填方压实体积为工程量，采用以天然密实方为计量单位的定额，如路基填方为利用方时，所采用的定额应乘以表 2.2.5 中系数；如路基填方为借方时，则应在表 2.2.5 中系数基础上增加 0.03 的损耗。

通过以上分析，北塞至畔绥公路 No.1 合同段所涉及的挖、填、弃方工程量整理如表 2.2.6 所示。

表 2.2.6　土石方工程量统计表

挖方		填方		利用方		
土石类	数量（天然方）	土石类	数量（压实方）	土石类	数量（天然方）	数量（压实方）
普通土	111051	清表和软土回填	55881	普通土	19479	19479/1.16 = 16792
硬土	528091			硬土	414003	414003/1.09 = 379819
软石	451202	路基填方	742436	软石	295878	295878/0.92 = 321607
次坚石	162162			次坚石	73694	73694/0.92 = 80102
合计	1252506	合计	798317	合计	803054	798320

3) 步骤3：初编工程量清单

（1）确定清单子目项

找到北塞至畔绥公路 No.1 合同段设计图纸的路基土石方部分工程数量表与《公路工程标准施工招标文件》（2018 年版）第五章的对应清单子目项，如表 2.2.7 所示。

表 2.2.7　图纸内容与《公路工程标准施工招标文件》（2018 年版）对比分析（一）

设计图纸	《公路工程标准施工招标文件》（2018 年版）
填前压实	没有找到对应的子目？
清除表土	202-1-a 清理现场
挖台阶	没有找到对应的子目？
软基换填	203-1-c 挖除非适用性材料
路基土石方	203-1-a 挖土方 203-1-b 挖石方 204-1-a 利用土方 204-1-b 利用石方
整修路基	没有找到对应的子目？

从表 2.2.7 中可以看到，《公路工程标准施工招标文件》（2018 年版）第五章工程量清单中找不到"填前压实、挖台阶和整修路基"的对应子目项。这时会有两种可能：一是设计所列内容包含在其他清单子目计量工程内容中，则该设计内容不应再单独列清单子目项；二是设计所列内容未包含在任何清单子目计量工程内容中，则该设计内容需要增加新的清单子目项与其对应。

对照《公路工程标准施招标文件》（2018 年版）第八章工程量清单计量规则的工程内容，可以判断如表 2.2.8 所示。

表 2.2.8　图纸内容与《公路工程标准施工招标文件》（2018 年版）对比分析（二）

设计图纸	《公路工程标准施工招标文件》（2018 年版）
填前压实	204-1-a 利用土方的工程内容，基底压实、挖台阶、整形，即填前压实、挖台阶、整修路基
挖台阶	
整修路基	

另外，《公路工程标准施工招标文件》（2018 年版）第五章工程量清单中，并没有出现挖松土、普土、硬土、软石、次坚石或坚石等，主要原因如下：

① 清单所列子目挖土方、挖石方、利用土方、利用石方，用于现场计量支付管理，考虑现场管理的效率和难易，土石方工程量清单子目未按设计图纸土石方类别划分进行相应列项，而是综合考虑，即各类土质综合为土方，各类石质综合为石方。

② 设计图纸的土石方工程数量，反映工程项目勘察设计实际情况，用于分项工程（清单子目）计价和指导施工，故设计图纸土石方类别划分为松土、普土、硬土、软石、次坚石、坚石 6 类。

根据以上分析，清单子目项列表如表 2.2.9 所示。

路基土石方工程量清单编制-列项

路基土石方工程量清单编制-确定清单工程量

表 2.2.9　清单列项与工程量计算

清单　第 200 章　路基

子目号	子目名称	单位	数量	单价	合价
202-1	清理与掘除			—	—
-a	清理现场	m²	126790	—	—
203-1	路基挖方			—	—
-a	挖土方	m³	111051+528091=639142	—	—
-b	挖石方	m³	451202+162162=613364	—	—
-c	挖除非适用材料(不含淤泥、岩盐、冻土)	m³	19392	—	—
204-1	路基填筑(包括填前压实)			—	—
-a	利用土方	m³	19479/1.16+414003/1.09=396612	—	—
-b	利用石方	m³	(295878+73694)/0.92=401709	—	—

（2）确定清单子目工程量

请注意,只对有单位的清单子目项计算工程量。

4) 步骤 4:检查完善工程量清单

清单编制好以后,还需要根据设计图纸、工程量清单计量规则、招标文件进行检查完善,主要检查以下内容:

①清单是否完整,是否根据设计图纸或数量表按工程量清单计量规则的要求将相关子目都包括在内,单位是否符合工程量清单计量规则的要求,数量是否准确。

②工程量清单主要的清单特征描述,如路基土石方工程中宜写明挖方运输的运距范围等。

例如,本例中,对挖方运距按设计图纸综合考虑 5 km 及 5 km 以内和路基填筑包含的清表回填需要进行描述,如表 2.2.10 所示。

表 2.2.10　工程量清单

清单　第 200 章　路基

子目号	子目名称	单位	数量	单价	合价
202-1	清理与掘除			—	—
-a	清理现场	m²	126790	—	—
203-1	路基挖方				
-a	挖土方(含 5 km 及 5 km 以内运输)	m³	639142		
-b	挖石方(含 5 km 及 5 km 以内运输)	m³	613364		
-c	挖除非适用材料(不含淤泥、岩盐、冻土)(含 5 km 及 5 km 以内运输)	m³	19392		
204-1	路基填筑(包含填前压实及清表回填、软基回填)				
-a	利用土方	m³	396612		
-b	利用石方	m³	401709		

5)步骤5:用造价软件列出工程量清单

按同望公路造价软件操作示例中的方法,在同望公路造价软件上列出表2.2.10的工程量清单。

3.4.3　编制第200章路基排水工程工程量清单

1)步骤1:认识路基排水工程工程量清单

通过查阅并分析附录3的第200章路基排水工程工程量清单表可知,排水工程清单表按排水构筑物的类型分为边沟、排水沟、截水沟、跌水急流槽、盲沟及蒸发池列项;每一种类型排水构筑物清单子目,按不同材料进行划分。

2)步骤2:梳理设计图纸中的路基排水工程

按影响路基的水流,排水工程分地下排水、地面排水两大类。地下排水主要有暗沟、渗沟、渗井等,地面排水有边沟、排水沟、截水沟、急流槽等。

以设计图纸边沟为例,主要内容包含浆砌片石沟身、现浇混凝土台帽、预制安装混凝土盖板(表2.2.11)。

表2.2.11　图纸目录(路基排水工程部分)

序号	图纸名称	图号	页码
	道路工程		
1	第一篇　总体设计说明书	S1-1	1
2	第三篇　路基、路面说明	S3-1	2~4
⋮	⋮		
9	边沟工程数量表	S3-2-36-1	14~19
10	路基排水一般设计图	S3-2-37	20

挖沟土石方可以分为两部分,如图2.2.2所示水沟断面,原地面以下的过水断面土石方工程量已经计入路基土石方挖方中,圬工断面土石方为水沟扩挖土方(挖基土方),需要单独计算。

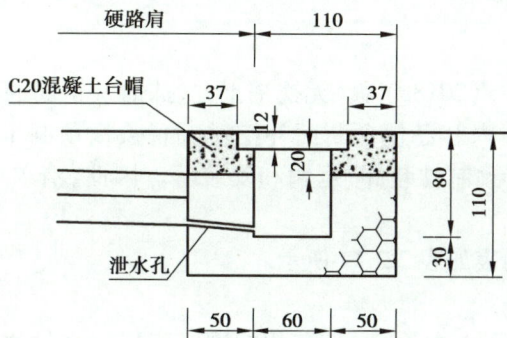

图2.2.2　边沟断面(单位:cm)

以K17+870~K17+910段为例,复核图纸工程量并填入表2.2.12。

表2.2.12　边沟工程量复核

起讫桩号	工程名称	位置及数量	工程数量						
			材料及部位	M7.5浆砌片石	C20混凝土台帽	M10砂浆抹面	挖基方量	HPB300 Φ8钢筋	HRB400 ⾦14钢筋	C30混凝土盖板
		单位	右/m	m³	m³	m²	m³	kg	kg	m³
K17+870~K17+910	矩形边沟	40	总工程数量	38.4	11.6	24	51.2	67	369	3.9

工程量计算过程：

水沟底边总宽度 $=0.5+0.5+0.6=1.6(\mathrm{m})$

台帽厚度 $=0.12+0.2=0.32(\mathrm{m})$

挖基土方 $=(1.6\times1.1-0.6\times0.8)\times40=51.2(\mathrm{m}^3)$

浆砌片石沟身 $=[1.6\times0.3+0.5\times(0.8-0.32)\times2]\times40=38.4(\mathrm{m}^3)$

C20 混凝土台帽 $=[0.5\times0.32-(0.5-0.37)\times0.12]\times2\times40=11.6(\mathrm{m}^3)$

M10 砂浆抹面 $=0.6\times40=24.0(\mathrm{m}^2)$

盖板数量：$40/(0.59+0.01)=66.7$（取 67 块）

C30 预制盖板 $=[0.85\times0.59-(0.4+0.4-0.05\times2)\times0.02/2\times2]\times67\times0.12=3.9(\mathrm{m}^3)$

带肋钢筋 $=0.91\times5\times67\times0.00617\times14^2=369(\mathrm{kg})$

光圆钢筋 $=0.51\times5\times67\times0.00617\times8^2=67(\mathrm{kg})$

钢筋总量 $=(369+67)/1000=0.436(\mathrm{t})$

其中，0.00617×14^2 和 0.00617×8^2 为钢筋的单位质量，单位为 $\mathrm{kg/m}$。

（图中二维码说明：路基排水工程工程量清单编制–列项与确定清单工程量）

3）步骤3：初编工程量清单

（1）确定清单子目项

找到北塞至畔绥公路 No.1 合同段设计图纸的路基排水工程边沟工程数量表与《公路工程标准施工招标文件》（2018 年版）第五章的对应清单子目项，如表 2.2.13 所示。

表 2.2.13　图纸内容与《公路工程标准施工招标文件》（2018 年版）对比分析

设计图纸	《公路工程标准施工招标文件》（2018 年版）
M7.5 浆砌片石	207-1-a 浆砌片石
C25 混凝土现浇台帽	207-1-c 现浇混凝土
M7.5 砂浆抹面	没有找到对应的子目？
挖基方量	没有找到对应的子目？
HPB300 φ8 钢筋 HRB400 φ14 钢筋	没有找到对应的子目？
C30 混凝土预制盖板	207-1-e 预制安装混凝土盖板

《公路工程标准施工招标文件》（2018 年版）无挖基土方、抹面及钢筋的对应清单子目项，根据工程量清单计量规则可判断：浆砌片石工程内容已包含断面补挖、抹面，盖板预制工程内容包括盖板模板的安装拆除，混凝土浇筑，钢筋制作与安装，预制件装卸、运输和安装等。因此，清单中不需要单列挖基土方、抹面及钢筋子目。

根据以上分析，清单子目项列表如表 2.2.14 所示。

（2）确定清单子目工程量

根据设计图纸工程内容及工程量，结合《公路工程标准施工招标文件》（2018 年版）第五章工程量清单、第八章工程量清单计量规则，初编工程量清单如表 2.2.14 所示。

表 2.2.14　清单列项与工程量计算

清单　第 200 章　路基					
子目号	子目名称	单位	数量	单价	合价
207-1	边沟			—	—
-a	浆砌片石	m^3	249.6+9567.8＝9817.4	—	—
-c	现浇混凝土	m^3	73.9	—	—
-e	预制安装混凝土盖板	m^3	26	—	—

4)步骤4:检查完善工程量清单

公路工程项目排水工程设计中,排水结构物的类别、尺寸、材料可能会不同,《公路工程标准施工招标文件》(2018年版)中并未明确这些具体参数,在编制工程量清单时需要根据具体项目设计确定。

本例中,浆砌片石采用M7.5砂浆砌筑,现浇混凝土台帽混凝土等级为C20,预制安装混凝土盖板的混凝土等级为C30。完善工程量清单时,应在描述中明确标示。

完善后的工程量清单如表2.2.15所示。

表2.2.15 工程量清单

清单 第200章 路基					
子目号	子目名称	单位	数量	单价	合价
207-1	边沟			—	—
-a	M7.5浆砌片石	m³	9817.4	—	—
-c	现浇C20混凝土台帽	m³	73.9	—	—
-e	预制安装C30混凝土盖板	m³	26	—	—

5)步骤5:用造价软件列出工程量清单

按同望公路造价软件操作示例中的方法,在同望公路造价软件上列出表2.2.15的工程量清单。

3.4.4 编制第300章路面工程工程量清单

1)步骤1:认识路面工程工程量清单

通过查阅并分析附录3第300章路面工程量清单表可知,路面工程量清单表按施工顺序由底层到面层,最后是路面附属工程;同一结构层按不同材料分别列出;材料相同的同一结构层按不同厚度分别列出。

除水泥混凝土面板、钢筋、零星位置结构层外,路面工程量清单子目以面积单位m²计量,水泥混凝土面板以体积单位m³计量。

路面附属工程清单子目中,管沟及拦水带以长度单位m计量,加固路肩以体积单位m³计量,并以数量单位座计量,防水层以面积单位m²计量。

2)步骤2:梳理设计图纸中的路面工程

本项目图纸中的路面工程主要内容有路面各结构层、路面钢筋、路面附属工程(表2.2.16)。

表2.2.16 图纸目录(路面工程部分)

序号	图纸名称	图号	页码
	道路工程		
1	第一篇 总体设计说明书	S1-1	1
2	第三篇 路基、路面说明	S3-1	2~4
⋮	⋮		
11	路面工程数量表(行车道路肩部分)	S3-2-31-1	21
12	路面工程数量表(水泥混凝土路面接缝钢筋)	S3-2-31-2	22
13	标准横断面-路面结构图	S3-2-33-1	23

对北塞至畔绥公路 No.1 合同段路面工程设计图纸进行分析:

①路面结构类型有 2 种:路面结构类型 1-1、1-2。

②路面结构及功能层由底至上共 6 层,分别是垫层、底基层、基层、透层、封层、面层。

③路面附属结构主要包括中央分隔带、集水井、路肩、浆砌片石护肩、路缘石、排水管等。

④水泥混凝土面层钢筋有拉杆、传力杆和补强钢筋。

3) 步骤 3:初编工程量清单

(1)确定清单子目项

北塞至畔绥公路 No.1 合同段设计图纸的路面工程数量表与《公路工程标准施工招标文件》(2018 年版)第五章的对应清单子目项,列表如表 2.2.17 所示。

表 2.2.17 图纸内容与《公路工程标准施工招标文件》(2018 年版)对照表

设计图纸	《公路工程标准施工招标文件》(2018 年版)
级配碎石调平层	没有找到对应的子目?
未筛分碎石垫层	302-1-a 碎石垫层厚……mm
级配碎石底基层	306-1-a 级配碎石底基层厚……mm
水泥稳定碎石基层	304-3-a 水泥稳定土基层厚……mm
沥青石屑下封层	310-2 封层
透层	308-1 透层
水泥混凝土面层	312-1-a 水泥混凝土面板厚……mm(混凝土弯拉强度……MPa)
钢筋	312-2
浆砌片石护肩	没有找到对应的子目?

《公路工程标准施工招标文件》(2018 年版)无级配碎石调平层、浆砌片石护肩的对应清单子目项,根据工程量清单计量规则来判断:级配碎石调平层可以增列为子目 302-1-b,单位采用 m^3,护肩应归属在 313 节,新增清单子目 313-6。

304-3 水泥稳定土中的"土",根据《公路工程标准施工招标文件》(2018 年版)第七章技术规范 304.02 第 2 点,适宜水泥稳定的土包括级配碎石、未筛分碎石、砂砾、碎石土、砂砾土等。

根据以上分析,清单子目项列表如表 2.2.18 所示。

表 2.2.18 清单列项及工程量计算

清单 第 300 章 路面					
子目号	子目名称	单位	数量	单价	合价
302-1	碎石垫层				
-a	厚 150 mm 碎石垫层	m^2	188947		
-b	级配碎石调平层	m^3	42657×0.1 = 4265.7		
304-3	水泥稳定土基层				
-a	厚 200 mm	m^2	188060		
306-1	级配碎石底基层				

续表

子目号	子目名称	单位	数量	单价	合价
-a	厚150 mm	m²	185213		
308-1	透层	m²	188060		
310-2	封层	m²	188060		
312-1	水泥混凝土面板				
-a	厚240 mm（混凝土弯拉强度5.0 MPa）	m³	188060×0.24＝45134.4		
312-2	钢筋				
-a	光圆钢筋（HPB235、HPB300）	kg	9078		
-b	带肋钢筋（HRB335、HRB400）	kg	40000		
313-6	浆砌片石护肩	m³	8567		

（2）确定清单子目工程量

根据设计图纸工程内容及工程量，结合《公路工程标准施工招标文件》（2018年版），初编工程量清单。

4）步骤4：检查完善工程量清单

根据设计图纸标明结构层所用的材料、配合比等补充完善工程量清单，主要是完善清单特征的描述，如水泥稳定碎石层中水泥剂量、水泥稳定的粒料种类、封油层的类型、水泥混凝土及水泥砂浆的强度等级等。完善后的工程量清单如表2.2.19所示。

表2.2.19　工程量清单

清单　第300章　路面

子目号	子目名称	单位	数量	单价	合价
302-1	碎石垫层				
-a	厚150 mm碎石垫层	m²	188947		
-b	级配碎石调平层	m³	4265.7		
304-3	4%水泥稳定碎石基层				
-a	厚200 mm	m²	188060		
306-1	级配碎石底基层				
-a	厚150 mm	m²	185213		
308-1	透层				
-a	石油沥青透层	m²	188060		
310-2	封层				
-a	厚1 cm石油沥青碎石下封层	m²	188060		
312-1	水泥混凝土面板				
-a	厚240 mm（混凝土弯拉强度5.0 MPa）	m³	45134.4		
312-2	钢筋				
-a	光圆钢筋（HPB300）	kg	9078		
-b	带肋钢筋（HRB400）	kg	40000		
313-6	M7.5浆砌片石护肩	m³	8567		

5)步骤 5:用造价软件列出工程量清单

按同望公路工程造价软件操作示例中的方法,在同望公路造价软件上列出表 2.2.19 的工程量清单。

─ 启发与思考 ─

某公司进行某高速公路路面工程投标时,根据业主所发清单进行投标报价。业主的清单上路面以"1000 m²"作为报价单位。该投标单位的报价员是以"m²"进行投标报价。投标人员的粗心和失误导致该次投标因单价过低而废标。

3.4.5 编制第 100 章总则工程量清单

第100章总则
清单编制

1)步骤 1:认识第 100 章总则工程量清单

通过查阅并分析附录 3 第 100 章总则工程量清单表可知,第 100 章项目是为了实施永久性工程而发生的通用项目、工程管理、临时工程及设施、承包人驻地或标准化建设等相关项目,是在施工管理中需要单独计量的项目。

第 101 节通则主要包括保险费,根据项目合同条款规定要求办理建筑工程一切保险和第三方责任险。第 102 节工程管理主要包括竣工文件编制、施工环境保护、安全生产及建立工程信息化系统。第 103 节临时工程与设施主要包括为实施永久性工程项目的相关临时性工作,如临时道路、桥涵、临时电力、电信、临时供水与排污设施等的修建与维护。第 104 节承包人驻地建设和第 105 节施工标准化属于选择性工程子目,由发包人根据工程项目管理实际情况选择使用或全部使用。

第 100 章总则清单子目均以总额为单位进行计量。

2)步骤 2:分析项目中应列在第 100 章总则的内容

根据项目要求,对招标工程量清单的第 100 章总则的清单项目进行分析,判断应列出的清单项目。

(1)必须列出的清单项

根据北塞至畔绥公路 No.1 合同段工程的招标文件规定,102-3 安全生产费不作为竞争性费用,102-4 信息化系统指定暂估价 200000 元,因此这两项属于必须列出的清单项。

根据本项目设计图纸,临时工程设计还包括临时占地、临时输电线路、拌和站建设等。与这些相关的内容也属于应该列出的清单项,主要有 103-2 临时占地,103-3 临时供电设施架设、维护与拆除,105-3 拌和站等。

(2)分析是否列出的清单项

根据本项目招标文件规定,不计保险费,则第 101 节不列。

102-1 竣工文件、102-2 施工环保费可以列出,其中第 200 章至 700 章清单子目价格中企业管理费的基本费用费率已包含竣工文件的部分费用,企业管理费费率和施工驻地费用已包含施工环保费的部分费用。

根据本项目设计图纸,无施工便道、便桥。考虑公路工程项目实施过程中出现临时道路可能性极大,故 103-1 临时道路修建与拆除列出。

103-4 电信设施提供、维修与拆除及 103-5 临时供水与排污设施可按常规列出。

104-1 承包人驻地建设和 105 标准化建设是选择子目,根据招标文件技术规范对承包人施工场所要求选择性列清单项。

3)步骤 3:初编工程量清单

(1)确定清单子目项

综合以上分析,北塞至畔绥公路 No.1 合同段招标工程量清单第 100 章清单子目列项如表 2.2.20 所示。

表 2.2.20　工程量清单

清单　第 100 章　总则

子目号	子目名称	单位	数量	单价	合价
102	工程管理				
102-1	竣工文件	总额	1		
102-2	施工环保费	总额	1		
102-3	安全生产费	总额	1		
102-4	信息化系统(暂估价)	总额	1		
103	临时工程与设施				
103-1	临时道路修建、养护与拆除	总额	1		
103-2	临时占地	总额	1		
103-3	临时供电设施架设、维护与拆除(包括原道路的养护)	总额	1		
103-4	电信设施提供、维修与拆除	总额	1		
103-5	临时供水与排污设施	总额	1		
105	施工标准化				
105-1	施工驻地	总额	1		
105-3	拌和站	总额	1		

(2)确定清单子目工程量

第 100 章总则清单子目均以总额为单位进行计量,故工程量为 1,填入表 2.2.20。

4)步骤 4:检查并用造价软件列出工程量清单

按同望公路工程造价软件操作示例中的方法,在同望公路造价软件上列出表 2.2.20 的工程量清单。

——启发与思考——

　　某旧路改建工程,造价人员在编制招标工程量清单时未考虑保证改建过程需要维持交通和保通安全设施,在第 100 章漏项"保通安全设施"。项目实施后,引起这部分新增费用变更。那么,在编制工程量清单时,如何避免类似失误呢? 清单漏项会对工程实施带来哪些不利影响呢?

3.4.6　编制投标报价汇总表说明

　　《公路工程标准施工招标文件》(2018 年版)中的投标报价汇总表,反映的是清单报价汇总,在招标控制价编制中可视为招标控制价汇总表,在投标报价时为投标报价汇总表。

　　招标控制价汇总表(或投标报价汇总表)涉及 13 个金额的填写,主要是对标价工程量清单的各章节汇总,并标示出控制价总价(或投标总价)。

　　北塞至畔绥公路 No.1 合同段招标控制价汇总表,如表 2.2.21 所示。

表 2.2.21　招标控制价汇总表

序号	章次	科目名称	金额（元）
1	100	总则	
2	200	路基	
3	300	路面	
4	400	桥梁、涵洞	
5	500	隧道	
6	600	安全设施及预埋管线	
7	700	绿化及环境保护设施	
8		第 100 章～700 章清单合计	
9		已包含在清单合计中的材料、工程设备、专业工程暂估价合计	
10		清单合计减去材料、工程设备、专业工程暂估价合计	
11		计日工合计	
12		暂列金额（不含计日工总额，按第 100 章～700 章清单合计 6 % 计）	
13		招标控制价	

案例任务 4　编制公路工程量清单招标控制价

4.1　任务引入

A 公司已接到编制北塞至畔绥公路 No.1 合同段招标控制价的任务，并要求在招标文件中公布招标控制价（最高投标限价）。

目前，根据招标项目的设计图纸及招标文件要求，完成了招标工程量清单编制，下一步任务是编制工程量清单计价文件并形成招标控制价，其中最主要的工作是计算工程量清单子目单价。

4.2　任务目标

本案例帮助学习者了解工程量清单计价的相关基础知识，学会编制招标控制价的方法、步骤，并编制出招标控制价。

4.3　任务书

在北塞至畔绥公路 No.1 合同段工程土建施工招标阶段，A 公司受招标人委托编制招标工程量清单和招标控制价。目前已经完成招标工程量清单的编制，下一步是编制工程量清单计价文件并形成招标控制价。

经过询价，本项目材料原价及运输信息如表 2.2.22 所示。

表 2.2.22 材料预算单价计算参数表

序号	名称	单位	原价（元）	起讫地点	运输方式	运距（km）	单位运价（元/t·km）	装卸费（元/t·次）	装卸次数	其他费用（元/t）	预算单价
1	光圆钢筋	t	3700	百色市—工地	汽车	29.5	0.44	3.2	1	0	
2	带肋钢筋	t	3700								
3	32.5 级水泥	t	250	田阳县头塘镇—工地	汽车	31.5	0.44	3.2	1	0	
4	42.5 级水泥	t	280								
5	石油沥青	t	3700	百色市—工地	汽车	31.5	0.44	3.2	1	0	
6	砂（各类）	m³	65	百色市城东七塘—工地	汽车	26.5	0.4	1.5	1	0	
7	片石	m³	27	百色市龙盛石业—工地	汽车	31.5	0.4	1.5	1	0	
8	碎石（各类）	m³	42								
9	路面用石屑	m³	62.36	石场—工地	汽车	65	0.4	1.5	1	0	
10	柴油	kg									6.08

注:表中未列出的材料,预算单价采用定额单价。

有关取费费率参数如表 2.2.23 所示。

表 2.2.23 取费费率参数表

费率信息	参数要求
工地转移(百色市—工地)(km)	50
综合里程(沿线乡镇)(km)	3

4.4 任务实施

4.4.1 工程量清单计价基础知识

1)招标控制价

《建设工程工程量清单计价规范》(GB 50500—2013)提出了招标控制价的概念。招标控制价是招标人根据国家或省级、行业建设主管部门颁发的有关计价依据和办法,以及拟定的招标文件和招标工程量清单,结合工程具体情况编制的招标工程的最高投标限价。使用国有资金投资的工程建设项目应实行工程量清单招标并编制招标控制价。工程量清单应采用综合单价计价。

《建设工程工程量清单计价规范》(GB 50500—2013)规定招标人应在发布招标文件时公布招标控制价,不应对所编制的招标控制价进行上浮或下调,同时,招标人应将招标控制价报工程所在地或有该工程管辖权的行业管理部门工程造价管理机构备查。

2) 清单单价

公路工程的工程量清单单价是一个全费用综合单价,包含工程中为完成一个单位数量清单子目所需的人工费、材料费(含工程设备费)、施工机械使用费、措施费、企业管理费、规费、利润和税金,以及合同规定范围内的风险费用。

3) 工程造价组成

工程造价即工程的建造价格,它有如下两种含义:

第一种含义是指建设一项工程预期开支或实际开支的全部固定资产投资费用。

第二种含义是指工程价格或称合同价、承包价,即为建成一项工程,预计或实际形成的建筑安装工程的价格和建设工程总价格。

工程量清单综合单价主要由第二种含义的工程造价即建筑安装工程价格决定。目前,公路工程的建筑安装工程费组成如图 2.2.3 所示。

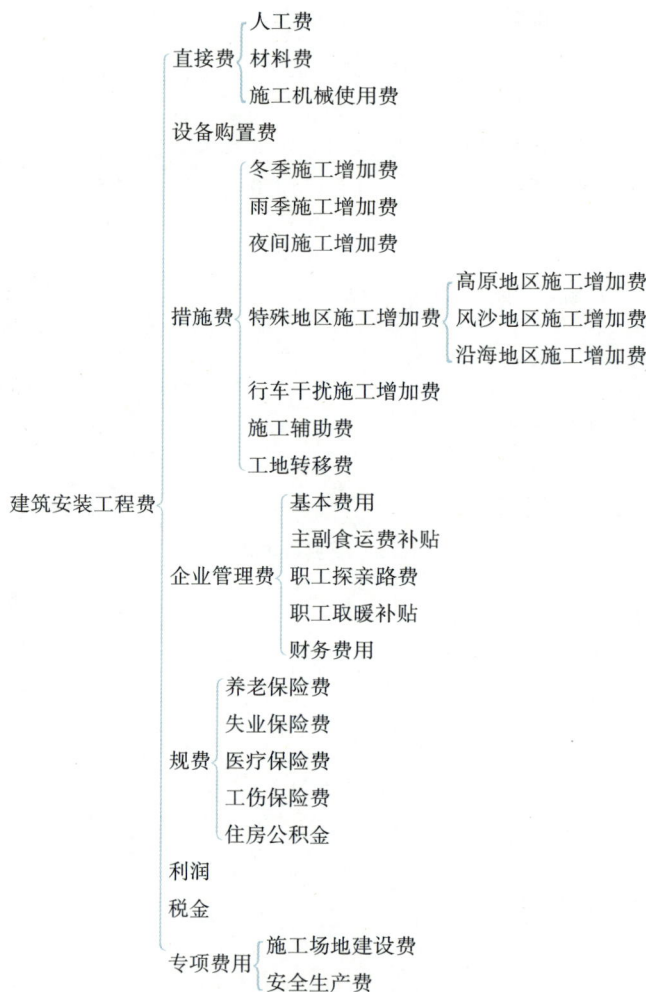

图 2.2.3　工程造价组成

通过分析清单子目综合单价组成和工程造价组成可知,要计算清单子目综合单价,需要先计算出清单子目的人工费、材料费、施工机械使用费(含设备购置费)、措施费、企业管理费、规费、利润和税金。

下面通过案例项目学习人工费、材料费、施工机械使用费(含设备购置费)、措施费、企业管理费、规费、利润、税金和综合单价的计算方法。

4) 清单单价中各项组成费用的计算方法

清单的各部分费用,即人工费、材料费、施工机械使用费(含设备购置费)、措施费、企业管理费、规费、利润和税金的费用计算,应执行《公路工程建设项目概算预算编制办法》(JTG 3830—2018)。

(1)人工费

人工费指列入概算、预算定额的直接从事建筑安装工程施工的生产工人开支的各项费用。

人工费以概、预算定额人工工日数乘以综合工日单价计算。

人工费标准按照本地区公路建设项目的人工工资统计情况以及公路建设劳务市场情况进行综合分析,确定综合工日单价。

综合工日单价由省级交通运输主管部门制定发布,并适时进行动态调整。人工费单价仅作为编制概、预算的依据,不作为施工企业实发工资的依据。

例如:确定广西壮族自治区工程人工费预算单价,可根据《部颁编制办法广西补充规定》执行,详见附录5。

人工费单价(含机械人工、船员)全区统一为101.25元/工日,潜水员人工费单价为164元/工日。

(2)材料费

材料费指施工过程中耗用的构成工程实体的原材料、辅助材料、构配件、零件、半成品或成品的费用,按工程所在地的材料预算价格计算。

材料费以概、预算定额规定的各种材料定额消耗量分别乘以对应材料预算单价的总和计算。

材料预算价格(预算单价)由材料原价、运杂费、场外运输损耗、采购及保管费组成。

材料预算价格=(材料原价+运杂费)×(1+场外运输损耗率)×(1+采购及保管费率)−包装品回收价值

①材料原价。各种材料原价按以下规定计算。

外购材料:材料原价参照本行政区域交通运输主管部门发布的价格和按调查的市场价格综合取定。

自采材料:自采的砂、石、黏土等自采材料,按定额中开采单价加辅助生产间接费和矿产资源税(如有)计算。

②运杂费。运杂费指材料自供应地点至工地仓库(施工地点存放材料的地方)的费用,包括装卸费、运费。如果发生,还应计囤存费及其他杂费(如过磅、标签、支撑加固、路桥通行等费用)。

通过铁路、公路和水路运输的材料,按调查的市场运价计算运费。

一种材料如有两个以上的供应点时,应根据不同的运距、运量、运价采用加权平均的方法计算运费。

$$运杂费=(运价×运距+装卸费×装卸次数+杂费)×毛质量系数或单位毛质量$$

根据《广西壮族自治区交通运输工程造价事务中心关于印发广西高速公路工程概预算编制指导意见(暂行)(2023年版)的通知》(桂交监造价发〔2023〕),广西公路市场材料装卸费、运费取值上限如表2.2.24所示。

表2.2.24　材料装卸费、运费取值表

序号	运距(km)	一般材料		特殊材料	
		运价(元/t·km)	装卸费	运价(元/t·km)	装卸费
1	30及以下	≤0.64	≤10	≤0.73	≤10
2	30~100	≤0.55	≤10	≤0.64	≤10
3	100~200	≤0.46	≤10	≤0.55	≤10
4	200以上	≤0.37	≤10	≤0.46	≤10

注:①表中为公路运输价格,铁路运输统一采用0.15元/t·km,水运运输统一采用0.11元/t·km。

②特殊材料是指沥青、炸药等。

③运距含上限不含下限。

④散装水泥、油类、砂、石等材料不计装卸费。

⑤已经发布有含运距指导价格的材料运费计算执行具体规定。

由于概、预算定额中已考虑工地运输便道的特点,以及定额中已计入"工地小搬运"的费用,因此汽车运输平均运距中不得乘以调整系数,也不得在工地仓库或堆料场之外再加场内运距或二次倒运的运距。

有容器或包装的材料及长大轻浮材料,应按表 2.2.25 规定的毛质量计算。桶装沥青、汽油、柴油按每吨摊销一个旧汽油桶计算包装费(不计回收)。

表 2.2.25　材料毛质量系数及单位毛质量表

材料名称	单位	毛质量系数	单位毛质量
爆破材料	t	1.35	—
水泥、块状沥青	t	1.01	—
铁钉、铁件、焊条	t	1.10	—
液体沥青、液体燃料、水	t	桶装 1.17,油罐车装 1.00	—
木料	m³	—	原木 0.750 t、锯材 0.650 t
草袋	个	—	0.004 t

③场外运输损耗。场外运输损耗指有些材料在正常的运输过程中发生的损耗,这部分损耗应摊入材料单价内。材料场外运输操作损耗率如表 2.2.26 所示。

表 2.2.26　材料场外运输操作损耗率表　　　　　　　　　　　　单位:%

材料名称		场外运输(包括一次装卸)	每增加一次装卸
块状沥青		0.5	0.2
石屑、碎砾石、砂砾、煤渣、工业废渣、煤		1.0	0.4
砖、瓦、桶装沥青、石灰、黏土		3.0	1.0
草皮		7.0	3.0
水泥(袋装、散装)		1.0	0.4
砂	一般地区	2.5	1.0
	风沙地区	5.0	2.0

注:对于汽车运水泥,当运距超过 500 km 时,袋装水泥增加损耗率 0.5%。

④采购及保管费。材料采购及保管费指在组织采购、保管过程中,所需的各项费用及工地仓库的材料储存损耗。

材料采购及保管费以材料的原价加运杂费及场外运输损耗的合计数为基数,乘以采购保管费率计算。

钢材的采购及保管费费率为 0.75%,燃料、爆破材料为 3.26%,其余材料为 2.06%。

商品水泥混凝土、沥青混合料和各类稳定土混合料、外购的构件、成品及半成品的预算价格计算方法与材料相同。商品水泥混凝土、沥青混合料和各类稳定土混合料不计采购及保管费,费率为 0。

外购的构件、成品及半成品的采购及保管费费率为 0.42%。

(3)施工机械使用费

施工机械使用费指列入概、预算定额的工程机械和工程仪器仪表台班数量,按相应的施工机械台班费用定额计算的费用等,包括工程机械使用费和工程仪器仪表使用费。

施工机械使用费以概、预算定额规定的各种机械使用定额消耗量分别乘以对应机械台班预算单价的总和计算。

施工机械台班预算价格应按《公路工程机械台班费用定额》(JTG/T 3833—2018)计算,机械台班单价由不变费用和可变费用组成。不变费用包括折旧费、检修费、维护费、安拆辅助费等;可变费用包括机上人员人工费、动力燃料费、车船税。可变费用中的人工工日数及动力燃料消耗量,应以机械台班费用定额中的数值为准。台班人工费工日单价同生产工人人工费单价。动力燃料费用则按材料费的计算规定计算。

工程仪器仪表使用费指机电工程施工作业所发生的仪器仪表使用费,以施工仪器仪表台班耗用量乘以施工仪器仪表台班单价计算。

工程仪器仪表台班预算价格应按《公路工程机械台班费用定额》(JTG/T 3833—2018)计算。台班人工费工日单价同生产工人人工费单价。动力燃料费用则按材料费的计算规定计算。

施工机械台班预算价格 = 不变费用 + {机械台班费用定额人工工日数×人工费单价 + 机械台班费用定额燃料、动力消耗量×燃料、动力预算单价 + 机械车船使用税}

直接费是人工费、材料费和施工机械费三者费用之和。

(4)定额人工费、定额材料费和定额施工机械费

定额人工费 = 定额中人工消耗量×定额人工单价

定额材料费 = 定额中材料消耗量×定额材料单价

定额施工机械费 = 定额中施工机械消耗量×定额施工机械单价

定额人工单价、定额材料单价来自《公路工程预算定额》(JTG/T 3832—2018)附录四"定额人工、材料、设备单价表"。

定额施工机械单价来自《公路工程机械台班费用定额》(JTG/T 3833—2018)规定的定额基价。

定额直接费是定额人工费、定额材料费和定额施工机械费三者费用之和。

(5)措施费(表2.2.27)

表2.2.27　措施费费用计算式

措施费	1		冬季施工增加费	(定额人工费+定额机械费)×相应费率	Ⅰ类
	2		雨季施工增加费		
	3		夜间施工增加费		
措施费	4.特殊地区	4-1	沿海地区施工增加费	(定额人工费+定额机械费)×相应费率	Ⅰ类
		4-2	高原地区施工增加费		
		4-3	风沙地区施工增加费		
	5		行车干扰增加费		
	6		工地转移费		
	7		施工辅助费	定额直接费×施工辅助费费率	Ⅱ类

（6）企业管理费（表 2.2.28）

表 2.2.28　企业管理费费用计算式

企业管理费	1	基本费用	定额直接费×企业管理费综合费率
	2	主副食运费补贴	
	3	职工探亲路费	
	4	职工取暖补贴	
	5	财务费用	

（7）措施费和企业管理费各项费率确定

根据《公路工程建设项目概算预算编制办法》（JTG 3830—2018）规定，措施费和企业管理费各项费率确定有两方面依据：一是工程类别，二是费用属性特点。

企业管理费及措施费取费标准的工程类别划分为 10 个类别，如表 2.2.29 所示。

如何确定工程的取费类别

表 2.2.29　工程类别划分

序号	工程类别	内容
1	土方	人工及机械施工的土方工程、路基掺灰、路基换填及台背回填
2	石方	人工及机械施工的石方工程
3	运输	用汽车、拖拉机、机动翻斗车、船舶等运送土石方、路面基层和面层混合料、水泥混凝土及预制构件、绿化苗木等
4	路面	路面所有结构层工程（包括隧道路面和桥面铺装工程）、路面附属工程、便道以及特殊路基处理工程（不含特殊路基处理中的圬工构造物）
5	隧道	隧道土建工程（不含隧道的钢材及钢结构）
6	构造物Ⅰ	砍树挖根、拆除工程、排水、防护、特殊路基处理中的圬工构造物、涵洞、交通安全设施[不包括金属标志牌、防撞钢护栏、防眩板（网）、隔离栅、防护网等钢结构工程]、拌和站（楼）安拆工程、便桥、便涵、临时电力和电信设施、临时轨道、临时码头、绿化工程等
7	构造物Ⅱ	小桥、中桥、大桥、特大桥工程（不包括技术复杂大桥）
8	构造物Ⅲ	商品水泥混凝土的浇筑、商品沥青混合料和各类商品稳定土混合料的铺筑、外购混凝土构件、设备安装工程等
9	技术复杂大桥	钢管拱桥、斜拉桥、悬索桥、单孔跨径在 120 m 以上（含 120 m）和基础水深在 10 m 以上（含 10 m）的大桥主桥部分的基础、下部和上部工程（不含桥梁的钢材及钢结构）
10	钢材及钢结构	所有工程的钢材及钢结构工程（含钢筋及预应力钢材，钢沉井、钢围堰、钢套箱及钢护筒等基础工程，钢构件（钢索塔、钢管拱、钢锚箱、钢锚梁、钢箱（桁）梁、索鞍、斜拉索、索股、索夹、吊杆、系杆）等安装工程、伸缩缝，支座，路基和隧道工程的锚杆、隧道管棚及钢支撑、金属标志牌、防撞钢护栏、防眩板（网）、隔离栅、防护网等工程）

购买的路基填料、绿化苗木、商品水泥混凝土、商品沥青混合料和各类稳定土混合料、外购混凝土构件不作为措施费及企业管理费的计算基数。

各项费率表摘录如表 2.2.30 至表 2.2.44 所示。

表 2.2.30　冬季施工增加费费率表　　　　　　　　　　　　　　　　单位:%

工程类别	冬季期平均温度(气候区)								准一区	准二区
	−1 ℃以上		−1~−4 ℃		−4~ −7 ℃	−7~ −10 ℃	−10~ −14 ℃	−14 ℃ 以下		
	冬一区		冬二区		冬三区	冬四区	冬五区	冬六区		
	Ⅰ	Ⅱ	Ⅰ	Ⅱ						
土方	0.835	1.301	1.800	2.270	4.288	6.094	9.140	13.720	—	—
石方	0.164	0.266	0.368	0.429	0.859	1.248	1.861	2.801	—	—
运输	0.166	0.250	0.354	0.437	0.832	1.165	1.748	2.643	—	—
路面	0.566	0.842	1.181	1.371	2.449	3.273	4.909	7.364	0.073	0.198
隧道	0.203	0.385	0.548	0.710	1.175	1.520	2.269	3.425	—	—
构造物Ⅰ	0.652	0.940	1.265	1.438	2.607	3.527	5.291	7.936	0.115	0.288
构造物Ⅱ	0.868	1.240	1.675	1.902	3.452	4.693	7.028	10.542	0.165	0.393
构造物Ⅲ	1.616	2.296	3.114	3.523	6.403	8.680	13.020	19.520	0.292	0.721
技术复杂大桥	1.019	1.444	1.975	2.230	4.057	5.479	8.219	12.338	0.170	0.446
钢材及钢结构	0.040	0.101	0.141	0.181	0.301	0.381	0.581	0.861	—	—

注:绿化工程不计冬季施工增加费。

表 2.2.31　全国雨季施工雨量区和雨季期划分表(广西部分)

省份	地区、市、自治州、盟(县)	雨量区	雨季期(月数)
广西壮族 自治区	百色、河池、南宁、崇左	Ⅱ	5
	桂林、玉林、梧州、北海、贵港、钦州、防城港、贺州、柳州、 来宾		6

表 2.2.32　雨季施工增加费费率表

单位：%

工程类别	1	1.5	2		2.5		3		3.5		4		4.5		5		6		7	8
	I	I	I	II	I	II	I	II	I	II	I	II	I	II	I	II	I	II	II	II
土方	0.140	0.175	0.245	0.385	0.315	0.455	0.385	0.525	0.455	0.595	0.525	0.700	0.595	0.805	0.665	0.939	0.764	1.114	1.289	1.499
石方	0.105	0.140	0.212	0.349	0.280	0.420	0.349	0.491	0.418	0.563	0.487	0.667	0.555	0.772	0.626	0.876	0.701	1.018	1.194	1.373
运输	0.142	0.178	0.249	0.391	0.320	0.462	0.391	0.568	0.462	0.675	0.533	0.781	0.604	0.888	0.675	0.959	0.781	1.136	1.314	1.527
路面	0.115	0.153	0.230	0.366	0.306	0.480	0.366	0.557	0.425	0.634	0.501	0.710	0.578	0.825	0.654	0.940	0.749	1.093	1.267	1.459
隧道	—	—	—	—	—	—	—	—	—	—	—	—	—	—	—	—	—	—	—	—
构造物 I	0.098	0.131	0.164	0.262	0.196	0.295	0.229	0.360	0.262	0.426	0.327	0.491	0.393	0.557	0.458	0.622	0.524	0.753	0.884	1.015
构造物 II	0.106	0.141	0.177	0.282	0.247	0.353	0.282	0.424	0.318	0.494	0.388	0.565	0.459	0.636	0.530	0.742	0.600	0.883	1.059	1.201
构造物 III	0.200	0.266	0.366	0.565	0.466	0.699	0.565	0.832	0.665	0.998	0.765	1.164	0.898	1.331	1.031	1.497	1.164	1.730	1.996	2.295
技术复杂大桥	0.109	0.181	0.254	0.363	0.290	0.435	0.363	0.508	0.435	0.580	0.508	0.689	0.580	0.798	0.653	0.907	0.725	1.052	1.233	1.414
钢材及钢结构	—	—	—	—	—	—	—	—	—	—	—	—	—	—	—	—	—	—	—	—

注：室内和隧道内工程及设备安装工程不计雨季施工增加费。

表 2.2.33 夜间施工增加费费率表

工程类别	费率(%)	工程类别	费率(%)
构造物Ⅱ	0.903	构造物Ⅲ	1.702
技术复杂大桥	0.928	钢材及钢结构	0.874

注:设备安装工程及金属标志牌、防撞钢护栏、防眩板(网)、隔离栅、防护网等不计夜间施工增加费。

表 2.2.34 高原地区施工增加费费率表　　　　　　　　　　　　单位:%

工程类别	海拔高度						
	2001~2500 m	2501~3000 m	3001~3500 m	3501~4000 m	4001~4500 m	4501~5000 m	5000 m 以上
土方	13.295	19.709	27.455	38.875	53.102	70.162	91.853
石方	13.711	20.358	29.025	41.435	56.875	75.358	100.223
运输	13.288	19.666	26.575	37.205	50.493	66.438	85.040
路面	14.572	21.618	30.689	45.032	59.615	79.500	102.640
隧道	13.364	19.850	28.490	40.767	56.037	74.302	99.259
构造物Ⅰ	12.799	19.051	27.989	40.356	55.723	74.098	95.521
构造物Ⅱ	13.622	20.244	29.082	41.617	57.214	75.874	101.408
构造物Ⅲ	12.786	18.985	27.054	38.616	53.004	70.217	93.371
技术复杂大桥	13.912	20.645	29.257	41.670	57.134	75.640	100.205
钢材及钢结构	13.204	19.622	28.269	40.492	55.699	73.891	98.930

表 2.2.35 风沙地区施工增加费费率表　　　　　　　　　　　　单位:%

工程类别	风沙区划								
	风沙一区			风沙二区			风沙三区		
	沙漠类型								
	固定	半固定	流动	固定	半固定	流动	固定	半固定	流动
土方	4.558	8.056	13.674	5.618	12.614	23.426	8.056	17.331	27.507
石方	0.745	1.490	2.981	1.014	2.236	3.959	1.490	3.726	5.216
运输	4.304	8.608	13.988	5.380	12.912	19.368	8.608	18.292	27.976
路面	1.364	2.727	4.932	2.205	4.932	7.567	3.365	7.137	11.025
隧道	0.261	0.522	1.043	0.355	0.783	1.386	0.522	1.304	1.826
构造物Ⅰ	3.968	6.944	11.904	4.960	10.912	16.864	6.944	15.872	23.808
构造物Ⅱ	3.254	5.694	9.761	4.067	8.948	13.828	5.694	13.015	19.523
构造物Ⅲ	2.976	5.208	8.928	3.720	8.184	12.648	5.208	11.904	17.226
技术复杂大桥	2.778	4.861	8.333	3.472	7.638	11.805	8.861	11.110	16.077
钢材及钢结构	1.035	2.070	4.140	1.409	3.105	5.498	2.070	5.175	7.245

表 2.2.36　沿海地区工程施工增加费费率表

工程类别	费率(%)	工程类别	费率(%)
构造物Ⅱ	0.207	构造物Ⅲ	0.195
技术复杂大桥	0.212	钢材及钢结构	0.200

注:①表中的构造物Ⅲ是指桥梁工程所用的商品水泥混凝土浇筑及混凝土构件、钢构件的安装。

　　②表中的钢材及钢结构是指桥梁工程所用的钢材及钢结构。

表 2.2.37　行车干扰工程施工增加费费率表　　　　　　　　　　　　单位:%

工程类别	施工期间平均每昼夜双向行车次数(机动车、非机动车合计)							
	51~100	101~500	501~1000	1001~2000	2001~3000	3001~4000	4001~5000	5000以上
土方	1.499	2.343	3.194	4.118	4.775	5.314	5.885	6.468
石方	1.279	1.881	2.618	3.479	4.035	4.492	4.973	5.462
运输	1.451	2.230	3.041	4.001	4.641	5.164	5.719	6.285
路面	1.390	2.098	2.802	3.487	4.046	4.496	4.987	5.475
隧道	—	—	—	—	—	—	—	—
构造物Ⅰ	0.924	1.386	1.858	2.320	2.693	2.988	3.313	3.647
构造物Ⅱ	1.007	1.516	2.014	2.512	2.915	3.244	3.593	3.943
构造物Ⅲ	0.948	1.417	1.896	2.365	2.745	3.044	3.373	3.713
技术复杂大桥	—	—	—	—	—	—	—	—
钢材及钢结构	—	—	—	—	—	—	—	—

注:新建工程、中断交通进行封闭施工或为保护交通正常通行而修建保通便道的改(扩)建工程,不计行车干扰施工增加费。

表 2.2.38　施工辅助费费率表

工程类别	费率(%)	工程类别	费率(%)
土方	0.521	构造物Ⅰ	1.201
石方	0.470	构造物Ⅱ	1.537
运输	0.154	构造物Ⅲ	2.729
路面	0.818	技术复杂大桥	1.677
隧道	1.195	钢材及钢结构	0.564

工地转移费
费率之内插法

表 2.2.39　工地转移费费率表　　　　　　　　　　　　单位:%

工程类别	工地转移距离					
	50 km	100 km	300 km	500 km	1 000 km	每增加100 km
土方	0.224	0.301	0.470	0.614	0.815	0.036
石方	0.176	0.212	0.363	0.476	0.628	0.030
运输	0.157	0.203	0.315	0.416	0.543	0.025
路面	0.321	0.435	0.682	0.891	1.191	0.062

续表

工程类别	工地转移距离					
	50 km	100 km	300 km	500 km	1 000 km	每增加 100 km
隧道	0.257	0.351	0.549	0.717	0.959	0.049
构造物Ⅰ	0.262	0.351	0.552	0.720	0.963	0.051
构造物Ⅱ	0.333	0.449	0.706	0.923	1.236	0.066
构造物Ⅲ	0.622	0.841	1.316	1.720	2.304	0.119
技术复杂大桥	0.389	0.523	0.818	1.067	1.430	0.073
钢材及钢结构	0.351	0.473	0.737	0.961	1.288	0.063

注:高速公路、一级公路及独立大桥、独立隧道项目转移距离按省会城市至工地的里程计算;二级及二级以下公路项目转移距离按地级市所在地至工地的里程计算;工地转移里程数在表列里程之间时,费率可内插计算。工地转移距离在50 km以内的工程按50 km计算。

表 2.2.40　基本费用费率表

工程类别	费率(%)	工程类别	费率(%)
土方	2.747	构造物Ⅰ	3.587
石方	2.792	构造物Ⅱ	4.726
运输	1.374	构造物Ⅲ	5.976
路面	2.427	技术复杂大桥	4.143
隧道	3.569	钢材及钢结构	2.242

表 2.2.41　主副食运费补贴费费率表　　　　　　　　　　单位:%

工程类别	综合里程										
	3 km	5 km	8 km	10 km	15 km	20 km	25 km	30 km	40 km	50 km	每增加 10 km
土方	0.122	0.131	0.164	0.191	0.235	0.284	0.322	0.377	0.444	0.519	0.070
石方	0.108	0.117	0.149	0.175	0.218	0.261	0.293	0.346	0.405	0.473	0.063
运输	0.118	0.130	0.166	0.192	0.233	0.285	0.322	0.379	0.447	0.519	0.073
路面	0.066	0.088	0.119	0.130	0.165	0.194	0.224	0.259	0.308	0.356	0.051
隧道	0.096	0.104	0.130	0.152	0.185	0.229	0.260	0.304	0.359	0.418	0.054
构造物Ⅰ	0.114	0.120	0.145	0.167	0.207	0.254	0.285	0.338	0.394	0.463	0.062
构造物Ⅱ	0.126	0.140	0.168	0.196	0.242	0.292	0.338	0.394	0.467	0.540	0.073
构造物Ⅲ	0.225	0.248	0.303	0.352	0.435	0.528	0.599	0.705	0.831	0.969	0.132
技术复杂大桥	0.101	0.115	0.143	0.165	0.205	0.245	0.280	0.325	0.389	0.452	0.063
钢材及钢结构	0.104	0.113	0.146	0.168	0.207	0.247	0.281	0.331	0.387	0.449	0.062

注:综合里程数在表列里程之间时,费率可内插;综合里程在3 km以内的工程按3 km计取本项费用。

表 2.2.42 职工探亲路费费率表

工程类别	费率（%）	工程类别	费率（%）
土方	0.192	构造物 I	0.274
石方	0.204	构造物 II	0.348
运输	0.132	构造物 III	0.551
路面	0.159	技术复杂大桥	0.208
隧道	0.266	钢材及钢结构	0.164

表 2.2.43 职工取暖补贴费费率表   单位:%

工程类别	气温区						
	准二区	冬一区	冬二区	冬三区	冬四区	冬五区	冬六区
土方	0.060	0.130	0.221	0.331	0.436	0.554	0.663
石方	0.054	0.118	0.183	0.279	0.373	0.472	0.569
运输	0.065	0.130	0.228	0.336	0.444	0.552	0.671
路面	0.049	0.086	0.155	0.229	0.302	0.376	0.456
隧道	0.045	0.091	0.158	0.249	0.318	0.409	0.488
构造物 I	0.065	0.130	0.206	0.304	0.390	0.499	0.607
构造物 II	0.070	0.153	0.234	0.352	0.481	0.598	0.727
构造物 III	0.126	0.264	0.425	0.643	0.849	1.067	1.297
技术复杂大桥	0.059	0.120	0.203	0.310	0.406	0.501	0.609
钢材及钢结构	0.047	0.082	0.141	0.222	0.293	0.363	0.433

表 2.2.44 财务费用费率表

工程类别	费率（%）	工程类别	费率（%）
土方	0.271	构造物 I	0.466
石方	0.259	构造物 II	0.545
运输	0.264	构造物 III	1.094
路面	0.404	技术复杂大桥	0.637
隧道	0.513	钢材及钢结构	0.653

（8）规费（表 2.2.45）

表 2.2.45 规费费率表

规费	1	养老保险费	16%	各类工程人工费（包括机上人员人工费）之和×相应费率	规费各项费率由各省、自治区自行规定,目前采用广西壮族自治区现行的《部颁编制办法广西补充规定》
	2	失业保险费	0.5%		
	3	医疗（含生育）保险费	7.5%		
	4	工伤保险费	1%		
	5	住房公积金	8.5%		
		合计	33.5%		

（9）利润

利润指施工企业完成所承包工程获得的盈利。

$$利润＝（定额直接费＋企业管理费＋措施费）×7.42\%$$

（10）税金

税金指国家税法规定应计入建筑安装工程造价的增值税销项税额。

$$税金＝（直接费＋设备购置费＋企业管理费＋措施费＋规费＋利润）×9\%$$

根据《公路工程建设项目概算预算编制办法》（JTG 3830—2018），各项费用计算程序和计算方式如表2.2.46所示。

表 2.2.46　费用计算程序及计算方式

代号	项目	说明及计算式
一	定额直接费	∑人工消耗量×人工基价+∑（材料消耗量×材料基价）+∑（机械台班消耗量×机械台班基价）
二	定额设备购置费	∑设备购置数量×设备基价
三	直接费	∑人工消耗量×人工单价+∑（材料消耗量×材料预算单价）+∑（机械台班消耗量×机械台班预算单价）
四	设备购置费	∑设备购置数量×预算单价
五	措施费	（一）×施工辅助费费率+定额人工费和定额施工机械使用费之和×其余措施费综合费率
六	企业管理费	（一）×企业管理费综合费率
七	规费	各类工程人工费（含施工机械人工费）×规费综合费率
八	利润	[（一）+（五）+（六）]×利润率（7.42%）
九	税金	[（三）+（四）+（五）+（六）+（七）+（八）]×9%
十	专项管理费	按编办规定计算
	施工场地建设费	[（一）+（二）×40%+（五）+（六）+（七）+（八）+（九）]×累进费率
	安全生产费	建筑安装工程费（不含安全生产费本身）×（≥1.5%）
十一	定额建筑安装工程费	（一）+（二）×40%+（五）+（六）+（七）+（八）+（九）+（十）
十二	建筑安装工程费	（三）+（四）+（五）+（六）+（七）+（八）+（九）+（十）

编制招标控制价的清单单价应使用《公路工程预算定额》（JTG/T 3832—2018）。

工程量清单第200~700章清单子目综合单价＝（人工费+材料费+机械使用费+设备购置费+措施费+企业管理费+利润+税金+风险费）/清单子目工程量。

一般工程的招标控制价不计风险费用，特殊工程如工期很长，或工程地质情况特别复杂，或设计深度不够，或海外工程等，招标控制价应适当考虑计入风险费用。

5）编制工程量清单计价文件的方法

编制工程量清单计价文件的一般方法为：

①根据工程项目的招标文件技术规范专用条款及《公路工程标准施工招标文件》（2018年版）工程量清单计量规则，分析清单子目的工程内容。

②根据《公路工程预算定额》(JTG/T 3832—2018)，选择套用合适的定额并计算各定额工程量，分析各清单子目工程工料机消耗等资源。

③根据《公路工程建设项目概算预算编制办法》(JTG 3830—2018)及《部颁编制办法广西补充规定》，分析计算工料机预算单价。

④根据《公路工程建设项目概算预算编制办法》(JTG 3830—2018)及《部颁编制办法广西补充规定》，计算措施费、企业管理费、规费、利润和税金等其他费用。

⑤根据计算的清单子目建筑安装工程费及其工程量，计算清单子目单价、合价以及章合计，汇总得到招标控制价。

某公路工程项目招标工程量清单计价文件及招标控制价见附录2。

6)定额的相关知识

(1)定额是什么

在建筑工程施工活动中，完成任何一件产品，都需要消耗一定数量的人工、材料和使用机械。这些资源的消耗是随着生产中各种因素的不同而变化的。公路工程定额就是在正常的生产条件下，合理组织施工、合理使用材料和机械的情况下，完成单位合格产品所必需的人工、材料、机械设备及资金消耗的限额标准。同时，定额中还规定了相应的工程内容和要达到的质量标准及安全要求。

定额是经过科学的测定、分析、计算后用数字加以规定的法定尺度，是组织施工的基础，也是计算工料机、资金消耗的依据，还是工程计价的主要依据。定额反映了一定时期的社会生产力水平，既考虑先进合理性，还要考虑正常条件下，大多数人经过努力可达到且少数人可超额的情况，具有相对的稳定性。随着生产技术的提高和生产管理的变化，定额需要及时进行修订及补充。

(2)工程定额分类

工程定额分类如表2.2.47所示。

表2.2.47　工程定额分类

分类标准	名称	内容
按定额反映的物质消耗内容(生产要素)分类	劳动定额	完成单位合格产品规定的活劳动(人工)消耗的数量标准
	材料定额	生产单位合格产品所必须消耗的某一定规格的建筑材料、成品、半成品、水电等资源的数量标准
	机械台班定额	完成单位合格产品所规定的施工机械消耗的数量标准
按照定额的编制程序和用途分类	估算指标	在项目建议书、可行性研究阶段，编制建议书估算、可行性研究估算时使用的人工、材料、施工机械等资源消耗量的数量标准
	概算定额	在初步设计及技术设计阶段，编制概算、修正概算时使用的人工、材料、施工机械等资源消耗量的数量标准
	预算定额	在施工图设计及招标阶段，编制施工图预算、清单预算、招标控制价时使用的人工、材料、施工机械等资源消耗量的数量标准
	施工定额	在施工阶段，编制施工预算、成本核算时使用的人工、材料、施工机械等资源消耗量的数量标准

(3)《公路工程预算定额》(JTG/T 3832—2018)组成

要正确使用《公路工程预算定额》(JTG/T 3832—2018)，应先了解其组成，如表2.2.48所示。

公路工程预算定额组成和运用

表 2.2.48　《公路工程预算定额》(JTG/T 3832—2018) 组成

组成部分		内容、说明或作用
总说明		对预算定额的适用情况、预算定额的编制原则、人工工日的小时规定、材料的场内运输损耗计取规定、周围性材料抽换规定、混凝土和砂浆配合比换算规定、次要及零星材料、小型机械费用计取、基价等方面作出解释和说明
章、节说明		规定了预算定额工程量计算规则,对查用定额时须考虑的换算系数或方法进行了规定,并说明了编制章、节定额时的原则和依据
工程定额表	工程项目名称及定额单位	定额单位指工程项目的计量单位
	工程项目包括的工程内容	工程项目划分为的不同细目、子目时,还列出细目名称、子目名称、子目代码
	完成定额单位工程的人工、材料、机械的名称、单位、代号、数量	代号按《公路工程预算定额》(JTG/T 3832—2018) 附录四规定,作为计算机进行概预算时工料机的识别符号
	定额基价	定额人工费、定额材料费、定额机械使用费的合计价值,表示完成单位工程项目所需的人工、材料和机械的参考费用
	表下注释	在章、节说明中没有包括的,定额表中未说明或需要补充说明的,仅供本定额表使用的注释
4个附录	路面材料计算基础数据表	路面材料计算的基础数据
	基本定额	供抽换定额中混凝土和砂浆强度等级时使用的混凝土、砂浆配合比表
	材料的周转及摊销	预制构件混凝土与模板的接触面积、每 10 m² 接触面积的模板所需的人工、机械的数量及材料周转的使用量、材料周转次数
	定额人工、材料设备单价表	人工、材料设备的规格、单位质量、代号、基价的统一规定

(4) 如何查定额

为了正确运用定额,必须全面了解定额,深刻理解定额,熟练掌握定额。

①运用定额的步骤如图 2.2.4 所示。

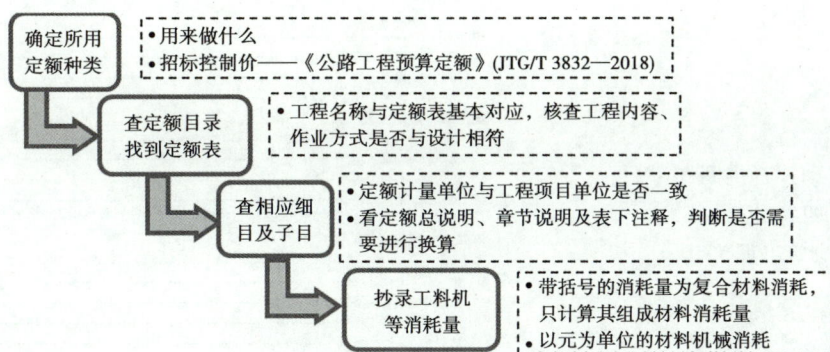

图 2.2.4　运用定额的步骤

②引用定额编号的写法。可采用[表-栏]的编号方法,也有采用八位编码方法。例如:滑模式摊铺机铺筑水泥混凝土路面厚度 20 cm 的预算定额,引用定额可表示为 2-2-17-5,也可表示为 20217005。

编码规则如图 2.2.5 所示。

```
2  —  2  —  17  —  5
2    02    17    005
```

表示第几章

表示第几节,不足两位时第二位取0

表示定额表号,不足两位时第四位取0

表示定额表栏目号,不足三位时第六或第七位取0

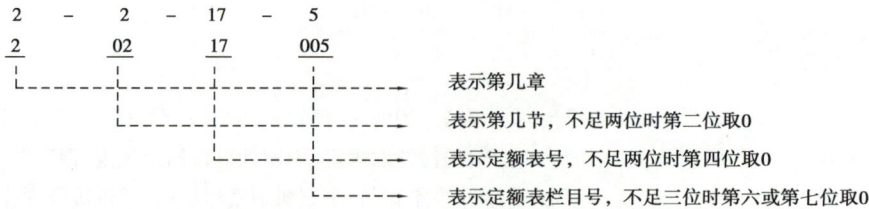

图 2.2.5　定额编码规则

③运用定额示例。编制某项目招标控制价时,需要查出石拱桥的浆砌片石拱圈工程的每 10 m³ 定额消耗量,步骤如表 2.2.49 所示。

表 2.2.49　查定额操作步骤

序号	操作步骤	图表
1	确定所用定额种类:编制招标控制价,查《公路工程预算定额》(JTG/T 3832—2018)	**JTG**　JTG/T 3832-2018 中华人民共和国行业推荐性标准 **公路工程预算定额** (上册) 2018-12-17 发布　　2019-05-01 实施 中华人民共和国交通运输部发布
2	《公路工程预算定额》(JTG/T 3832—2018)分为上、下两册,应先查总目录	总 目 录　上 册 第一章　路基工程 说　明 第一节　路基土、石方工程 第二节　特殊路基处理工程 第三节　排水工程 第四节　防护工程 第二章　路面工程 说　明 第一节　路面基层及垫层 第二节　路面面层 第三节　路面附属工程
3	根据"石拱桥浆砌片石拱圈"可知,应查"第四章 桥梁工程"→"第五节 砌筑工程",其定额表在上册	第三章　隧道工程 说　明 第一节　洞身工程 第二节　洞门工程 第三节　辅助坑道 第四节　瓦斯隧道※　354 第四章　桥涵工程 说　明 第一节　开挖基坑 第二节　筑岛、围堰及沉井工程 第三节　打桩工程 第四节　灌注桩工程 第五节　砌筑工程
4	查上册目录第四章第五节,可查到定额表 4-5-2 浆砌片石	第五节　砌筑工程 4-5-1　干砌片石、块石 4-5-2　浆砌片石 4-5-3　浆砌块石 4-5-4　浆砌料石 4-5-5　浆砌混凝土预制块 4-5-6　干、浆砌盖板石 4-5-7　浆砌青(红)砖

续表

序号	操作步骤	图表
5	查定额表4-5-2浆砌片石,找到相应细目"拱圈",引用的定额编号为4-5-2-6,根据需要抄录各项定额消耗量,详见图2.2.6	浆砌片石拱圈工程的定额消耗量,每10 m³ 消耗的工料机为: 人工:10.5 工日 …… 8~12 号铁丝:1.5 kg …… 400 L 以内灰浆搅拌机:0.15 台班 基价:2 670 元 查书章节法查定额　软件章节法查定额　软件智查法查定额

4－5－2 浆砌片石

工程内容:1)选、修、洗石料;2)搭、拆脚手架、踏步或井字架;3)配、拌、运砂浆;4)砌筑;5)勾缝;6)养护。

单位:10m³

顺序号	项目	单位	代号	基础、护底、截水墙	护拱	实体式墩	实体式台、墙
				1	2	3	4
1	人工	工日	1001001	6.6	6.1	8.7	7.8
2	M7.5水泥砂浆	m³	1501002	(3.5)	(3.5)	(3.5)	(3.5)
3	M10水泥砂浆	m³	1501003	－	－	(0.12)	(0.05)
4	8～12号铁丝	kg	2001021	－	－	1.8	0.6
5	钢管	t	2003008	－	－	0.011	0.004
6	铁钉	kg	2009030	－	－	0.3	0.1
7	水	m³	3005004	4	4	9	8
8	原木	m³	4003001	－	－	0.01	－
9	锯材	m³	4003002	－	－	0.05	0.02
10	中(粗)砂	m³	5503005	3.82	3.82	3.94	3.87
11	片石	m³	5505005	11.5	11.5	11.5	11.5
12	32.5级水泥	t	5509001	0.931	0.931	0.968	0.947
13	其他材料费	元	7801001	1.2	1.2	5.4	2.7
14	1.0m³以内轮胎式装载机	台班	8001045	0.08	0.1	0.1	0.1
15	400L以内灰浆搅拌机	台班	8005010	0.15	0.15	0.15	0.15
16	基价	元	9999001	2127	2086	2545	2338

续前页

单位:10m³

顺序号	项目	单位	代号	轻型墩台、拱上横墙、墩上横墙	拱圈	锥坡、沟槽、池	填腹石实体式墩	填腹石实体式台、墙
				5	6	7	8	9
1	人工	工日	1001001	10	10.5	8.7	7.8	6.8
2	M7.5水泥砂浆	m³	1501002	(3.5)	(3.50)	(3.50)	(3.50)	(3.50)
3	M10水泥砂浆	m³	1501003	(0.17)	(0.18)	(0.29)	－	－
4	8～12号铁丝	kg	2001021	2.2	1.5		1.8	0.6
5	钢管	t	2003008	0.006			0.011	0.004
6	铁钉	kg	2009030	0.2	0.1		0.3	0.1
7	水	m³	3005004	10	15	18	7	7
8	原木	m³	4003001	0.02	0.01		0.01	
9	锯材	m³	4003002	0.04	0.02		0.05	0.02
10	中(粗)砂	m³	5503005	4	4.01	4.13	3.82	3.82
11	片石	m³	5505005	11.5	11.5	11.5	11.5	11.5
12	32.5级水泥	t	5509001	0.984	0.987	1.021	0.931	0.931
13	其他材料费	元	7801001	4.1	4.4	1.2	5.4	2.7
14	1.0m³以内轮胎式装载机	台班	8001045	0.1	0.1	0.08	0.1	0.1
15	400L以内灰浆搅拌机	台班	8005010	0.15	0.15	0.15	0.15	0.15
16	基价	元	9999001	2673	2670	2443	2422	2220

图 2.2.6 定额表 4-5-2 浆砌片石

4.4.2　编制第 200 章路基土石方工程量清单单价

1)步骤 1:分析清单子目的计量规则

根据《公路工程标准施工招标文件》(2018 年版)第八章,路基土石方工程量清单计量规则分析如表 2.2.50 所示。

表 2.2.50　路基土石方工程量清单计量规则(部分)

子目号	子目名称	单位	工程内容
202-1	**清理与掘除**		
-a	清理现场	m²	1.灌木、竹林、胸径小于 10 cm 树木的砍伐及挖根;(本项目无) 2.清除场地表面 0~30 cm 范围内的垃圾、废料、表土(腐殖土)、石头、草皮; 3.与清理现场有关的一切挖方、坑穴的回填、整平、压实;(本项目不含回填) 4.适用材料的装卸、移运、堆放及非适用材料的移运处理;(本项目不含回填材料装运) 5.现场清理
203-1	路基挖方		
-a	挖土方(含 5 km 及 5 km 以内运输)	m³	1.挖、装、运输、卸车; 2.填料分理、弃土整形、压实; 3.施工排水处理; 4.边坡整修、路床顶面以下挖松深 300 mm 再压实、路床清理
-b	挖石方(含 5 km 及 5 km 以内运输)	m³	1.石方爆破; 2.挖、装、运输、卸车; 3.填料分理、弃土整形、压实; 4.施工排水处理; 5.边坡整修、路床顶面凿平或填平压实、路床清理
-c	挖除非适用材料(不含淤泥、岩盐、冻土)(含 5 km 及 5 km 以内运输)	m³	1.施工排水处理; 2.挖除、装载、运输、卸车、堆放; 3.现场清理
204-1	路基填筑(包括填前压实、清表回填)		
-a	利用土方	m³	1.基底翻松、压实、挖台阶; 2.临时排水、翻晒; 3.分层摊铺; 4.洒水、压实、刷坡; 5.整形
-b	利用石方(软石、次坚石)	m³	1.基底翻松、压实、挖台阶; 2.临时排水、翻晒; 3.边坡码砌; 4.分层摊铺; 5.小石块(或石屑)填缝、找补; 6.洒水、压实; 7.整形

如何编制路基土石方工程量清单单价

2)步骤2:清单子目套用定额

根据清单子目单价费用组成可知,直接费=人工费+材料费+施工机械使用费。又有以下公式:

$$人工费=定额人工消耗量×人工单价$$

$$材料费=\sum(定额材料消耗量×材料预算单价)$$

$$施工机械使用费=\sum(定额施工机械消耗量×机械台班预算单价)$$

由此可知,计算直接费的人工费、材料费和施工机械使用费,首先要确定人工、材料、机械的消耗量。工料机消耗量是可以测定的,而各类定额是满足正常的生产条件下,合理组织施工和合理使用资源完成某项工作的工料机消耗量标准。因此,工料机消耗量可以通过选择合适的预算定额来分析确定。

选择定额时,最重要的是进行清单子目与定额两者在工作内容上的一致性判断。当定额确定后,对所选定额还应判断是否与设计图纸要求一致,从而判断是否需要定额调整。

如202-1-a清理现场,清单子目工程内容与所涉及定额的工程内容的对比分析如表2.2.51所示。

表2.2.51　清单子目工程内容与定额工程内容对比分析

属性	子目号/定额编号	子目或定额名称	工程内容	分析
清单	202-1-a	清理现场	1.灌木、竹林、胸径小于10 cm树木的砍伐及挖根; 2.清除场地表面0~30 cm范围内的垃圾、废料、表土(腐殖土)、石头、草皮; 3.与清理现场有关的一切挖方、坑穴的回填、整平、压实; 4.适用材料的装卸、移运、堆放及非适用材料的移运处理; 5.现场清理	本项目无第1点工程内容,回填压实至原地面高程的工程内容包含在挖、填清单子目工程内容中
定额	1-1-1-12	135 kW以内推土机清除表土	推土机推挖表土、推出路基外	挖的工作
定额	1-1-10-2	2 m³以内装载机装土	铲装土方、装车、调位、清理工作面	装的工作
定额	1-1-11-7	12 t以内自卸汽车运土第一个1 km	等待装、运、卸、空回	运的工作
定额	1-1-11-8	14 t以内自卸汽车运土每增运0.5 km	超过km运距后增运	增运的工作

在表2.2.51中,清理现场工程内容的现场清理属于结束工作,根据《公路工程预算定额》(JTG/T 3832—2018)总说明第六点:"定额内除扼要说明施工的主要操作工序外,均包括准备与结束、场内操作范围内的水平与垂直运输、材料工地小搬运、辅助和零星用工、工具及机械小修、场地清理等工程内容"可知,不能再套用以上工程内容定额。

从表2.2.51中可看出,202-1-a清理现场清单子目需要套用3个定额构成定额组合,才能正确地计算清理现场工作的人工、材料、机械消耗量。

表2.2.52列出了各清单子目及其套用的定额,反映了清单子目与定额的对应关系。

表 2.2.52 清单子目项与定额子目对应关系（路基土石方工程）

工程内容	子目号/定额编号	子目或定额名称	单位/定额单位	设计工程量	定额换算	工程类别
推、装、运	202-1-a	清理现场	m²	126790		
推土机推挖表土，推出路基外	1-1-1-12	135 kW 以内推土机清除表土	100 m³	38040		01 土方
铲装土方、装车、调位、清理工作面	1-1-10-2	2 m³ 以内装载机装土	1000 m³ 天然密实方	38040		01 土方
等待装、运、卸、空回	1-1-11-7	12 t 以内自卸汽车运土 1 km	1000 m³ 天然密实方	38040		03 运输
超过 1 km 运距后增运	1-1-11-8	12 t 以内自卸汽车运土每增运 0.5 km（平均运距 15 km 以内）	1000 m³ 天然密实方	14724		03 运输
挖、装、运	203-1-a	路基挖土方（含 5 km 及 5 km 以内运输）	m³	639142		
推土机推土，空回，整理	1-1-12-14	135 kW 以内推土机推普通土 20 m	1000 m³ 天然密实方	17799		01 土方
	1-1-12-15	135 kW 以内推土机推硬土 20m	1000 m³ 天然密实方	117090		01 土方
超过 20 m 运距后增运	1-1-12-16	135 kW 以内推土机推土每增运 10 m	1000 m³ 天然密实方	386127		01 土方
挖掘机就位、开辟工作面、挖土、装车、移位、清理工作面	1-1-9-8	2.0 m³ 以内挖掘机挖装普通土	1000 m³ 天然密实方	93252		01 土方
	1-1-9-9	2.0 m³ 以内挖掘机挖装硬土	1000 m³ 天然密实方	411001		01 土方
等待装、运、卸、空回	1-1-11-7	12 t 以内自卸汽车运土 1 km	1000 m³ 天然密实方	298675+205578＝504253		03 运输
超过 1 km 运距后增运	1-1-11-8	12 t 以内自卸汽车运土每增运 0.5 km（平均运距 15 km 以内）	1000 m³ 天然密实方	1 742+76969＝78711		03 运输

定额编号	项目名称	工作内容	单位	数量	分部
1-1-20-1	机械整修路拱	整平、按规定的坡度修整	1000 m²	分摊比例: 639142/（639142+396612）= 0.617　193581×0.617=119439	01 土方
1-1-20-4	机械整修二级及以上等级公路边坡	修整、铺平、拍实	1 km	分摊比例: 639142/（639142+613364+396612+401709）= 0.312　22.774×0.312=7.105	01 土方
203-1-b	路基挖石方（含 5 km 及 5 km 以内运输）	开炸、装、运	m³	613 364	
1-1-14-4	机械打眼开炸软石	准备工作、开炸、解小等	1000 m³ 天然密实方	451202	02 石方
1-1-14-5	机械打眼开炸次坚石	准备工作、开炸、解小等	1000 m³ 天然密实方	162162	02 石方
1-1-12-31	135 kW 以内推土机推软石 20 m	推土机推石、空回、整理	1000 m³ 天然密实方	451202	02 石方
1-1-12-32	135 kW 以内推土机推次坚石 20 m	推土机推石、空回、整理	1000 m³ 天然密实方	162162	02 石方
1-1-12-34	135 kW 以内推土机推软石每增运 10 m	超过 20 m 运距后增运	1000 m³ 天然密实方	220521	02 石方
1-1-12-35	135 kW 以内推土机推次坚石每增运 10 m	超过 20 m 运距后增运	1000 m³ 天然密实方	40044	02 石方
1-1-10-5	2 m³ 以内装载机装软石	铲装石方、装车、调位、清理工作面	1000 m³ 天然密实方	390059	02 石方
1-1-10-8	2 m³ 以内装载机装次坚石、坚石	铲装石方、装车、调位、清理工作面	1000 m³ 天然密实方	151157	02 石方
1-1-11-21	12 t 以内自卸汽车运石 1 km	等待装、运、卸、空回	1000 m³ 天然密实方	297424+243792=541216	03 运输

续表

工程内容	子目号/定额编号	子目或定额名称	单位/定额单位	设计工程量	定额换算	工程类别
超过 1 km 运距后增运	1-1-11-22	12 t 以内自卸汽车运石每增运 0.5 km（平均运距 15 km 以内）	1000 m³ 天然密实方	29928+74489=104 417		03 运输
修整、铺平、拍实	1-1-20-4	机械整修二级及以上等级公路边坡	1 km	分摊比例：613364/（639142 + 613364 + 396612+401709）= 0.299 22.774×0.299=6.809		01 土方
挖、装、运	203-1-c	挖除非适用材料（不含淤泥、岩盐、冻土）（含 5 km 及 5 km 以内运输）	m³	19392		
挖掘机就位、开辟工作面、挖土、装车、移位、清理工作面	1-1-9-8	2.0 m³ 以内挖掘机挖装普通土	1000 m³ 天然密实方	19392		01 土方
等待装、运、卸、空回	1-1-11-7	12 t 以内自卸汽车运输土 1 km	1000 m³ 天然密实方	19392		03 运输
整平、碾压	204-1-a	路基利用土填筑	m³	396612		
整平土方、碾压	1-1-18-9	二级公路填方路基 15 t 以内振动压路机碾压土方	1000 m³ 压实方	396612		01 土方
填前夯（压）实	1-1-5-4	填前 12～15 t 光轮压路机压实	1000 m²	分摊比例：396612/（396612 + 401709）= 0.497 126790×0.497=63015		01 土方
画线挖土、抛土至填方处	1-1-4-5	挖掘机挖土质台阶普通土	1000m²	分摊比例：396612/（396612 + 401709）= 0.497 126876×0.497=63057		01 土方

工作内容	定额编号	项目名称	单位	计算式		
整平、按规定的坡度修整	1-1-20-1	机械整修路拱	1000 m²	分摊比例: 396612/（639142＋396612）＝0.383 193581×0.383＝74142		01 土方
修整、铺平、拍实	1-1-20-4	机械二级及二级以上公路整修边坡	1 km	分摊比例: 396612/（639142＋613364＋396612＋401709）＝0.193 22.774×0.193＝4.395		01 土方
整平、碾压	204-1-b	路基利用石填筑	m³	401709		
机械解小开摊平石方、碾压	1-1-18-16	二级公路填方路基15 t以内振动压路机碾压路石方	1000 m³ 压实方	401709		02 石方
填前夯(压)实	1-1-5-4	填前12～15 t光轮压路机压实	1000 m²	分摊比例: 401709/（396 612＋401709）＝0.503 126790×0.503＝63775		01 土方
画线挖土、抛土至填方处	1-1-4-5	挖掘机挖土质台阶普通土	1000 m²	分摊比例: 401709/（396612＋401709）＝0.503 126876×0.503＝63819		01 土方
修整、铺平、拍实	1-1-20-4	机械二级及二级以上公路整修边坡	1 km	分摊比例: 401709/（639142＋613364＋396612＋401709）＝0.196 22.774×0.196＝4.464		01 土方

启发与思考

某公司在投标某海边吹沙填海工程时,有一项"吹沙填海"的工程项目,由于该公司一直从事公路工程施工,以前没有类似项目的施工经验,所以在报价时以强夯报价,导致所报的单价比以正常吹沙填海施工的报价低很多,造成很大的损失。当对某一工程的施工流程不太清楚时,一定要先去了解施工方法而选择正确的定额。

3)步骤3:计算定额工程量

分析图纸相应清单子目的工程内容,正确摘取并计算定额子目的工程量,如表2.2.52所示。

4)步骤4:分析消耗的资源及其数量,计算工料机预算价格

(1)分析清单子目工作的全部资源(工料机等)消耗量

通过查找清单子目对应的定额,求出清单子目工作的资源消耗量,如表2.2.53所示。

表 2.2.53　清单子目项与定额子目对应关系

子目号/定额编号	子目或定额名称	单位	工程量
203-1-c	挖除非适用材料(不含淤泥、岩盐、冻土)(含5 km及5 km以内运输)	m³	19392
1-1-9-8	2.0 m³以内挖掘机挖装普通土	1000 m³ 天然密实方	19392
1-1-11-7	12 t以内自卸汽车运输土1 km	1000 m³ 天然密实方	19392

下面以【203-1-c 挖除非适用材料(不含淤泥、岩盐、冻土)(含5 km及5 km以内运输)】为例,利用单价分析表分析资源消耗量。

单价分析表中各项填写要求及计算方法说明如表2.2.54至表2.2.56所示(以定额1-1-9-8为例)。

表 2.2.54　单价分析表填写示例(一)

表头		填写要求及方法
工程项目	挖掘机挖装土、石方	定额表名称
工程细目	2.0 m³以内挖掘机挖装普通土	相应栏目的定额工作名称
定额单位	1000 m³天然密实方	定额表栏目对应的单位
工程数量	2.194	设计工程量/定额单位
定额表号	1-1-9-8	

如何填写单价分析表

表 2.2.55　单价分析表填写示例(二)

工料机名称	单位	定额单价	定额机械人工工日	预算单价	定额	数量(计算过程)	金额(计算过程)	合计	
								数量	金额
选定的定额表中的工料机项目名称、单位		人工、材料定额单价为《公路工程预算定额》(JTG/T 3832—2018)附录四的单价,机械定额单价为《公路工程机械台班费用定额》(JTG/T 3833—2018)的定额基价	只有机械需要填,是《公路工程机械台班费用定额》(JTG/T 3833—2018)相应机械的人工消耗量	按编办要求计算的工程所在地造价编制期间的工料机单价	定额表中的工料机消耗量	定额×工程数量	预算单价×数量	同一清单子目下全部数量之和	同一清单子目下全部金额之和

表 2.2.56　1-1-9　挖掘机挖装土、石方

工程内容:挖掘机就位,开辟工作面,挖土或爆破后石方,装车,移位,清理工作面。　　　　　　单位:1000 m³ 天然密实方

顺序号	项目	单位	代号	挖装土方								
				斗容量(m²)								
				0.6 以内			1.0 以内			2.0 以内		
				松土	普通土	硬土	松土	普通土	硬土	松土	普通土	硬土
				1	2	3	4	5	6	7	8	9
1	人工	工日	1001001	2.7	3.1	3.4	2.7	3.1	3.4	2.7	3.1	3.4
2	0.6 m³ 以内履带式液压单斗挖掘机	台班	8001025	2.7	3.16	3.64	—	—	—	—	—	—
3	1.0 m³ 以内履带式液压单斗挖掘机	台班	8001027	—	—	—	1.7	1.98	2.26	—	—	—
4	2.0 m³ 以内履带式液压单斗挖掘机	台班	8001030	—	—	—	—	—	—	1.14	1.3	1.47
5	基价	元	9999001	2535	2960	3391	2318	2696	3062	1998	2281	2568

(2)确定工料机预算单价

①确定人工预算单价。根据《部颁编制办法广西补充规定》(附录5)可知,人工费单价(含机械人工、船员)全区统一为 101.25 元/工日,潜水员人工费单价为 164 元/工日。

②确定材料预算单价。本例无材料消耗量,但是施工机械消耗的动力燃料等也属于材料,故需要确定柴油的材料预算单价。

③确定机械台班预算单价。根据《公路工程建设项目概算预算编制办法》(JTG 3830—2018),可得机械台班预算单价:

机械台班预算单价=不变费用+可变费用

　　　　=(折旧费+检修费+维护费+安拆辅助费)+(机手人工费+燃油动力费+其他费用)

下面以本案例中【2.0 m³ 以内履带式液压单斗挖掘机】为例,计算机械台班预算单价。

在《公路工程机械台班费用定额》(JTG/T 3833—2018)中查出代号 8001030 的 2.0 m³ 以内履带式液压单斗挖掘机,其不变费用和可变费用中的人工、柴油消耗量。

计算台班预算单价,填入表 2.2.57。

表 2.2.57　机械台班预算单价计算

	不变费用		可变费用		
2.0 m³ 以内履带式液压单斗挖掘机	折旧费	332	名称	台班消耗量	金额
	检修费	86.72	人工	2	2×101.25=202.5
	维护费	185.99	燃油	91.93	6.08×91.93=558.93
	安拆辅助费	0	其他费用	—	0
	小计	604.71	小计		202.5+558.93+0=761.43
台班预算单价(元/台班)			604.71+761.43=1366.14		

将全部的工料机预算单价填入表 2.2.58 中。

机械台班预算
单价计算示例

表 2.2.58 单价分析表

细目号: 203-1-c

细目名称: 挖除非适用材料 (不含淤泥) (含 5km 运输)

数量: 19 392　　　　单价: 8.71

工程项目					挖掘机挖装土、石方				自卸汽车运土、石方		
工程细目					2.0 m³ 以内挖掘机挖装普通土				12 t 以内自卸汽车运土 1 km		
定额单位					1000 m³ 天然密实方				1000 m³ 天然密实方		
工程数量					19.392				19.392		
定额表号					1-1-9-8				1-1-11-7		
序号	工料机名称	单位	定额单价	定额人工	预算单价	定额	数量 (计算过程)	金额 (计算过程)	定额	数量 (计算过程)	金额 (计算过程)	数量	合计	金额
1	人工	工日	106.28		101.25	3.1	3.1×19.392=60.115	60.115×101.25=6087				60.115		6087
2	2.0 m³ 以内履带式液压单斗挖掘机	台班	1 501.23	2	1 366.14	1.3	1.3×19.392=25.210	25.21 × 1 366. 14 = 34 440				25.210		34440
3	12 t 以内自卸汽车	台班	841.46	1	753.54				5.96	5.96×19.392=115.576	115.576×753.54=87091	115.576		87091
4	基价 (定额直接费)	元	1.00		1.00	2281	2281×19.392=4 4233.152	44233.152×1=44233	5015	5015×19.392=97250.880	97250.88×1=97251	141484.032		141484
5	其中:定额人工费	元						106.28×60.115=6389			0			6389

序号	费用名称	单位	费率(Ⅰ)	计算(Ⅰ)	费率(Ⅱ)	计算(Ⅱ)	金额
6	其中:定额施工机械费	元		25.21×1501.23=37846		115.576 × 841. 46 = 97253	135099
7	直接费	元		6087+34440=40527		87091	127618
8	其中:人工费	元		60.115×101.25=6087		0	6087
	其中:机械人工费	元		25.21×2×101.25=5105		115.576×1×101.25=11702	16807
措施费	Ⅰ	元	3.506%	(6389+37846)×3.506%=1551	3.346%	(0+97253)×3.346%=3254	4805
	Ⅱ	元	0.521%	44233×0.521%=230	0.154%	97251×0.154%=150	380
	企业管理费	元	3.332%	44233×3.332%=1474	1.888%	97251×1.888%=1836	3310
	规费	元	33.5%	(6087+5105)×33.5%=3749	33.5%	(0+11702)×33.5%=3920	7669
	利润	元	7.42%	(44233+1551+230+1474)×7.42%=3524	7.42%	(97251+3254+150+1836)×7.42%=7605	11129
	税金	元	9%	(40527+1551+230+1474+3749+3 524)×9% =4595	9%	(87091+3254+150+1836+3920+7 605)×9% =9347	13942
	金额合计	元		40527+1551+230+1474+3749+3 524+4595 =55650		87091+3254+150+1836+3920+7 605+9347 =113203	168853
	综合单价	元/m³		55650/19392=2.87		113203/19392=5.84	8.71

5）步骤 5：计算措施费及企业管理费

①根据《公路工程建设项目概算预算编制办法》（JTG 3830—2018）关于措施费及企业管理费计算的规定，确定路基土石方工程措施费的取费类别及费率，填入表 2.2.58。

工程类别的划分为 10 类，见表 2.2.29。

以清单子目【203-1-c 挖除非适用材料（不含淤泥、岩盐、冻土）（含 5 km 及 5 km 以内运输）】套用的两个定额为例，说明如何确定工程类别，如表 2.2.59 所示。

表 2.2.59　定额子目工程类别的确定方法

定额编号	定额名称	划分标准	工程类别
1-1-9-8	2.0 m³ 以内挖掘机挖装普通土	土方：人工及机械施工的土方工程、路基掺灰、路基换填及台背回填	01 土方
1-1-11-7	12 t 以内自卸汽车运输土 1 km	运输：用汽车、拖拉机、机动翻斗车、船舶等运送的土石方、路面基层和面层混合料、水泥混凝土及预制构件、绿化苗木等	03 运输

②根据《公路工程建设项目概算预算编制办法》（JTG 3830—2018），分析各项措施费取费依据，如表 2.2.60 所示。

表 2.2.60　措施费取费参数表

费用名称	取费依据	费率确定
冬季施工增加费	项目所在地的冬季施工气温区划分	不计
雨季施工增加费	项目所在地全国雨季施工雨量区和雨季期划分	Ⅱ区，5 个月
夜间施工增加费	常规施工组织设计	不计
特殊地区施工增加费	全国高原、风沙地区划分	不计
沿海地区施工增加费	《部颁编制办法广西补充规定》	不计
行车干扰施工增加费	施工期间平均每昼夜双向行车次数	查设计总说明，次数为 101~500
工地转移费	工地转移距离	二级及以下按地级市所在地到工地的里程计

根据《公路工程建设项目概算预算编制办法》（JTG 3830—2018）和表 2.2.60，将措施费各项费率填入表 2.2.61。

表 2.2.61 措施费费率计算表

工程类别		序号	取费参数信息	土方	运输
措施费费率（%）	冬季施工增加费	1	不计	0	0
	雨季施工增加费	2	百色市,属Ⅱ区,5个月	0.939	0.959
	夜间施工增加费	3	不计	0	0
	高原地区施工增加费	4	不计	0	
	风沙地区施工增加费	5	不计	0	
	沿海地区施工增加费	6	不计	0	
	行车干扰施工增加费	7	施工期间平均每昼夜双向行车次数为101～500	2.343	2.230
	施工辅助费	8	按编办要求计取	0.521	0.154
	工地转移费	9	50 km	0.224	0.157
	综合费率 Ⅰ	10	第1～7项、第9项之和	3.506	3.346
	综合费率 Ⅱ	11	第8项	0.521	0.154

③以清单子目【203-1-c 挖除非适用材料】为例,套用的两个定额 1-1-9-8 和 1-1-11-7 分别按土方、运输类别取费,将企业管理费各项费率填入表 2.2.62。

表 2.2.62 企业管理费费率计算表

序号	工程类别	企业管理费（%）					
		基本费用	主副食运费补贴	职工探亲路费	职工取暖补贴	财务费用	综合费率
1	土方	2.747	0.122	0.192	0	0.271	3.332
2	运输	1.374	0.118	0.132	0	0.264	1.888

其中,主副食运费补贴中的主副食运输综合里程,本例设计为旧路改建二级公路,考虑在沿线乡镇采购,按 3 km 计。

④完成单价分析表措施费、企业管理费计算。

表 2.2.58 下半部分填写及计算方法如表 2.2.63 所示。

工料机费与定额工料机费

表 2.2.63 基价、直接费、措施费及企业管理费计算式

项目	计算式
基价（定额直接费）	定额人工费+定额材料费+定额施工机械费
其中:定额人工费	定额人工数量×定额人工基价
其中:定额机械使用费	$\sum$（各类机械数量×定额机械台班基价）
直接费	人工费+材料费+施工机械费
其中:人工费(含机械工)	人工费+$\sum$（机械数量×机械台班定额人工消耗量）×项目所在地人工预算单价
措施费Ⅰ	（定额人工费+定额施工机械使用费）×措施费Ⅰ费率
措施费Ⅱ	基价（定额直接费）×措施费Ⅱ费率
企业管理费	基价（定额直接费）×企业管理费费率

定额人工基价、定额材料基价来自《公路工程预算定额》(JTG/T 3832—2018)附录四"定额人工、材料、设备单价表"。

定额施工机械基价来自《公路工程机械台班费用定额》(JTG/T 3833—2018)规定的定额基价。

定额直接费是定额人工费、定额材料费和定额施工机械费三者费用之和。

6) 步骤6:计算规费、利润及税金

①确定规费费率、利润率、增值税税率。

根据《部颁编制办法广西补充规定》,广西规费费率为33.5%。

根据《公路工程建设项目概算预算编制办法》(JTG 3830—2018),利润率为7.42%。

根据国家现行有关税项规定,应计入建筑安装工程造价的增值税销项税率为9%。

②计算规费、利润和税金(完成表2.2.58内相关内容)。

计算方法及计算公式如表2.2.64所示。

表 2.2.64 规费、利润、税金及综合单价计算式

项目	计算式
规费	人工费(含机械工)×规费费率
利润	(定额直接费+措施费+企业管理费)×利润率
税金	(直接费+措施费+企业管理费+规费+利润)×税率
金额合计	人工费+材料费+机械使用费+措施费+企业管理费+规费+利润+税金
单价	金额合计/清单子目工程量

启发与思考

按现行计价规范,公路工程专业采用的是全费用综合单价,即清单单价包含工料机费、措施费、管理费、规费、利润及税金,但市政工程专业及房屋建筑工程专业目前大多数仍采用部分费用单价,其单价仅包含分部分项工料机费、管理费及利润,不包含总价措施、其他项目、规费及税金。对于不同专业的工程项目,承包人必须弄清楚纳税要求,如市政和房屋建筑安装工程,则需要自行办理缴纳税款,这是守法企业应该承担的责任。我们每一个人都应该依法纳税,这也是公民的基本素质和责任。

7) 步骤7:计算清单子目单价、合价及章合计

在单价分析表中计算清单子目单价。

$$清单子目合价 = 单价×清单数量$$
$$章合计 = \sum 本章清单子目的合价$$

本例路基土石方清单的单价、合价、章合计计算结果如表2.2.65所示。

表 2.2.65 标价工程量清单

清单 第200章 路基					
子目号	子目名称	单位	数量	单价	合价
202	场地清理				
202-1	清理与掘除				
-a	清理现场	m²	126790	3.21	406996
203	挖方路基				
203-1	路基挖方				
-a	挖土方(含5 km及5 km以内运输)	m³	639142	8.68	5547753

续表

子目号	子目名称	单位	数量	单价	合价
-b	挖石方（含5 km及5 km以内运输）	m³	613364	28.32	17370468
-c	挖除非适用材料（不含淤泥、岩盐、冻土）（含5 km及5 km以内运输）	m³	19392	8.71	168904
204	填方路基				
204-1	路基填筑（包含填前压实及清表回填、软基回填）				
-a	利用土方	m³	396612	5.44	2157567
-b	利用石方	m³	401709	7.15	2872217

清单　第200章合计　人民币 28523905　元

4.4.3 编制第200章路基排水工程量清单单价

1) 步骤1：分析清单子目的计量规则

根据《公路工程标准施工招标文件》（2018年版）第八章工程量清单计量规则，结合工程设计图纸等相关资料，确定本案例排水工程浆砌片石边沟各清单子目的工程内容如表2.2.66所示。

表2.2.66　路基排水工程量清单计量规则（部分）

子目号	子目名称	单位	工程内容
207-1	边沟		
-a	M7.5浆砌片石	m³	1.场地清理； 2.地基平整夯实，断面补挖； 3.铺设垫层；（本项目无） 4.砂浆拌制； 5.浆砌片石、勾缝、抹面、养生； 6.回填
-c	现浇C20混凝土台帽	m³	1.场地清理； 2.地基平整夯实，断面补挖； 3.铺设垫层；（本项目无） 4.模板制作、安装、拆除； 5.钢筋制作与安装；（本项目无） 6.混凝土拌和、运输、浇筑、养生； 7.回填
-e	预制安装C30混凝土盖板	m³	1.场地清理； 2.模板制作、安装、拆除； 3.钢筋制作与安装； 4.预制件预制、运输、装卸； 5.预制件安装

2) 步骤2：清单子目套用定额

（1）套用正确定额

根据本案例边沟的清单子目工程内容，套用正确定额，填入表2.2.67中。

表 2.2.67 清单子目项与定额子目对应关系（路基排水工程）

工程内容	子目号/定额编号	细目或定额名称	单位/定额单位	设计工程量	定额换算	工程类别
挖基、砌石、勾缝、抹面	207-1-a	M7.5 浆砌片石	m³	9817.4		
挖沟	1-3-1-1	人工挖沟普通土	1000 m³ 天然密实方	332.8+9149.52=9482.32		01 土方
砌筑沟身	1-3-3-1	浆砌片石边沟	10 m³ 实体	9817.4	M10 换算为 M7.5	06 构造物 I
抹面	4-11-6-17	水泥砂浆抹面厚 2 cm	100 m²	156+11995=12151		06 构造物 I
混凝土拌和、浇筑	207-1-c	C20 现浇混凝土台帽	m³	73.9		06 构造物 I
混凝土拌和	4-11-11-1	250 L 以内混凝土搅拌机拌和	10 m³	73.9×1.02=75.378		06 构造物 I
现浇混凝土	4-6-3-1	混凝土墩、台帽非泵送	10 m³ 实体	73.9	C30 换算为 C20	06 构造物 I
预制混凝土、钢筋制安、盖板安装	207-1-e	C30 预制安装混凝土边沟盖板	m³	26		
预制盖板	1-3-4-10	预制混凝土水沟盖板矩形带孔	10 m³	26×1.01=26.26	C20 换算为 C30	06 构造物 I
盖板钢筋	1-3-4-11	水沟盖板钢筋	1 t	(436+2387)/1000=2.823	光圆钢筋：带肋钢筋 = 0.158：0.867	10 钢材及钢结构
安装盖板	1-3-4-12	安装水沟盖板	10 m³	26		06 构造物 I

（2）分析判断有无定额调整

根据《公路工程预算定额》（JTG/T 3832—2018）总说明的规定，设计采用的混凝土及砂浆等级或水泥等级与定额所列等级不同时，可按配合比表进行换算。

根据《公路工程预算定额》（JTG/T 3832—2018）第四章"说明二　钢筋工程"第2点，当设计图纸的钢筋比例与定额有出入时，可调整钢筋品种比例。

根据定额和设计分析判断，边沟所套用的定额换算如表2.2.68所示。

表2.2.68　定额调整分析

序号	定额	定额采用	设计采用	定额换算/调整
1	1-3-3-1 浆砌片石边沟	M7.5 水泥砂浆砌筑（3.5 m³） M10 水泥砂浆勾缝（0.33 m³）	M7.5 水泥砂浆砌筑（3.5 m³） M7.5 水泥砂浆勾缝（0.33 m³）	M10 换算为 M7.5 调整水泥、中粗砂消耗量
2	4-11-6-17 水泥砂浆抹面	M10 水泥砂浆抹面	M10 水泥砂浆抹面	无
3	4-6-3-1 混凝土墩、台帽	C30 水泥混凝土	C20 水泥混凝土	C30 换算为 C20，调整水泥、中粗砂、碎石消耗量
4	1-3-4-10 预制混凝土水沟盖板	C20 水泥混凝土	C30 水泥混凝土	C20 换算为 C30，调整水泥、中粗砂、碎石消耗量
5	1-3-4-11 水沟盖板钢筋	HPB300 钢筋：0.119 t HRB400 钢筋：0.906 t 光圆：带肋 = 0.119：0.906 = 0.131	HPB300 钢筋：436 kg HRB400 钢筋：2387 kg 光圆：带肋 436：2387 = 0.183	钢筋换算，调整光圆和带肋钢筋消耗量

（3）定额混凝土或砂浆等级与设计不同时的定额调整方法

①以定额 1-3-3-1 为例，勾缝砂浆 M10 换算成 M7.5，调整定额中水泥和中粗砂消耗量，计算过程如表2.2.69 至表2.2.71所示。

表2.2.69　砂浆配合比定额换算

项目	原定额砂浆强度等级	设计砂浆强度等级	砂浆用量（m³）	32.5 级水泥用量	中粗砂用量（m³）
配合比		M7.5	1	266 kg	1.09
砌筑	M7.5	M7.5	3.50	3.50×266/1000 t	3.50×1.09
勾缝	M10	M7.5	0.33	0.33×266/1000 t	0.33×1.09
砌筑、勾缝合计			3.50+0.33=3.83	（3.83×266）/1000 = 1.019 t	（3.83×1.09）= 4.175

表2.2.70　砂浆配合比表

单位：1 m³ 砂浆及水泥浆

顺序号	项目	单位	水泥砂浆					
			砂浆强度等级					
			M5	M7.5	M10	M12.5	M15	M20
1	32.5 级水泥	kg	218	266	311	345	393	448
2	中（粗）砂	m³	1.12	1.09	1.07	1.07	1.07	1.06

表 2.2.71　1-3-3 石砌边沟、排水沟、截水沟、急流槽

工程内容:1)拌、运砂浆;2)选修石料;3)砌筑、勾缝、养生　　　　　　　　　　　　　　　　　单位:10 m³ 实体

顺序号	项目	单位	代号	边沟、排水沟	
				浆砌片石	浆砌块石
				1	2
1	人工	工日	1001001	6.6	6.5
2	M7.5 水泥砂浆	m³	1501002	(3.50)	(2.70)
3	M10 水泥砂浆	m³	1501003	(0.33)	(0.20)
4	水	m³	3005004	18	18
5	中(粗)砂	m³	5503005	4.17	3.16
6	片石	m³	5505005	11.5	—
7	块石	m³	5505025	—	10.5
8	32.5 级水泥	t	5509001	1.037	0.782
9	其他材料费	元	7801001	2.3	2.3
10	1.0 m³ 以内轮胎式装载机	台班	8001045	0.08	0.08
11	400 L 以内灰浆搅拌机	台班	8005010	0.15	0.12
12	基价	元	9999001	2229	2301

②再以定额【1-3-4-10 预制水沟盖板】为例,混凝土 C20 换算成 C30,调整定额中水泥、中粗砂和碎石消耗量,计算过程如表 2.2.72 至表 2.2.74 所示。

与混凝土配合比有关的定额调整

表 2.2.72　混凝土配合比定额换算

项目	原定额混凝土强度等级	设计混凝土强度等级	混凝土用量(m³)	32.5 级水泥用量	中粗砂用量(m³)	碎石用量(m³)
配合比		C30	1	406 kg	0.46	0.79
预制混凝土水沟盖板	C20	C30	10.1	10.10×406/1000 = 4.101 t	10.10×0.46 = 4.646	10.10×0.79 = 7.979

表 2.2.73　1-3-4 混凝土边沟、排水沟、截水沟、急流槽

单位:列表单位

顺序号	项目	单位	代号	水沟盖板			
				预制			安装
				混凝土			
				矩形	矩形带孔	钢筋	
				10 m³		1 t	
				9	10	11	12
1	人工	工日	1001001	15.4	21	7.4	6.2
2	M10 水泥砂浆	m³	1501003	—			(0.38)

续表

顺序号	项目	单位	代号	水沟盖板			
				预制			安装
				混凝土			
				矩形	矩形带孔	钢筋	
				10 m³		1 t	
				9	10	11	12
3	普 C20-32.5-2	m³	1503007	（10.10）	（10.10）	—	—
4	预制构件	m³	1517001	—	—	—	（10.10）
⋮	⋮	—	—	—	—	—	—
12	中（粗）砂	m³	5503005	4.95	4.95	—	—
13	碎石	m³	5505012	8.28	8.28	—	—
14	32.5 级水泥	t	5509001	3.182	3.182	—	0.1188
15	其他材料费	元	7801001	2.86	2.86	—	—
16	250 L 以内强制式混凝土搅拌机	台班	8005002	0.27	0.27	—	—
17	小型机械使用费	元	8099001	5	5	6.3	—
18	基价	元	9999001	4007	4667	4149	758

表 2.2.74　混凝土配合比表

单位：1 m³ 混凝土

顺序号	项目	单位	普通混凝土				
			碎石最大粒径（mm）				
			20				
			混凝土强度等级				
			C15	C20	C25	C30	
			水泥强度等级				
			32.5	32.5	32.5	32.5	42.5
			2	3	4	5	6
1	水泥	kg	286	315	368	406	388
2	中（粗）砂	m³	0.51	0.49	0.48	0.46	0.48
3	碎（砾）石	m³	0.82	0.82	0.80	0.79	0.79

（4）设计钢筋与定额钢筋的等级比例不同时的定额调整方法

①钢筋的定额调整方法一：

a.套用 1-3-4-11（10304011）定额，将 HPB300 钢筋的消耗量调整为 0.119+0.906＝1.025（t），HRB400 钢筋的消耗量调整为 0，工程量为 0.436，调整后的定额如表 2.2.75 所示。

与钢筋有关的定额调整

表 2.2.75　1-3-4 混凝土边沟、排水沟、截水沟、急流槽

单位:列表单位

顺序号	项目	单位	代号	水沟盖板			安装
				预制			
				混凝土			
				矩形	矩形带孔	钢筋	
				10 m³		1 t	
				9	10	11	12
1	人工	工日	1001001	15.4	21	7.4	6.2
2	M10 水泥砂浆	m³	1501003	—	—	—	(0.38)
3	普 C20-32.5-2	m³	1503007	(10.10)	(10.10)	—	—
4	预制构件	m³	1517001	—	—	—	(10.10)
5	HPB300 钢筋	t	2001001	—	—	1.025	—
6	HRB400 钢筋	t	2001002	—	—	0	—
7	20~22 号铁丝	kg	2001022	3.4	5.7	3.6	—
⋮	⋮		—				
17	小型机械使用费	元	8099001	5	5	6.3	—
18	基价	元	9999001	4007	4667	4149	758

b.再次套用 1-3-4-11(10304011)定额,将 HPB300 钢筋的消耗量调整为 0,HRB400 钢筋的消耗量调整为 0.119+0.906=1.025(t),工程量为 2.387,调整后的定额如表 2.2.76 所示。

表 2.2.76　1-3-4 混凝土边沟、排水沟、截水沟、急流槽

单位:列表单位

顺序号	项目	单位	代号	水沟盖板			安装
				预制			
				混凝土			
				矩形	矩形带孔	钢筋	
				10 m³		1 t	
				9	10	11	12
1	人工	工日	1001001	15.4	21	7.4	6.2
2	M10 水泥砂浆	m³	1501003	—	—	—	(0.38)
3	普 C20-32.5-2	m³	1503007	(10.10)	(10.10)	—	—
4	预制构件	m³	1517001	—	—	—	(10.10)
5	HPB300 钢筋	t	2001001	—	—	0	—
6	HRB400 钢筋	t	2001002	—	—	1.025	—
⋮	⋮		—				
17	小型机械使用费	元	8099001	5	5	6.3	—
18	基价	元	9999001	4007	4667	4149	758

②钢筋的定额调整方法二：

设计图纸中 HPB300 钢筋与 HRB400 钢筋的比例为 0.436∶2.387＝0.183 与定额 1-3-4-11 中 HPB300 钢筋与 HRB400 钢筋的比例 0.119∶0.906＝0.131 比例不一致，与定额不符，需调整。

a.计算 HPB300 钢筋和 HRB400 钢筋实际定额消耗量。

每 1 t 钢筋的总消耗量为 0.119+0.906＝1.025(t)。

每 1 t 钢筋中 HPB300 钢筋和 HRB400 钢筋实际定额消耗量为：

HPB300 钢筋：

$$\frac{0.436}{0.436+2.387} \times (0.119+0.906) = 0.158(t)$$

HRB400 钢筋：

$$\frac{2.387}{0.436+2.387} \times (0.119+0.906) = 0.867(t)$$

$$或 1.025-0.158 = 0.867(t)$$

b.调整后的定额如表 2.2.77 所示。

表 2.2.77 1-3-4 混凝土边沟、排水沟、截水沟、急流槽

单位：列表单位

顺序号	项目	单位	代号	水沟盖板			安装
				预制			
				混凝土		钢筋	
				矩形	矩形带孔		
				10 m³		1 t	
				9	10	11	12
1	人工	工日	1001001	15.4	21	7.4	6.2
2	M10 水泥砂浆	m³	1501003	—	—	—	(0.38)
3	普 C20-32.5-2	m³	1503007	(10.10)	(10.10)	—	—
4	预制构件	m³	1517001	—	—	—	(10.10)
5	HPB300 钢筋	t	2001001	—	—	0.158	—
6	HRB400 钢筋	t	2001002	—	—	0.867	—
⋮	⋮		—	—	—	—	—

3)步骤 3:计算定额工程量

分析图纸相应清单子目的工程内容,正确摘取并计算定额子目的工程量。各定额子目的工程量见表2.2.67中第 5 列。

特别指出的是,对于定额【4-11-11-1 台帽混凝土 250L 以内混凝土搅拌机拌和】,其工程量计算时要考虑施工操作损耗。

在定额【4-6-3-1 现浇混凝土台帽】中看到,定额单位 10 m³ 的墩台帽实体,非泵送混凝土 C30 的消耗量是 10.20 m³(表 2.2.78)。这是因为混凝土在运输和浇筑时均会有损耗,该部分损耗属于场内运输及操作损耗,浇筑台帽实体的定额已经考虑损耗,所以拌制混凝土也应考虑这部分损耗。但定额【4-11-11-1 台帽混凝土 250 L 以内混凝土搅拌机拌和】的单位为 10 m³,因此其定额子目工程量应等于台帽实体工程数量乘以(1+损耗系数),损耗系数＝(10.2-10)/10＝0.02,即损耗率为2%(表 2.2.79)。

定额工程量计算方法

表 2.2.78　4-6-3　墩、台帽及拱座

I.混 凝 土

单位:10 m³ 实体

顺序号	项目	单位	代号	墩、台帽		拱座	
				非泵送	泵送	非泵送	泵送
				1	2	3	4
1	人工	工日	1001001	12.4	10.4	11.2	9.2
2	普 C30-32.5-4	m³	1503034	(10.20)	—	(10.20)	—
3	泵 C30-32.5-4	m³	1503084	—	(10.40)	—	(10.40)
4	8~12 号铁丝	kg	2001021	—	—	0.31	0.31
5	钢管	t	2003008	—	—	0.009	0.009
6	钢模板	t	2003025	0.049	0.049	0.028	0.028
7	螺栓	kg	2009013	5.91	5.91	3.44	3.44
⋮	⋮	⋮	⋮	⋮	⋮	⋮	⋮

表 2.2.79　4-11-11 混凝土拌和及运输

I.混凝土搅拌机拌和

单位:10 m³

顺序号	项目	单位	代号	混凝土搅拌机					
				容量(L)					
				250 以内	350 以内	500 以内	750 以内	1000 以内	1500 以内
				1	2	3	4	5	6
1	人工	工日	1001001	2	1.7	1.3	1	0.9	0
2	250 L 以内强制式混凝土搅拌机	台班	8005002	0.4	—	—	—	—	—
3	350 L 以内强制式混凝土搅拌机	台班	8005003	—	0.31	—	—	—	—
4	500 L 以内强制式混凝土搅拌机	台班	8005004	—	—	0.24	—	—	—
5	750 L 以内强制式混凝土搅拌机	台班	8005005	—	—	—	0.2	—	—
6	1000 L 以内强制式混凝土搅拌机	台班	8005006	—	—	—	—	0.15	—
7	1500 L 以内强制式混凝土搅拌机	台班	8005007	—	—	—	—	—	0.13
8	基价	元	9999001	284	248	203	175	165	155

4)步骤4：分析消耗的资源及其数量，计算工料机预算价格

（1）分析清单子目工作的工料机消耗量

下面以【207-1-a M7.5浆砌片石】为例（表2.2.80），利用表2.2.82分析资源消耗量。

表2.2.80　清单子目项与定额子目对应关系

子目号/定额编号	细目或定额名称	单位	设计工程量
207-1-a	M7.5浆砌片石	m³	9817.4
1-3-1-1	人工开挖沟槽土方	1000 m³ 天然密实方	9482.32
1-3-3-1	浆砌片石边沟	10 m³ 实体	9817.4
4-11-6-17	水泥砂浆抹面厚2 cm	100 m²	12151

（2）确定工料机预算单价

清单子目【207-1-a M7.5浆砌片石】消耗的主要材料有中粗砂、碎石、32.5级水泥、片石，计算它们的预算单价，并填入表中相应位置。

材料预算价格=（材料原价+运杂费）×（1+场外运输损耗率）×（1+采购及保管费率）－包装品回收价值

下面以中粗砂和水泥为例，说明材料预算价格的计算方法。

①中粗砂：

本项目中，中（粗）砂原价为65元/m³，运价为0.40元/t·km，运距为26.5 km，装卸费为1.5元/t，不计杂费，场外运输损耗率为2.5%，无包装品回收。

$$运杂费=（0.4×26.5+1.5×1+0）×1.5=18.15（元/m³）$$
$$预算单价=（65+18.15）×（1+2.5\%）×（1+2.06\%）=86.98（元/m³）$$

②32.5级水泥：

本项目中，水泥原价为250元/t，运价为0.44元/t·km，运距为31.5 km，装卸费为3.2元/t，不计杂费，无包装品回收。

$$运杂费=（0.44×31.5+3.2×1+0）×1.01=17.23（元/t）$$
$$预算单价=（250+17.23）×（1+1\%）×（1+2.06\%）=275.46（元/t）$$

最后，将工料机预算单价填入表2.2.81中相应位置，并继续填写单价分析表。

5)步骤5：计算措施费及企业管理费

根据《公路工程建设项目概算预算编制办法》（JTG 3830—2018）关于措施费及企业管理费计算规定，确定排水工程措施费及企业管理费的取费类别及费率，如表2.2.81所示。

根据确定的费率，完成单价分析表中措施费、企业管理费的计算，如表2.2.82所示。

表2.2.81　措施费及企业管理费综合费率计算表

工程类别	措施费综合费率（%）								合计		企业管理费综合费率（%）					合计
	冬季施工增加费	雨季施工增加费	夜间施工增加费	高原地区施工增加费	风沙地区施工增加费	沿海地区施工增加费	行车干扰施工增加费	施工辅助费	工地转移费	I	II	基本费用	主副食运费补贴	职工探亲路费	职工取暖补贴	财务费用	
构造物I	0	0.622	0	0	0	0	1.386	1.201	0.262	2.27	1.201	3.587	0.114	0.274	0	0.466	4.441
钢材及钢结构	0	0	0	0	0	0	0	0.564	0.351	0.351	0.564	2.242	0.104	0.164	0	0.653	3.163

材料预算价格计算方法

同望公路造价软件进行工料机预算单价计算操作示例

6）步骤 6：计算规费、利润及税金

在表 2.2.81 中完成规费、利润及税金计算。

7）步骤 7：计算清单子目单价、合价及章合计

本项目路基边沟工程的清单单价、合价、章合计计算结果如表 2.2.83 所示。

表 2.2.83　标价工程量清单

清单　第 200 章　路基					
子目号	子目名称	单位	数量	单价	合价
207-1	边沟				
-a	M7.5 浆砌片石	m³	9817.4	324.53	3186041
-c	现浇 C20 混凝土台帽	m³	73.9	649.86	48025
-e	预制安装 C30 混凝土盖板	m³	26	1397.75	36342
合计					3269758

4.4.4　编制第 300 章路面工程量清单单价

1）步骤 1：分析清单子目的计量规则

根据《公路工程标准施工招标文件》（2018 年版）第八章以及本案例招标文件技术规范，路面工程招标工程量清单计量规则分析如表 2.2.84 所示。

表 2.2.84　路面工程量清单计量规则（部分）

清单　第 300 章　路面			
子目号	子目名称	单位	工程内容
302-1 188 947	碎石垫层		1.检查、清除路基上的浮土、杂物，并洒水湿润； 2.摊铺； 3.整平、整形； 4.洒水、碾压、整修
-a	厚 150 mm 碎石垫层	m²	
-b	级配碎石调平层	m³	
304-3	4% 水泥稳定碎石基层		1.检查、清理下承层、洒水； 2.拌和、运输、摊铺； 3.整平、整形； 4.洒水、碾压、初期养护
-a	厚 200 mm	m²	
306-1	级配碎石底基层		1.检查、清理下承层、洒水； 2.铺筑材料拌和、运输、摊铺； 3.整平、整形； 4.洒水、碾压
-a	厚 150 mm	m²	
308-1	透层	m²	1.检查和清扫下承层； 2.材料制备、运输； 3.试洒； 4.沥青洒布车均匀喷洒并检测洒布用量； 5.初期养护

细目号：207-1-a

细目名称：M7.5 浆砌片石沟身　　　　　数量：9 817.4

序号	工程项目									
	工程细目					勾缝及抹面			合计	
	定额单位					抹面 2 cm 厚				
	工程数量					00 m²				
	定额表号					21.51				
						1−6−17				
	工料机名称	单位	定额单价	定额人工	预算单价	金额（计算过程）		数量	金额	
1	人工	工日	106.28		101.2	352.379×101.25＝35678		8729.211	883832	
2	水	m³	2.72		2.72	1822.65×2.72＝4958		19493.970	53024	
3	中（粗）砂	m³	87.38		86.9	337.798×86.98＝29382		4438.526	386063	
4	片石	m³	63.11		50.5			11290.010	571049	
5	32.5 级水泥	t	307.69		275.4	101.704×275.46＝28015		1105.042	304394	
6	其他材料费	元	1.00		1.00			2258.002	2258	
7	1.0m³ 以内轮胎式装载机	台班	585.22	1.00	514.0			78.539	40372	
8	400 L 以内灰浆搅拌机	台班	137.79	1.00	132.7			147.261	19551	
9	基价（定额直接费）	元			1.00	103161.99×1＝103162		2489187.184	2489188	
	其中：定额人工费	元							927741	
	其中：定额施工机械使用费	元							66254	
	直接费	元				3015＝98033			2260543	
	其中：人工费（含机械工）	元							906694	
	措施费	Ⅰ	元			50			25056	
		Ⅱ	元						28524	
	企业管理费	元							108308	
	规费	元							303743	
	利润	元				581）×7.42%＝8150			196710	
	税金	元				81+11952+8150）×9%＝11232			263059	
	金额合计	元				1+11952+8150+11232＝136037			3185943	
	综合单价	元/m³							324.53	

续表

清单　第300章　路面			
310-2	厚1cm沥青碎石下封层	m²	1.检查和清扫下承层； 2.试验段施工； 3.专用设备撒布或施工封层； 4.整形、碾压、找补； 5.初期养护
312-1	水泥混凝土面板		1.检查和清理下承层、洒水湿润； 2.模板制作、架设、安装、修理、拆除； 3.混凝土拌和物配合比设计、配料、拌和、运输、浇筑、振捣、真空吸水、抹平、压(刻)纹、养生； 4.切缝、灌缝； 5.初期养生
-a	厚240mm（混凝土弯拉强度5.0 MPa）	m³	
312-2	钢筋		1.钢筋的保护、储存及除锈； 2.钢筋整直、连接； 3.钢筋截断、弯曲； 4.钢筋安设、支承及固定
-a	光圆钢筋（HPB300）	kg	
-b	带肋钢筋（HRB400）	kg	
313-6	M7.5浆砌片石护肩	m³	1.场地清理； 2.砂浆拌制； 3.浆砌片石、勾缝、抹面、养生

2）步骤2：清单子目套用定额

（1）套用正确定额

根据清单子目工程内容，本案例水泥稳定碎石层、路面混凝土面板采用集中拌制，套用正确定额，填入表2.2.85。

（2）分析判断有无定额换算

涉及配合比、厚度、运距、钢筋种类、摊铺层数的均需检查，查看定额是否与设计（施工）一致。若不一致，则需要进行定额换算，调整相应工料机定额消耗量。

根据定额和设计分析判断，路面工程清单所套用的定额，其换算如表2.2.86所示。

根据《公路水泥混凝土路面设计规范》（JTG 40-2011）附录E.0.3，得到混凝土弯拉强度与抗压强度的经验参考值，如表2.2.87所示。

由表2.2.86、表2.2.87总结可得，本例出现6种定额换算，分别为：稳定土配合比与定额不同时的换算、运距超过1km的换算、路面厚度换算、混凝土等级与定额不同时的换算、钢筋比例与定额不同时的换算、砂浆等级与定额不同时的换算。其中，设计混凝土等级与定额不同时的换算、设计钢筋比例与定额不同时换算、设计砂浆等级与定额不同时的换算方法在前面已学习。下面分析设计稳定土配合比与定额不同时、设计路面厚度、实际运距超过1 km 3种情况所进行的定额换算方法。

沥青混凝土路面施工-摊铺	沥青混凝土路面施工-初压	沥青混凝土施工-复压	沥青混凝土路面施工-终压

表 2.2.85 清单子目项与定额子目对应关系（路面工程）

工程内容	子目号/定额编号	细目或定额名称	单位/表定额单位	设计工程量	定额换算	工程类别
摊铺、整平、洒水、碾压	302-1-a	厚150 mm未筛分碎石垫层	m²	188947		
铺筑、整平、洒水、碾压	2-1-1-15	路面垫层机械铺碎石（压实厚度15 cm）	1000 m²	188947		04 路面
摊铺、整平、洒水、碾压	302-1-b	厚100 mm级配碎石调平层	m³	4 265.7		
铺筑、整平、洒水、碾压	2-2-2-15	机械摊铺级配碎石底基层（平地机拌和,压实厚度10 cm）	1000 m²	42 657		04 路面
拌和、摊铺、整形、碾压、养护	304-3-a	厚200 mm4%水泥稳定碎石基层	m²	188060		
拌和	2-1-7-5	生产能力300 t/h厂拌水泥稳定碎石基层（水泥剂量4%,压实厚度20 cm）	1000 m²	188060	5%换为4%或4:96	04 路面
运输	2-1-8-9	装载质量20 t以内自卸汽车运厂拌基层稳定土混合料 10.4 km	1000 m³	188060×0.2=37612	2-1-8-9+10×19	03 运输
摊铺、整形、碾压、养护	2-1-9-7	宽度7.5m以内摊铺机铺筑基层	1000 m²	188060		04 路面
清理下承层、铺料、拌和、整形、洒水、碾压	306-1-a	厚150 mm级配碎石底基层	m²	185213		
清理下承层、铺料、洒水、拌和、整形、碾压、找补	2-2-2-15	机械摊铺级配碎石底基层（平地机拌和,压实厚度15cm）	1000m²	185213	+18×7	04 路面
清理下承层、洒布、养护	308-1	透层	m²	188060		
清理下承层、洒布、养护	2-2-16-3	石油沥青半刚性基层透层	1000 m²	188060		04 路面
清理下承层、洒布、整形、碾压、找补、养护	310-2	厚1 cm沥青碎石下封层	m²	188060		04 路面

工作内容	定额编号	项目名称	单位	工程量	换算	章节
清理下承层、酒布、铺料、碾压、找补、养护	2-2-16-13	石油沥青层铺法下封层	1000 m²	188060		04 路面
模板安拆、拌和、运输、浇筑、捣固、抹平、压（刻）纹、养护、切缝、灌缝	312-1-a	厚 240 mm 水泥混凝土面板（混凝土弯拉强度 5.0 MPa）	m³	45134.4		
模板安拆、浇筑、捣固、抹平、压（刻）纹、切缝、养护、灌缝	2-2-17-5 换	滑模式摊铺机铺筑混凝土路面 厚度 24 cm	1000 m² 路面	188060	+6×4，C30 换为 C40	04 路面
拌和	4-11-11-16	生产能力 90 m³/h 以内混凝土拌和站拌和	100 m³	45134.4×1.02=46037.088		04 路面
运输	4-11-11-28 换	运输能力 10 m³ 以内搅拌运输车运混凝土 10.4 km	100 m³	45134.4×1.02=46037.088	+29×19	03 运输
钢筋制作、安装	312-2-a	水泥混凝土面板光圆钢筋（HPB300）	kg	9 078		10 钢材及钢结构
拉杆、传力杆制作、安装	2-2-17-14 换	滑模式铺机铺筑路面拉杆及传力杆	1 t	(320+7671)/1000=7.991	带肋换光圆	10 钢材及钢结构
补强钢筋制作、安装	2-2-17-15 换	水泥混凝土路面钢筋	1 t	1087/1000=1.087	带肋换光圆	10 钢材及钢结构
钢筋制作、安装	312-2-b	水泥混凝土面板带肋钢筋（HRB400）	kg	40000		10 钢材及钢结构
拉杆、传力杆制作、安装	2-2-17-14 换	滑模式铺机铺筑路面拉杆及传力杆	1 t	38505/1000=38.505	光圆换带肋	10 钢材及钢结构
补强钢筋制作、安装	2-2-17-15 换	水泥混凝土路面钢筋	1 t	(565+302+628)/1000=1.495	光圆换带肋	10 钢材及钢结构
拌、运砂浆、砌筑、抹面	313-6	M7.5 浆砌片石护肩	m³	8567		06 构造物 I
浆砌片石、抹面	2-3-5-3 换	浆砌片石加固土路肩	10 m³	8567	M10 换为 M7.5	06 构造物 I

表 2.2.86　定额调整分析

序号	定额	定额采用	设计采用	定额换算/调整
1	2-1-1-15 机械铺碎石垫层	压实厚度 15 cm,1 层	压实厚度 15 cm,1 层	无
2	2-2-2-15(调平层) 摊铺级配碎石底基层	压实厚度 8 cm,1 层	平均压实厚度 10 cm,1 层	换算厚度为 10 cm,调整 相应工料机消耗量
3	2-1-7-5 厂拌水泥稳定碎石基层	水泥剂量 5%, 压实厚度 20 cm	水泥剂量 4%, 压实厚度 20 cm	5% 换 4%,调整水泥、 碎石消耗量
4	2-1-8-9 自卸汽车运混合料	运第一个 1 km	实际运距超过 1 km (按实际计)	换算运距为 10.4 km, 调整机械台班消耗量
5	2-1-9-7 摊铺机铺筑基层	1 层	1 层	无
6	2-2-2-15(底基层) 摊铺级配碎石底基层	压实厚度 8 cm,1 层	压实厚度 15 cm,1 层	换算厚度为 15 cm,调整 相应工料机消耗量
7	2-2-17-5 铺筑混凝土路面	厚度 20 cm,C30 混凝土	厚度 24 cm,混凝土 弯拉强度 5.0 MPa	换算厚度为 24 cm, C30-32.5-4 换算为 C40-42.5-4
8	4-11-11-28 搅拌运输车运混凝土	运第一个 1 km	实际运距超过 1 km (按实际计)	换算运距为 10.4 km, 调整机械台班消耗量
9	2-2-17-14(光圆) 路面拉杆及传力杆	光圆钢筋:带肋钢筋 0.601:0.537	光圆钢筋:7991 kg 带肋钢筋:0kg	钢筋换算,带肋钢筋 换为光圆钢筋
10	2-2-17-15(光圆) 路面钢筋	光圆钢筋:带肋钢筋 0.019:1.006	光圆钢筋:1087 kg 带肋钢筋:0kg	
11	2-2-17-14(带肋) 路面拉杆及传力杆	光圆钢筋:带肋钢筋 0.601:0.537	光圆钢筋:0 kg 带肋钢筋:38505 kg	钢筋换算,光圆钢筋 换为带肋钢筋
12	2-2-17-15(带肋) 路面钢筋	光圆钢筋:带肋钢筋 0.019:1.006	光圆钢筋:0 kg 带肋钢筋:1495 kg	
13	2-3-5-3 浆砌片石加固土路肩	砂浆等级 M10	砂浆等级 M7.5	M10 换算为 M7.5,调整 水泥、中粗砂消耗量

表 2.2.87　混凝土弯拉强度与抗压强度的经验参考值

抗压强度(MPa)	30	36	42	49
弯拉强度(MPa)	4.0	4.5	5.0	5.5

沥青混凝土
路面铣刨

平地机铺筑
水泥稳定碎
石层施工

①路面厚度超过压实厚度的定额换算。根据《公路工程预算定额》(JTG/T 3832—2018)第二章路面工程第一、二节说明第 1 点,垫层、底基层、基层、面层压实厚度超过定额要求,且需分层拌和碾压时,应对选用定额按规定换算。

各层的压实厚度规定如下:

a.各类垫层、级配碎石、级配砾石基层的压实厚度在 15 cm 以内;

b.填隙碎石一层的压实厚度在 12 cm 以内；

c.各类稳定土基层、其他种类的基层和底基层压实厚度在 20 cm 以内；

d.泥结碎石、级配碎石、级配砾石、天然砂砾、粒料改善土壤路面面层的压实厚度在 15 cm 以内。

当压实厚度超过以上规定厚度，如进行分层拌和、碾压时，拖拉机、平地机、摊铺机和压路机的台班消耗按定额数量加倍计算，每 1000 m² 增加 1.5 个工日。

本任务中定额【2-2-2-15 机械摊铺级配碎石底基层】分析如表 2.2.88 所示。

表 2.2.88　路面结构层厚度定额换算分析

项目	原定额	设计	增加厚度
厚度(cm)	8	15	15-8=7

与路面厚度的有关的定额调整

消耗量换算表 2.2.89、表 2.2.90 所示。

表 2.2.89　结构层厚度定额换算

工料机名称	单位	原定额消耗		按设计要求换算的定额消耗
		压实厚度 8 cm	每增减 1 cm	厚度 15 cm
人工	工日	1.7	0.1	1.7+0.1×7=2.4
碎石	m³	122.84	15.35	122.84+15.35×7=230.29
10000 L 以内洒水汽车	台班	0.08	0.01	0.08+0.01×7=0.15

表 2.2.90　2-2-2 级配碎石路面

单位：1000 m²

顺序号	项目	单位	代号	机械摊铺集料	
				平地机拌和	
				压实厚度 8 cm	每增减 1 cm
				底基层	底基层
				15	18
1	人工	工日	1001001	1.7	0.1
2	黏土	m³	5501003	—	—
3	碎石	m³	5505016	122.84	15.35
4	设备摊销费	元	7901001		
5	120 kW 以内自行式平地机	台班	8001058	0.5	—
6	75 kW 以内履带式拖拉机	台班	8001066	—	—
7	12~15 t 光轮压路机	台班	8001081	0.12	—
8	18~21 t 光轮压路机	台班	8001083	0.68	—
9	10000 L 以内洒水汽车	台班	8007043	0.08	0.01
10	基价	元	9999001	10749	1184

②稳定土配合比与定额不同时的换算。根据《公路工程预算定额》(JTG/T 3832—2018)第二章第一节说明第 2 点,各类稳定土基层定额中的材料消耗是按一定配合比编制的。当设计配合比与定额标明的配合比不同时,有关材料可按下式进行换算：

$$C_i = \left[C_d + B_d \times (H - H_0) \right] \times \frac{L_i}{L_d}$$

式中　C_i—— 按设计配合比换算后的材料数量；

　　　　C_d—— 定额中基本压实厚度的材料数量；

　　　　B_d—— 定额中压实厚度每增减 1 cm 的材料数量；

　　　　H_0—— 定额的基本压实厚度；

　　　　H_i—— 设计的压实厚度；

　　　　L_d—— 定额中标明的材料百分率；

　　　　L_i—— 设计配合比的材料百分率。

本任务中【定额 2-1-7-5 厂拌水泥稳定碎石基层】分析如表 2.2.91 所示。

表 2.2.91　水泥稳定碎石层定额换算分析

项目	原定额	设计
厚度(cm)	20	20
水泥用量	5%	4%
碎石用量	95%	96%

消耗量换算如表 2.2.92、表 2.2.93 所示。

表 2.2.92　厚度、配合比定额换算

工料机名称	单位	原定额消耗		按设计要求换算的定额消耗	
		压实厚度 20 cm	每增减 1 cm	先换算厚度	再换算配合比
32.5 级水泥	t	22.566	1.128	22.566+1.128×(20-20)	$\left[22.566 + 1.128 \times (20-20) \right] \times \dfrac{4\%}{5\%} = 18.053$
碎石	m³	296.73	14.84	296.73+14.84×(20-20)	$\left[296.566 + 14.84 \times (20-20) \right] \times \dfrac{96\%}{95\%} = 299.853$

表 2.2.93　2-1-7 厂拌基层稳定土混合料

I.水泥稳定类　　　　　　　　　　　　　　　　　　　　　　　　　　　单位：1000 m²

顺序号	项目	单位	代号	水泥碎石	
				水泥剂量5%	
				压实厚度 20 cm	每增减 1 cm
				5	6
1	人工	工日	1001001	2.5	0.1
2	水泥砂	m³	1507002	—	—
3	水泥砂砾	m³	1507003	—	—
4	水泥碎石	m³	1507004	(202.00)	(10.10)
5	水	m³	3005004	28	1
6	土	m³	5501002		
7	砂	m³	5503004		
8	砂砾	m³	5503007		

续表

顺序号	项目	单位	代号	水泥碎石	
				水泥剂量5%	
				压实厚度 20 cm	每增减 1 cm
				5	6
9	碎石	m³	5505016	296.73	14.84
10	32.5 级水泥	t	5509001	22.566	1.128
11	3.0 m³ 以内轮胎式装载机	台班	8001049	0.55	0.03
12	300 t/h 以内稳定土厂拌设备	台班	8003011	0.25	0.02
13	基价	元	9999001	30769	1535

③运距超过 1 km 的运输定额换算。北塞至畔绥公路 No.1 合同段的路面工程,水泥稳定碎石层厚20cm,摊铺宽度为 7.5m,由设计图纸中其他临时工程数量表可知,拌和站位于 K31+680~K32+000 左侧,确定本项目运输水泥稳定碎石混合料的平均运距。

如图 2.2.7 所示,里程及运距计算如下:

拌和站中点里程:　　　　　　（31680+32000）/2＝31840（m）
前段用料中点里程:　　　　　　（31840+10000）/2＝20920（m）
后段用料中点里程:　　　　　　（33000+31840）/2＝32420（m）
采用加权平均法计算平均运距:　　平均运距＝∑（各用料段运量×运距）/总运量
其中

运量＝路段用料长度×结构层宽度×厚度

运距＝混合料拌站里程桩号－用料段中点里程桩号

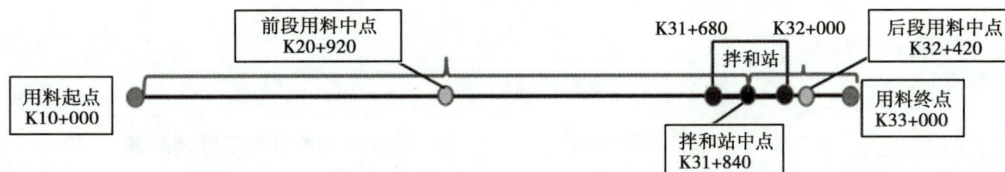

图 2.2.7　平均运距分析

当用料路段结构层宽度、厚度均相同时,运量可以直接用路线长度代替。

$$平均运距=\frac{(31840-20\,920)\times(31840-10000)\times0.2\times7.5+(32420-31840)\times(33000-31840)\times0.2\times7.5}{(33000-10000)\times0.2\times7.5}$$

$$=\frac{(31840-20920)\times(31840-10000)+(32420-31840)\times(33000-31\,840)}{(33000-10000)}$$

$$=10400\ m$$

$$=10.4\ km$$

以本任务中定额【2-1-8-9 装载质量 20 t 以内自卸汽车运厂拌基层稳定土混合料第一个 1 km】为例,因平均运距为 10.4 km,故需要套用增运定额。定额表摘抄如表 2.2.94 所示。

表 2.2.94　2-1-8 厂拌基层稳定土混合料运输

单位:1000 m³

顺序号	项目	单位	代号	自卸汽车装载质量	
				20 t 以内	
				第一个 1 km	每增运 0.5 km
				9	10
1	8 t 以内自卸汽车	台班	8007014	—	—
2	10 t 以内自卸汽车	台班	8007015	—	—
3	12 t 以内自卸汽车	台班	8007016	—	—
4	15 t 以内自卸汽车	台班	8007017	—	—
5	20 t 以内自卸汽车	台班	8007019	3.39	0.33
6	30 t 以内自卸汽车	台班	8007020	—	—
7	基价	元	9999001	3799	370

混合料增运级数分析如表 2.2.95 所示。

表 2.2.95　混合料增运级数分析

项目	原定额	设计	增运运距	增运级数 (每增运 0.5 km 为一级)
运距(km)	1	10.4	10.4-1=9.4	9.4/0.5=18.8(四舍五入取整为 19)

增运运距是几倍

消耗量换算如表 2.2.96 所示。

表 2.2.96　运距定额换算

工料机名称	单位	原定额消耗		按实际运距计算定额消耗量 (设计实际运距为 10.4 km)
		第一个 1 km	每增运 0.5 km	
20 t 以内自卸汽车	台班	3.39	0.33	3.39+0.33×19=9.66

路面分层施工的定额调整

④其他定额换算。如果本项目水泥稳定碎石基层采用生产能力 400 t/h 以内稳定土厂拌设备进行拌和时,设备安拆应选择定额【2-1-10-5 生产能力 400 t/h 以内稳定土厂拌设备安装、拆除】,需将定额【2-1-7-5 厂拌水泥稳定碎石基层】(水泥剂量 5%,压实厚度 20 cm)中的机械"生产能力 300 t/h 以内稳定土厂拌设备"替换为"生产能力 400 t/h 以内稳定土厂拌设备"。

同望公路造价软件调整工料机定额消耗量的操作方法

── 启发与思考 ──

　　事件一:港珠澳大桥工程造价编制过程中遇到大量的现行定额标准缺项问题,特别是涉及新标准、新工艺、新技术、新设备的内容,建立外海施工定额研究专题,广泛深入调查研究,最终依托项目的成果《广东省沿海桥梁工程预算补充定额》《广东省沿海沉管隧道、人工岛工程预算补充定额》为国家外海工程定额标准的制定积累了基础数据和参考,为合理确定工程费用提供了重要支撑依据。同学们,从以上事件中,你受到什么启发?有什么感想?

事件二:编制某公路项目招标控制价时,发现项目的路面设计采用了现行定额标准没有的新材料和新机械设备。造价员小王套用了类似的路面施工工艺定额进行计价,计算后发现计价结果没有正确反映新材料和新机械设备的价格。同学们,如果你是造价员,面对这一情况,你该怎么做才能正确地反映新材料、新机械设备的计价?

3)步骤3:计算定额工程量

分析图纸相应清单子目的工程内容,正确摘取并计算定额子目的工程量。

请将计算过程及结果填入表2.2.85"设计工程量"列中。

4)步骤4:分析消耗的资源及其数量,计算工料机预算价格

(1)分析清单子目工作的全部资源(工料机等)消耗量

通过查找清单子目对应的定额,可求出清单子目工作的资源消耗量。

下面以【308-1 透层】为例(表2.2.97),利用表2.2.98分析资源消耗量。

表2.2.97　清单子目项与定额子目对应关系

子目号/定额编号	细目或定额名称	单位	工程量
308-1	透层	m²	188060
2-2-16-3	石油沥青半刚性基层透层	1000 m²	188060

(2)确定工料机预算单价

①确定人工预算单价。根据《部颁编制办法广西补充规定》,人工费单价全区统一为101.25元/工日。

②确定材料预算单价。本项目消耗的材料有石油沥青、煤、路面用石屑。根据本书第2部分4.4.1第3点材料预算单价计算方法,计算石油沥青、路面用石屑的预算单价。

a.石油沥青:

本项目石油沥青使用罐装沥青,原价为3700元/t,运价为0.44元/t·km,运距为31.5 km,装卸费为3.2元/t,不计杂费。

$$运杂费=(0.44×31.5+3.2×1+0)×1=17.06(元/t)$$

$$预算单价=(3700+17.06)×(1+0)×(1+2.06\%)=3793.63(元/t)$$

b.路面用石屑:

本项目中,路面用石屑原价为62.36元/m³,运价为0.40元/t·km,运距为65 km,装卸费为1.5元/t,不计杂费。

$$运杂费=(0.40×65+1.5×1+0)×1.5=41.25(元/m³)$$

$$预算单价=(62.36+41.25)×(1+1\%)×(1+2.06\%)=106.8(元/m³)$$

③确定机械预算单价。本项目使用的机械有8000 L以内沥青洒布车(8003040)、9~16t轮胎式压路机(8003066)。以8000 L以内沥青洒布车(8003040)为例,车船税为0.85元/台班,其机械台班单价计算如表2.2.99所示。

表 2.2.98　单价分析表

货币单位：人民币元

细目号：308-1		
细目名称：石油沥青透层	数量：188060	单价：4.52

工程项目	透层
工程细目	石油沥青半刚性基层透层
定额单位	1000 m²
工程数量	188.06
定额表号	2-2-16-3

序号	工料机名称	单位	定额单价	定额人工	预算单价	定额	数量（计算过程）	金额（计算过程）	定额	数量	金额	数量	金额
1	人工	工日	106.28		101.25	0.2	0.2×188.06=37.612	37.612×101.25=3808				37.612	3808
2	石油沥青	t	4529.91		3793.63	0.824	0.824×188.06=154.961	154.961×3793.63=587865				154.961	587865
3	煤	t	561.95		561.95	0.16	0.16×188.06=30.090	30.09×561.95=16909				30.090	16909
4	路面用石屑	m³	106.80		106.80	2.55	2.55×188.06=479.553	479.553×106.8=51216				479.553	51216
5	其他材料费	元	1.00		1.00	18.3	18.3×188.06=3441.498	3441.498×1=3441				3441.498	3441
6	设备摊销费	元	1.00		1.00	8.7	8.7×188.06=1636.122	1636.122×1=1636				1636.122	1636
7	8000 L以内沥青酒布车	台班	833.88	1.00	762.56	0.04	0.04×188.06=7.522	7.522×762.56=5736				7.522	5736
8	9~16 t轮胎式压路机	台班	650.94	1.00	600.22	0.12	0.12×188.06=22.567	22.567×600.218=13545				22.567	13545
9	小型机具使用费	元	1.00		1.00	2.4	2.4×188.06=451.344	451.344×1=451				451.344	451
10	基价（定额直接费）	元			1.00	4257	4257×188.06=800571.420	800571.42×1=800571				800571.420	800571
	其中:定额人工费	元					106.28×37.612=3997						3997
	其中:定额施工机械使用费	元					833.88×7.522+650.94×22.567+1×451.344=21414						21414
	直接费	元					3808+587865+16909+51216+3441+1636+5736+13545+451=684607						684607
	其中:人工费（含机械工）	元					3808+(1×7.522+1×22.567)×101.25=6855						6855
	措施费 Ⅰ	元			3.359%		（3997+21414）×3.359%=854						854
	措施费 Ⅱ	元			0.818%		800571×0.818%=6549						6549
	企业管理费	元			3.056%		800571×3.056%=24465						24465
	规费	元			33.500%		6855×33.5%=2296						2296
	利润	元			7.420%		（800571+854+6549+24465）×7.42%=61767						61767
	税金	元			9.000%		（684607+854+6549+24465+2296+61767）×9%=70248						70248
	金额合计	元					684607+854+6549+24465+2296+61767+70248=850786						850786
	综合单价	元/m²					850786/188060=4.52						4.52

表 2.2.99 机械台班预算单价计算

8000 L 以内沥青洒布车	不变费用		可变费用		
	折旧费	208.04	名称	台班消耗量	金额
	检修费	56.02	人工	1	1×101.25＝101.25
	维护费	96.23	燃油	49.37	6.08×49.37＝558.93
	安拆辅助费	0	其他费用	—	0.85
	小计	360.29	小计	—	101.25+558.93+0.85＝402.27
机械台班预算单价（元/台班）	360.29+402.27＝762.56				

最后,将工料机预算单价填入表2.2.98中相应位置,并继续填写单价分析表。

5)步骤5:计算措施费及企业管理费

①根据工程类别的划分标准,确定各定额子目的工程类别,填入表2.2.85。

②查《公路工程建设项目概算预算编制办法》(JTG 3830—2018),确定本任务涉及的工程类别的措施费费率和企业管理费费率,如表2.2.100所示。

表 2.2.100 措施费及企业管理费综合费率计算表

工程类别	措施费综合费率（%）									合计		企业管理费综合费率（%）					
	冬季施工增加费	雨季施工增加费	夜间施工增加费	高原地区施工增加费	风沙地区施工增加费	沿海地区施工增加费	行车干扰施工增加费	施工辅助费	工地转移费	I	II	基本费用	主副食运费补贴	职工探亲路费	职工取暖补贴	财务费用	合计
运输	0.959						2.230	0.154	0.157	3.346	0.154	1.374	0.118	0.132	—	0.264	1.888
路面	0.940						2.098	0.818	0.321	3.359	0.818	2.427	0.066	0.159	—	0.404	3.056
构筑物 I	0.622						1.386	1.201	0.262	2.270	1.201	3.587	0.114	0.274	—	0.466	4.441
钢材及钢结构	0						0	0.564	0.351	0.351	0.564	2.242	0.104	0.164	—	0.653	3.163

根据确定的措施费及企业管理费综合费率,完成单价分析表中措施费、企业管理费的计算。

6)步骤6:计算规费、利润及税金

在单价分析表中,完成规费、利润及税金计算。

7)步骤7:计算清单子目单价、合价及章合计

本项目段路面工程清单的单价、合价、章合计计算如表2.2.101所示。

表 2.2.101 标价工程量清单

清单 第300章 路面					
子目号	子目名称	单位	数量	单价	合价
302-1	碎石垫层				
-a	厚150 mm碎石垫层	m²	188947	16.28	3076057

续表

子目号	子目名称	单位	数量	单价	合价
-b	级配碎石调平层	m³	4265.7	142.18	606497
304-3	4%水泥稳定碎石基层				
-a	厚200 mm	m²	188060	37.16	6988310
306-1	级配碎石底基层				
-a	厚150 mm	m²	185213	20.55	3806127
308-1	透层				
-a	石油沥青透层	m²	188060	4.52	850031
310-2	封层				
-a	厚1 cm石油沥青碎石下封层	m²	188060	7.59	1427375
312-1	水泥混凝土面板				
-a	厚240 mm（混凝土弯拉强度5.0 MPa）	m³	45134.4	382.45	17261651
312-2	钢筋				
-a	光圆钢筋（HPB300）	kg	9078	5.79	52562
-b	带肋钢筋（HRB400）	kg	40000	5.82	232800
313-6	M7.5浆砌片石护肩	m³	8567	366.03	3135779

清单　300章合计　人民币37436790元

4.4.5　编制第100章工程量清单总额价

1）步骤1：分析清单子目的计量规则

第100章是施工企业为实施永久性工程而发生的通用项目、工程管理、临时工程及设施、承包人驻地或标准化建设等相关项目，第100章清单子目按总额为单位进行计量（表2.2.102）。

对于第100章清单计价，除102-3安全生产费招标文件约定不作为竞争外，其他项需要根据项目招标文件及设计图纸进行分析，无强制要求。以下分析方法供参考，仅提供一种思路。

表2.2.102　第100章清单子目计价方法

子目号	名称	清单子目释义	计价方法
101-1	保险费		一切以实际情况为准
-a	按合同条款规定，提供建筑工程一切险	对建筑工程项目物质损失部分提供赔偿，不包括人员和机械	第100~700章合计（不含工程一切险与第三方责任险、安全生产费）×（0.3%~0.5%）
-b	按合同条款规定，提供第三者责任险	对与工程直接相关的意外事故引起的第三者（施工人员家属、第三方质监员工、房东）伤、病、损的赔偿	100万元×（0.3%~0.5%）（国内）

续表

子目号	名称	清单子目释义	计价方法
102-1	竣工文件	企业管理费的基本费用包含竣(交)工文件编制费	基本费用费率已包含部分,可补充部分报价
102-2	施工环保费	施工扬尘污染防治措施费包含在施工场地建设费中,企业管理费中包含应缴纳排污费	企业管理费已包含部分,可与施工驻地费用综合分析。若项目有特殊要求可按实计列
102-3	安全生产费	不包含施工期间为保证交通安全临时设置的安全设施、标志、标牌费用	《企业安全生产费用提取和使用管理办法》(财企〔2012〕16号),第100~700章合计扣除本费用×1.5%
102-4	信息化系统	工程管理方要求的计量、管理软件	以暂估价计入总价
103-1	临时道路修建、养护与拆除	为贯通主线的施工便道、保通便道、便桥的建养拆,不含承包人驻地建设中的临时工作便道、人行便道	按设计套用定额计价
103-2	临时占地	为承包人驻地及标准化建设而办理及使用的临时占地,并进行复垦	按当地占地政策标准和占地时间计列
103-3	临时供电设施架设、维护与拆除	为施工生产架设的供电设施,从接线点到桥梁、拌站变压器的电力干线,不含承包人驻地建设中的临时用电支线(变压器到用电点)、用电器具等	按设计套用定额计价
103-4	电讯设施的提供、维修与拆除	企业管理费的基本费用包含的办公费用,通信网络服务费综合各种开通维修费用	按设计套用定额计价
103-5	供水与排污设施	指生产用水与排污,驻地范围生活用水及排污计入104或105节	按设计套用定额计价
104-1	承包人驻地建设	承包人驻地建设的各项费用	按施工组织设计计算
105	施工标准化	有施工标准化要求项目,可选择105节计列,104节可不列	按设计标准化要求套用定额计价

2) 步骤2:对清单子目进行计价

根据本项目招标文件和投标策略,第100章的清单子目计价方式列表如表2.2.103所示。

表2.2.103　第100章清单子目计价方式

清单　第100章　总则				
子目号	子目名称	单位	数量	单价	计价方式
102	工程管理				
102-1	竣工文件	总额	1	0	基本费用费率已包含,不计价
102-2	施工环保费	总额	1	0	企业管理费、施工驻地已包含,不计价
102-3	安全生产费	总额	1	1103354	∑第100~700章合计(不含安全生产费)×1.5%
102-4	信息化系统(暂估)	总额	1	200000	招标文件暂估200000元
103	临时工程与设施				

子目号	子目名称	单位	数量	单价	计价方式
103-1	临时道路修建、养护与拆除	总额	1		无设计,可不计
103-2	临时占地	总额	1	700000	根据《广西壮族自治区人民政府批转自治区交通运输厅关于推进普通干线公路建设项目征地拆迁工作意见的通知》(桂政发〔2011〕56号),临时占地补偿费20000元/亩,设计占地35亩×20000
103-3	临时供电设施架设、维护与拆除	总额	1	616473	按设计套用定额计算
7-1-5-1	架设输电线路	100 m	50	12329.46	
103-4	电信设施提供、维修与拆除	总额	1	0	无单独设计,可不计
103-5	临时供水与排污设施	总额	1	0	无单独设计,可不计
105	施工标准化				
105-1	施工驻地	总额	1	1249029	按施工组织设计或参照《公路工程建设项目概算预算编制办法》(JTG 3830—2018)规定进行计算
105-3	拌和站	总额	1	1560976	根据设计套用定额计算
1-1-1-12	135 kW 以内推土机清除表土	100 m³	69.999	299.11	
1-1-5-4	填前 12～15 t 光轮压路机压实	1000 m²	23.333	521.93	
2-1-1-5	路面垫层机械铺碎石(压实厚度15 cm)	1000 m²	10	16281.95	
2-2-17-3	摊铺机铺筑混凝土路面厚度20 cm(轨道式)	1000 m²路面	10	67855.58	
4-11-11-2	容量 350 L 以内混凝土搅拌机拌和	10 m³	204	327.96	
4-11-11-11	生产能力 90 m³/h 以内混凝土搅拌站(楼)安拆	1座	1	339535.23	
2-1-10-4	生产能力 300 t/h 以内稳定土厂拌设备安装、拆除	1座	1	300984.67	

注:1 亩≈666.67m²。

对于表 2.2.103 中 105-1 施工驻地的计价,有施工组织设计按要求计价;若无施工组织设计,可参照《公路工程建设项目概算预算编制办法》(JTG 3830—2018)规定,以第 100～700 章不含专项费用的定额建筑安装工程费为基数,按累进费率计算出施工标准化费用,扣除 105 节属于施工场地建设清单子目计价后,得到105-1 施工驻地计价。

软件查出第 100～700 章不含专项费用的定额建筑安装工程费 78136129 元,根据《公路工程建设项目概算预算编制办法》(JTG 3830—2018)取 5000 万～10000 万元区间费率累进计算。因为按累进费率计算的施工场地建设清单计价已经包含拌和站场地建设,故应予以扣除,但不应扣除拌和站设备安拆费用。计算式为:

$$1544300+78136129-5000000×2.222\%-1560976+339535.23+300984.67=1249029$$

本项目第100章总则清单的单价、合价、章合计计算结果如表2.2.104所示。

表 2.2.104 标价工程量清单

清单 第100章 总则					
目号	子目名称	单位	数量	单价	合价
子102	工程管理				
102-1	竣工文件	总额	1	0	0
102-2	施工环保费	总额	1	0	0
102-3	安全生产费	总额	1	1103354	1103354
102-4	信息化系统(暂估)	总额	1	200000	200000
103	临时工程与设施				
103-1	临时道路修建、养护与拆除	总额	1	0	0
103-2	临时占地	总额	1	700000	700000
103-3	临时供电设施架设、维护与拆除	总额	1	616473	616473
103-4	电信设施提供、维修与拆除	总额	1	0	0
103-5	临时供水与排污设施	总额	1	0	0
105	施工标准化				
105-1	施工驻地	总额	1	1249029	1249029
105-3	拌和站	总额	1	1560976	1560976
清单 300章合计 人民币 5429832 元					

4.4.6 编制招标控制价汇总表

根据《公路工程标准施工招标文件》(2018年版),投标报价汇总表反映的是清单报价汇总,表中各项金额计算方法如下(表2.2.105)。

(1)序号1~8金额栏

招标控制价汇总表(或投标报价汇总表)中序号1~7金额栏,分别对应第100~第700章工程量清单的章合计栏金额,可由各章合计转入。如表2.2.21中的1~7金额栏与工程量清单表数据不一致,需要通过核算判断和找出计算错误,根据招标文件判别是否重大偏差。

序号8金额栏为1~7金额栏合计值。

(2)序号9~10金额栏

暂估价指招标人在工程量清单中提供的用于支付必然发生但暂时不能确定价格的材料、工程设备以及专业工程的金额。序号9金额栏由暂估价表转入。

(3)序号11金额栏

计日工是指在施工过程中,承包人完成发包人提出的工程合同范围以外的零星项目或工作,按合同中约定的单价计价的一种方式。

计日工表包含计日工劳务(人工)、计日工材料和计日工机械,表中暂定数量由招标人填写,投标人只需要填写单价和合价栏。

序号11金额栏数值由计日工汇总表转入。

（4）序号 12 暂列金额栏

暂列金额是指招标人在工程量清单中暂定并包括在合同价款中的一笔款项,用于工程合同签订时尚未确定或者不可预见的所需材料、工程设备、服务的采购,施工中可能发生的工程变更、合同约定调整因素出现时的合同价款调整以及发生的索赔、现场签证确认等的费用。

暂列金额的性质:包括在签约合同价之内,但并不直接属承包人所有,而是由发包人暂定并掌握使用的一笔款项。

暂列金额的用途:

a.由发包人用于在施工合同协议签订时尚未确定或者不可预见的在施工过程中所需材料、工程设备、服务的采购;

b.由发包人用于施工过程中合同约定的各种合同价款调整因素出现时的合同价款调整以及索赔、现场签证确认的费用;

c.其他用于该工程并由发承包双方认可的费用。

《公路工程标准施工招标文件》(2018 年版)中规定:暂列金额的设置不宜超过工程量清单第 100~700 章合计金额的 3%。北塞至畔绥公路 No.1 合同段工程招标文件中规定的暂列金额为工程量清单第 100~700 章合计金额的 6%。

表 2.2.105　招标控制价汇总表

公路 _____ 标段 _____

序号	章次	科目名称	金额计算程式（元）
1	100	总则	第 100 章章合计
2	200	路基	第 200 章章合计
3	300	路面	第 300 章章合计
4	400	桥梁、涵洞	第 400 章章合计
5	500	隧道	第 500 章章合计
6	600	安全设施及预埋管线	第 600 章章合计
7	700	绿化及环境保护设施	第 700 章章合计
8		第 100~700 章清单合计	序号 1~7 金额合计
9		已包含在清单合计中的材料、工程设备、专业工程暂估价合计	暂估价表转入
10		清单合计减去材料、工程设备、专业工程暂估价合计	序号（8-9）金额
11		计日工合计	计日工汇总表转入
12		暂列金额（不含计日工总额）	序号 8 金额×暂列金百分率
13		招标控制价	序号（8+11+12）金额

根据第 100~700 章工程量清单计价结果,编制北塞至畔绥公路 No.1 合同段招标控制价汇总表,如表 2.2.106 所示。

表 2.2.106　招标控制价汇总表

北塞至畔绥公路 No.1 合同段

序号	章次	科目名称	金额（元）
1	100	总则	5429832

续表

序号	章次	科目名称	金额（元）
2	200	路基	31793663
3	300	路面	37436790
4	400	桥梁、涵洞	无
5	500	隧道	无
6	600	安全设施及预埋管线	无
7	700	绿化及环境保护设施	无
8		第100~700章清单合计	74660285
9		已包含在清单合计中的材料、工程设备、专业工程暂估价合计	200000
10		清单合计减去材料、工程设备、专业工程暂估价合计（即8-9＝10）	74460284
11		计日工合计	0
12		暂列金额（不含计日工总额，按第100~700章清单合计6％计）	4467617
13		招标控制价（8+11+12）＝13	79127902

启发与思考

　　某二级公路进行招标活动，由于业主一味地想节省建设费用，将招标控制价定得极低，导致该项目流标3次，既耽误了工程建设，又增加了招投标的成本。造价工作必须是在客观科学、公平合理基础上的厉行节约，编制合理的招标控制价，才能真正发挥其在招标中择优选择潜在承包人的作用。

4.4.7　编制固化工程量清单

　　信息化时代的公路工程招标，大多采用固化工程量清单。固化工程量清单是指招标人将招标项目工程量清单Excel电子文件固化，使投标人无法修改工程量清单Excel电子文件的数据、格式及运算定义。

工程量清单固化

　　投标人采用固化工程量清单报价时，只需填写清单子目单价及总额价即可完成投标工程量清单报价。打印出此投标报价，编入投标文件。

　　固化工程量清单操作概括为先编辑公式后保护工作表，具体操作步骤如下。

　　（1）编制工程量清单

　　按照案例任务3的方法编制工程量清单，如果采用工程计价软件编制可直接导出工程量清单。

　　（2）编辑计算公式

　　工程量清单中，需要编辑计算式的有合价、章合计和投标报价汇总表金额栏（表2.2.107）。

表 2.2.107　编辑计算公式

序号	操作说明	操作界面截图
1	编辑细目合价计算公式： 合价＝数量×单价 例如，双击合价单元格 F5，输入公式，"＝ROUND（D5＊E5,2）"，D5＊E5 表示细目的数量乘以细目的单价；ROUND（D5＊E5,2）代表将 D5＊E5 计算后的数据进行四舍五入，保留 2 位小数	
2	编辑各章清单合计计算公式： 章合计 ＝ $\sum$ 本章清单子目合价 例如，双击第 300 章的清单合计单元格 D11，输入公式"＝SUM（F5:F10）"，表示将第 300 章全部细目的合价求和	
3	各章合计汇总至投标报价汇总表： 各章合计金额＝各章清单合计 例如，双击投标报价汇总表单元格 F5，输入公式"＝"，转到需要引用的第 100 章清单合计单元格，选择并确定	
4	编辑投标报价汇总表其他金额计算公式： 除章合计外的其他金额栏，按 4.4.6 投标报价汇总表编制说明要求，编辑计算公式； 例如，双击第 100 至第 700 章合计单元格 F11，输入公式"＝SUM（F4:F10），表示将第 100 章至第 700 章金额求和。＝	

（3）保护工作表

根据工程量清单固化要求，对单价及总额价之外的区域锁定保护，部分区域公式隐藏保护，需要输入保护密码才可更改。工程量清单固化的方法步骤如表 2.2.108 所示（以 Microsoft office 2019 为例，使用其他软件进行工程量清单固化可参照进行）。

表 2.2.108 工程量清单固化的方法步骤

序号	操作说明	操作界面截图
1	打开工程量清单表格,选定允许更改的单元格,如表格中的单价	
2	点击右键,出现对话框,选择【设置单元格格式】	
3	在单元格界面选择【保护】,取消默认的【锁定】勾选	
4	选定具有公式的单元格或区域,如工程量清单细目合价、章合计、投标报价汇总金额等	
5	点击右键,选择对话框【设置单元格格式】,再选择【保护】,保留原默认的【锁定】,勾选【隐藏】,即锁定单元格并隐藏计算公式	

续表

序号	操作说明	操作界面截图
6	回到清单工作表界面,选择【审阅】,单击【保护工作表】	
7	出现对话框,在"取消工作表保护时使用的密码"处输入密码; 不修改默认的设置,即【保护工作表及锁定的单元格内容】、【选定锁定的单元格】和【选定解除锁定的单元格】3个勾选项,单击【确定】,并按照提示再次输入密码,点击【确定】,完成清单固化	
8	打开固化工程量清单,双击"单价"单元格,光标闪烁表示可编辑状态。双击其他单元格,出现提示框,则表示工程量清单固化成功	

(4)解除工程量清单固化

解除工程量清单固化即取消工作表的保护,操作方法步骤如表 2.2.109 所示(以 Microsoft office 2019 为例,使用其他软件进行工程量清单固化可参照进行)。

表 2.2.109　解除工程量清单固化

序号	操作说明	操作界面截图
1	打开固化清单工作表,选择【审阅】,单击【撤销工作表保护】	
2	输入原工作表保护密码,点击【确定】完成取消工作表保护	

模块 3　公路工程土建施工投标与投标报价

案例任务 5　编制公路工程工程量清单投标报价

5.1　任务引入

北塞至畔绥公路 No.1 合同段工程在规定的媒体上公布公开招标信息后,共有 10 家施工单位报名参与项目投标,B 公司是其中的一家。在项目招标规定的投标截止日期之前,B 公司需要编制投标文件并参与项目投标。

5.2　任务目标

本案例帮助学习者了解投标报价的相关知识,学会编制投标报价的方法、步骤,投标的策略、技巧,以及根据预期目标调整报价的方法。

5.3　任务书

根据项目的招标文件要求,参考《公路工程建设项目概算预算编制办法》(JTG 3830—2018)、《部颁编制办法广西补充规定》、《公路工程预算定额》(JTG/T 3832—2018)、《公路工程机械台班费用定额》(JTG/T 3833—2018)、企业施工定额,B 公司编制北塞至畔绥公路 No.1 合同段投标报价,并根据公布的招标控制价调整报价。

已经公布的北塞至畔绥公路 No.1 合同段的招标控制价为 79127902 元。

5.4　任务实施

5.4.1　投标相关知识

1)投标的步骤

投标的步骤和投标各阶段的具体工作内容列于表 2.3.1 中。

表 2.3.1　投标阶段及其工作内容

序号	投标阶段		投标工作具体内容
1	阅读招标文件 (专业工程师)	投标人须知	了解投标文件的填报要求,各类保函及保险条件内容、税金、保留金、预付款、工程款支付、竣工结算方式
		合同专用条款	研究其可行性与可操作性
		技术规范 专用条款	了解计量支付条件,理解报价中各章节与技术规范的具体要求和工程上的特殊要求,防止漏项
		设计图纸	复核图纸和工程量,分析和掌握项目清单中单价未包括的工程内容,工程量总数在施工时可能的增减程度

续表

序号	投标阶段	投标工作具体内容	
2	现场勘察（专业工程师）	调查路基	路基范围内拆迁情况,不良地质路段及特殊路基处理情况
		调查大型桥梁	桥梁位置、水深、水位,便桥架设,钻孔(打桩)工作平台搭设,深水基础、承台、下部构造如何施工,上部构造如何预制、预制场布置、安装等具体问题
		调查工、料、机等	当地雇工工资单价、劳动力数量,当地材料料场位置、价格、储量、规格、质量、运输道路、运输方式和运价、社会运输能力,其他材料价格,水源、电源、当地生活用品、主副食品的供应及市场价,当地有关的规定和以往类似的工程造价资料
3	标前会议	现场考察后立即参加	了解到参加投标的各承包商情况,了解各承包商对该工程的考虑情况,对业主在会议上的介绍、统一答复问题应尽可能地记录完整,记录业主提供的与地方联系的渠道
4	确定施工组织方案(总工程师)	参考本企业类似工程情况,根据设计文件及招标文件要求的工艺、工期,拟订几种施工组织方案,然后进行技术、经济比选,确定出经济合理的施工组织方案,进行报价	
5	初步标价计算（造价人员）	根据《公路工程建设项目概算预算编制办法》(JTG 3830—2018)和《公路工程预算定额》(JTG/T 3832—2018)及企业内部定额等有关规定,结合工程情况和自身实际情况,计算各项清单子目单价、合价,并把工程中各种不可见的因素都包含在内	
6	选择报价策略及报价调整(项目负责人、造价员)	根据报价策略调整出合理报价	

2) 评标办法

《公路工程标准施工招标文件》(2018 年版)规定了 4 种评标办法:合理低价法、技术评分最低标价法、综合评分法和经评审的最低投标价法。

公路工程施工招投标,一般采用合理低价法或技术评分最低标价法。技术特别复杂的特大桥梁和特长隧道项目主体工程,可以采用综合评分法;工程规模较小、技术含量较低的工程,可以采用经评审的最低投标价法。

投标人应根据项目招标文件标明采用的评标办法和评审条件,采用相应投标策略调整报价,以期中标。

3) 投标报价目标

由于投标单位的经营能力和条件不同,出于不同目的需要,对同一招标项目,可以有不同投标报价目标的选择。

①生存型。投标报价是以克服企业生存危机为目标,争取中标可以不考虑各种利益原则。

②补偿型。投标报价是以补偿企业任务不足,以追求边际效益为目标。对工程投标表现较大热情,以亏损为代价的低报价,具有很强的竞争力。但受生产能力限制,只宜在较小的招标项目考虑。

③盈利型。充分发挥自身优势,以实现最佳盈利为目标。投标单位对效益无吸引力的项目热情不高,对盈利大的项目充满自信,也不太注重对竞争对手的动机分析和对策研究。

不同投标报价目标的选择是根据一定的条件进行分析决定的。盈利型竞争性投标报价目标是投标单位追求的普遍形式。

4) 投标报价策略

采用盈利型竞争性投标报价目标时,投标报价采用较高或较低的报价策略,有一般规律可循。最常采用的投标策略是不平衡报价法。

不平衡报价法是指一个工程项目的投标报价,在总价基本确定后,调整内部各个项目的报价,以期既不提高总价,不影响中标,又能在结算时得到更理想的经济效益。不平衡报价法对招标信息变动的不同情况采取不同的不平衡报价策略,表2.3.2所示为一般规律。

表2.3.2　不平衡报价策略

序号	信息类型	变动趋势	不平衡报价策略
1	资金收入的时间 (施工顺序、难易程度)	早	单价高
		晚	单价低
2	工程量估算不准确	增加	单价高
		减少	单价低
3	报价图纸不明确	增加工程量	单价高
		减少工程量	单价低
4	暂定工程	自己承包的可能性高	单价高
		自己承包的可能性低	单价低
5	单价和包干混合制的项目	固定包干价格项目	价格高
		单价项目	单价低
6	单价组成分析表	人工费和机械费	单价高
		材料费	单价低
7	议标业主要求压低单价	工程量大的项目	单价小幅度降低
		工程量小的项目	单价较大幅度降
8	报单价的项目	没有工程量	单价高
		有假定的工程量	单价适中

启发与思考

事件一:某工程招标文件上明示:劳动保险费单列,不包括在投标总价中,而A公司由于没有熟读招标文件,按以往的惯例,投标总价中包括了劳动保险费,剔除劳动保险费后的报价评分排名靠后,而导致没有中标。

事件二:某高速公路招标,业主颁布了工程的招标控制价总价及主要分项工程的综合单价限额。招标文件明确要求:投标报价总价及指定主要分项工程综合单价均不允许超过已公布的招标控制价总价和相应分项工程综合单价限额,否则作废标处理。某投标单位的报价总价没有超过上控价,但有一项清单超过了业主定下的上控价,导致本来排名第一的投标废标。

投标时,一定要注意业主发布的招标文件的要求,严格遵守文件中的规定。

5.4.2　编制投标报价

编制投标报价的主要工作是核实工程量清单的准确性、编制投标报价及根据公布的招标控制价(最高投标限价)进行报价调整。

编制投标报价方法

1)步骤1:核实招标工程量清单

核实招标工程量清单,主要工作是将招标工程量清单与设计图纸比较,结合招标文件技术规范,检查有无遗漏,有无不一致的描述、要求,重点是核实工程量有无重大偏差。因为施工方法、用工量、材料用量、机械设备用量、临时设施数量等都是根据工程量确定,因此工程量的计算是计算标价工作的基础。

当招标清单存在漏项、与设计描述不一致、与设计要求不同、工程量与设计存在重大偏差等情况时,应在招标准备会(标前会)通过答疑方式请求招标人澄清,或致函招标人请求予以澄清。

必须注意,当招标人以补遗书形式进行招标文件的澄清时,补遗书应视为对招标文件的修改及最终要求,投标时必须予以响应。

2)步骤 2:编制招标工程的清单单价、合价

编制投标报价的方法与编制招标控制价的方法基本相同,但是投标人可以自行确定清单子目的资源消耗量、工料机单价及取费费率,根据投标策略调整报价。

(1)选择定额并准确计算工料机单价

与编制招标控制价的方法类似,按施工组织设计及施工方案对清单子目套用预算定额,结合企业内部定额,分析出工料机消耗量。选择定额时,将支付内容和工程量清单对应起来,清单中不单独计量但支付时却已包含的工程内容要计入相应清单价格,避免漏项而导致报价不合理。

根据现场勘察阶段调查所得工程所在地人工、材料供应及运输情况,准确计算人工、材料和机械预算单价。工料机单价计算的准确程度直接影响报价水平。

(2)选择各项费率

措施费、企业管理费、规费、利润和税金等各项费率的选择也是投标报价编制的关键。在选择费率时,既要考虑以各项费率计算出的费用能否包住实际发生的费用,还要考虑以各项费率计算出的标价是否有竞争力,能否在中标后获得理想的效益。

(3)据实计算其他费用

根据招标文件要求属于投标人负责的费用,主要是第 100 章的保险费、竣工文件编制费及信息化费用、施工场地标准化等,应综合项目招标文件要求、工程项目特点、投标人自身情况、投标策略等进行总额报价。

经过计算,B 公司初步编制的北塞至畔绥 No.1 合同段的投标报价汇总如表 2.3.3 所示。

表 2.3.3 投标报价汇总表

北塞至畔绥公路 No.1 合同段

序号	章次	科目名称	金额(元)
1	100	总则	5420229
2	200	路基	31558063
3	300	路面	35630437
4	400	桥梁、涵洞	无
5	500	隧道	无
6	600	安全设施及预埋管线	无
7	700	绿化及环境保护设施	无
8		第 100~700 章清单合计	72608729
9		已包含在清单合计中的材料、工程设备、专业工程暂估价合计	
10		清单合计减去材料、工程设备、专业工程暂估价合计(即 8-9=10)	72608729
11		计日工合计	
12		暂列金额(不含计日工总额,按第 100~700 章清单合计 6%计)	4356524
13		投标报价(8+11+12)=13	76965253

5.4.3 调整投标报价

根据投标策略,采取一定方式(如不平衡报价)进行标价调整,调整内部各个项目的报价,既不提高总价,不影响中标,又能在结算时得到更理想的经济效益。

如果手工调整,工作量非常大而且容易出错,采用软件可以快捷调价,提高工作效率。以同望公路造价软件为例,可以利用正向调价和反向调价两种方法调整报价,具体操作步骤如表2.3.4所示。

同望公路工程计价软件操作–分摊与调价

表 2.3.4　同望公路造价软件调价操作步骤

序号	操作说明	操作界面截图
1	正向调价方法:软件允许通过调整工料机消耗量、工料机单价和综合费率3种方式调整报价。在【调价系数】下相应单元格输入系数,点击【正向调价】,软件自动计算得到调价后的目标报价和调价前后的差额	
2	反向调价方法:软件允许通过调整人工、材料、机械消耗量、费率或单价来达到设定的目标单价或金额。在【目标报价】的单价或金额单元格输入目标值,点击【反调消耗】【反调费率】或【反调单价】,软件自动调整计算与目标报价对应的消耗量、综合费率或单价	反调消耗 反调单价
3	进入【调价】界面,在不需参与调价的清单项或定额的【不调价】复选框中勾选,设置清单项、定额不调价	
4	进入【工料机汇总】界面和【取费程序】界面,在不需参与调价的工料机或费率项的【不调价】复选框中勾选,设置工料机或费率不调价	
5	点击【撤销】或【清空】,可撤销或清空调价内容,恢复调价前报价。调价后不能再进行选择和调整定额、修改取费、工料机等操作	

北塞至畔绥公路No.1合同段的初步汇总报价为76965253元,公布的招标控制价为79127902元,经B公司投标团队分析,决定调整初步报价,调整方案如下:

①根据类似项目情况分析,本项目软基处理换填工程量实际可能有较大增加,拟将清单203-1-c挖除非适用性材料的综合单价调高,调价系数为1.08,并将总价调至招标控制价的90.5%左右。

②调价后的投标报价为71610770元。

除了以上按常规的方法编制投标报价外,还有利用招标项目固化工程量清单直接填报单价的标价方式。

随着公路工程建筑价格的市场化发展与成熟,许多施工企业具有较完善的成本管理体系。投标时,根据企业内部的成本指数直接填报价格,既不套定额进行工料机分析和取费,也不用造价管理软件计算,而是直接填报单价、合价和汇总。直接填报标价也成为许多规范化的企业快速投标的一种方法。

无论是造价软件计算标价,还是直接填报标价,最后一步都是形成投标文件中的报价文件,打印装订或上传(电子招标)。其中就要求进行合价和汇总的数字计算。计算很简单,却很容易被计算标价人忽略。常见的错误有:小数点点错、算术错误(单价与工程数量之积不等于金额)、计算对却抄写错、报价金额数字与大写文字不符等。因此在计算标价时,数字一定要准确无误,无论是单价、合计、总标价及大写数字均应仔细核对。

启发与思考

某公路项目正处于招标阶段,开标前某日,投标单位的造价员小李接到一陌生电话,对方自称其为同一招标项目投标人,想约小李见面并暗示有丰厚回报。面对这种情况,同学们,如果你是小李,你该如何做呢?

附录 1　某公路项目工程量清单

项目编号：GXXY-GL-201902

××公路一期工程施工招标

工程量清单
No.1（K10+000～K33+000）

招标人：　　　（盖章）

2019 年 8 月 22 日

工程量清单

工程名称:××公路一期工程

合同段编号:No.1(K10+000~K33+000)

投标单位: 货币单位:人民币元

清单　第100章　总则						
子目号	子目名称	单位	数量	单价	合价	备注
101-1	保险费					
-b	按合同条款规定,提供第三者责任险	总额	1			
102-1	竣工文件	总额	1			
102-2	施工环保费	总额	1			
102-3	安全生产费	总额	1			
102-4	工程管理软件(暂估价)	总额	1			
102-5	保障原有道路畅通费	总额	1			
103-1	临时道路修建、养护与拆除 (包括原道路的养护费)	总额	1			
103-2	临时占地	总额	1			
103-3	临时供电设施					
-a	设施架设、拆除	总额	1			
-b	设施维修	月	24			
103-4	电信设施的提供、维修与拆除	总额	1			
103-5	供水与排污设施	总额	1			
104-1	承包人驻地建设	总额	1			
	清单　第100章合计　人民币		元			

工程量清单

工程名称:××公路一期工程

合同段编号:No.1(K10+000～K33+000)

投标单位:　　　　　　　　　　　　　　　　　　　　　　　　货币单位:人民币元

子目号	子目名称	单位	数量	单价	合价	备注
	清单　第200章　路基					
202-1	清理与掘除					
-a	清理现场	m²	126790.0			
-b	砍伐树木	棵	20228.0			
202-3	拆除结构物					
-a	钢筋混凝土结构	m³	270.6			
-b	混凝土结构	m³	1334.8			
-c	砖、石及其他砌体结构	m³	2003.4			
203-1	路基挖方					
-a	挖土方(含5 km以内运费)	m³	639142.0			
-b	挖石方(含5 km以内运费)	m³	613364.0			
-c	挖除非适用材料(含淤泥)	m³	19392.0			
203-2	平面交叉、改河、改渠、改路挖方					
-a	挖土方(含5 km以内运费)	m³	33201.9			
-b	挖石方(含5 km以内运费)	m³	17368.0			
204-1	路基填筑(包括填前压实)					
-b	利用土方	m³	396611.0			
-c	利用石方	m³	401708.7			
-g-1	结构物台背回填砂砾	m³	849.1			
-g-2	结构物台背回填碎石(砂砾)土	m³	10320.0			
-g-3	结构物台背回填碎石	m³	916.5			
-h	锥坡及台前溜坡填土	m³	17.9			
-i	翻挖压实	m³	109178.0			
204-2	改河、改渠、改路填筑					
-a	利用土方	m³	10477.0			
-b	利用石方	m³	1251.0			
205-1	软土地基处理					
-b	涵洞基底换填砂砾	m³	430.0			
o	涵洞基底换填片石	m³	484.6			
207-1	M7.5浆砌片石边沟					
-a	0.96 m³/m边沟(一式)	m	260.0			
-b	0.40 m³/m边沟	m	22415.8			

工程量清单

工程名称：××公路一期工程

合同段编号：No.1（K10+000～K33+000）

投标单位：   货币单位：人民币元

清单　第200章　路基

子目号	子目名称	单位	数量	单价	合价	备注
207-2	M7.5浆砌片石排水沟					
-a	0.40 m³/m排水沟（一式）	m	589.0			
-b	0.63 m³/m排水沟（二式）	m	12708.2			
207-4	M7.5浆砌片石急流槽	m³	382.5			
207-5	渗沟					
-a	300 mm×500 mm渗沟	m	260.0			
207-6	平面交叉、改河、改沟、改渠铺砌					
-a	M7.5浆砌片石	m³	5824.9			
207-9	后台排水					
-a	碎石反滤层	m³	104.4			
-b	60 cm×40 cm片石盲沟	m	71.0			
207-10	纵向排水涵					
-a	路基纵向排水涵（跨径60 cm）	m	15.0			
208-1	植物护坡					
-a	种草	m²	203137.0			
208-3	M7.5浆砌片石护坡					
-c	M7.5浆砌片石护坡	m³	1101.2			
209-1	砌体挡土墙					
-a	M7.5浆砌片石	m³	11761.4			
209-3	混凝土挡土墙					
-a	C15片石混凝土	m³	13860.9			
215-1	浆砌片石河床铺砌					
-a	M10砂浆、MU40片石河床铺砌	m³	221.8			
215-5	浆砌片石锥坡					
-a	M7.5浆砌片石（MU40）锥坡	m³	49.6			

清单　第200章合计　人民币　　　　　　　　　元

工程量清单

工程名称:××公路一期工程

合同段编号:No.1（K10+000~K33+000）

投标单位: 货币单位:人民币元

清单 第300章 路面

子目号	子目名称	单位	数量	单价	合价	备注
302-1	碎石垫层					
-a	厚150 mm	m²	191197.0			
-b	级配碎石调平层	m³	4265.7			
304-3	水泥稳定碎石基层					
-a	厚200 mm	m²	190191.0			
306-1	级配碎石底基层					
-a	厚150 mm	m²	187443.0			
308-1	透层					
-a	煤油稀释液体沥青透层	m²	195069			
310-1	沥青表面处治					
-a	厚30 mm	m²	5825			
310-2	封层					
-a	沥青碎石下封层厚10 mm	m²	188864			
312-1	水泥混凝土面板					
-b	厚240 mm（混凝土弯拉强度5.0 MPa）	m²	188322.0			
312-2	钢筋					
-a	光圆钢筋（HPB235、HPB300）	kg	136284.0			
-b	带肋钢筋（HRB335、HRB400）	kg	49108.0			
313-1	培土路肩	m³	300			
313-6	浆砌片石护肩					
-a	M7.5浆砌片石护肩	m³	8597.4			

清单 第300章合计 人民币 元

工程量清单

工程量清单

工程名称：××公路一期工程

合同段编号：No.1（K10+000～K33+000）

投标单位：   货币单位：人民币元

子目号	子目名称	单位	数量	单价	合价	备注
	清单 第400章 桥梁、涵洞					
403-1	基础钢筋（包括灌注桩、承台、沉桩、沉井等）					
-b	带肋钢筋（HRB400）	kg	9618.8			
403-2	下部结构钢筋					
-a	光圆钢筋（HPB300）	kg	5730.2			
-b	带肋钢筋（HRB400）	kg	20801.5			
-d	D10型带肋钢筋焊网	kg	6786.0			
403-3	上部结构钢筋					
-a	光圆钢筋（HPB300）	kg	446.4			
-b	带肋钢筋（HRB400）	kg	75588.5			
-d	D12型带肋钢筋焊网	kg	20994.9			
403-4	附属结构钢筋					
-a	光圆钢筋（HPB300）	kg	227.1			
-b	带肋钢筋（HRB400）	kg	24288.6			
404-1	挖土方					
-a	挖土方	m³	5085.0			
410-1	混凝土基础（包括支撑梁、桩基承台，但不包括桩基）					
-b	C25混凝土	m³	927.1			
410-2	混凝土下部结构					
-b	C25混凝土	m³	786.4			
-c	C30混凝土	m³	191.3			
410-5	上部结构现浇整体化混凝土					
-a	C50混凝土	m³	46.8			
410-6	现浇混凝土附属结构					
-a	C20混凝土	m³	11.2			
-b	C30混凝土	m³	117.5			
-c	C40混凝土	m³	87.3			
411-5	后张法预应力钢绞线					
-a	φˢ15.2钢绞线	kg	11193.0			
411-8	预制预应力混凝土上部结构					
-a	C50预应力混凝土	m³	322.2			
413-1	浆砌片石					
-a	M7.5浆砌片石	m³	271.4			

工程量清单

工程名称：××公路一期工程

合同段编号：No.1（K10+000～K33+000）

投标单位：　　　　　　　　　　　　　　　　　　　　　　　　货币单位：人民币元

<table>
<tr><td colspan="8" align="center">清单　第 400 章　桥梁、涵洞</td></tr>
<tr><th>子目号</th><th>子目名称</th><th>单位</th><th>数量</th><th>单价</th><th>合价</th><th>备注</th></tr>
<tr><td>415-2</td><td>水泥混凝土桥面铺装</td><td></td><td></td><td></td><td></td><td></td></tr>
<tr><td>-b</td><td>C50 防水混凝土厚 150 mm</td><td>m²</td><td>1075.3</td><td></td><td></td><td></td></tr>
<tr><td>415-3</td><td>防水层</td><td></td><td></td><td></td><td></td><td></td></tr>
<tr><td>-a</td><td>水性渗透型无机防水涂层</td><td>m²</td><td>906.7</td><td></td><td></td><td></td></tr>
<tr><td>416-2</td><td>圆形板式橡胶支座</td><td></td><td></td><td></td><td></td><td></td></tr>
<tr><td>-a</td><td>GYZ200×49 mm</td><td>个</td><td>120</td><td></td><td></td><td></td></tr>
<tr><td>417-2</td><td>模数式伸缩装置</td><td></td><td></td><td></td><td></td><td></td></tr>
<tr><td>-a</td><td>GQF-E40 型</td><td>m</td><td>35.2</td><td></td><td></td><td></td></tr>
<tr><td>419-1</td><td>单孔钢筋混凝土圆管涵</td><td></td><td></td><td></td><td></td><td></td></tr>
<tr><td>-a</td><td>孔数-孔径（1-φ1.00 m）</td><td>m</td><td>1015</td><td></td><td></td><td></td></tr>
<tr><td>-b</td><td>孔数-孔径（1-φ1.50 m）</td><td>m</td><td>124</td><td></td><td></td><td></td></tr>
<tr><td>419-3</td><td>钢筋混凝土圆管倒虹吸管涵</td><td></td><td></td><td></td><td></td><td></td></tr>
<tr><td>-a</td><td>孔数-孔径（1-φ1.00 m）</td><td>m</td><td>15</td><td></td><td></td><td></td></tr>
<tr><td>420-1</td><td>钢筋混凝土盖板涵</td><td></td><td></td><td></td><td></td><td></td></tr>
<tr><td>-a</td><td>孔数-跨径（1-1.00 m×0.80 m）</td><td>m</td><td>28</td><td></td><td></td><td></td></tr>
<tr><td>-b</td><td>孔数-跨径（1-1.00 m×1.00 m）</td><td>m</td><td>67</td><td></td><td></td><td></td></tr>
<tr><td>-d</td><td>孔数-跨径（1-1.50 m×1.50 m）</td><td>m</td><td>11</td><td></td><td></td><td></td></tr>
<tr><td>-f</td><td>孔数-跨径（1-2.00 m×2.00 m）</td><td>m</td><td>36</td><td></td><td></td><td></td></tr>
<tr><td>-i</td><td>孔数-跨径（1-3.00 m×3.00 m）</td><td>m</td><td>53</td><td></td><td></td><td></td></tr>
<tr><td>-k</td><td>孔数-跨径（1-4.00 m×4.00 m）</td><td>m</td><td>9</td><td></td><td></td><td></td></tr>
<tr><td>-m</td><td>孔数-跨径（2-3.00 m×3.00 m）</td><td>m</td><td>15</td><td></td><td></td><td></td></tr>
<tr><td colspan="8" align="center">清单　第 400 章合计　人民币　　　元</td></tr>
</table>

工程量清单

工程名称：××公路一期工程

合同段编号：No.1（K10+000～K33+000）

投标单位：   货币单位：人民币元

清单　第600章　安全设施及预埋管线							
子目号	子目名称	单位	数量	单价	合价	备注	
602-1	C30混凝土护栏						
-a-1	RrI-SA-E1	m	1100.0				
-a-4	C30钢筋混凝土护栏（路肩式挡土墙段）	m	2088.0				
-c	C20混凝土护栏基座	m³	1481.8				
602-2	单面波形梁钢护栏						
-b	Gr-B-2B	m	2486.0				
-d	Gr-B-2E	m	2592.0				
-e	Gr-B-4E	m	4707.0				
-f	Gr-B-2C′	m	495.0				
-g	明涵（小桥、盖板涵、通道）钢护栏	m	16.0				
602-5	波形梁钢护栏起、终端头						
-a	AT1	m	816.0				
-b	AT1（石方）	m	72.0				
-d	AT2	m	816.0				
-e	AT2（石方）	m	84.0				
-g	BT-2	m	940.0				
-h	BT-2（石方）	m	120.0				
603-7	钢立柱						
-a	道口标注	根	52.0				
604-5	单悬臂式交通标志						
-a	○800	个	3.0				
-b	△900	个	34.0				
-c	▽900	个	6.0				
-d	2△900	个	5.0				
-e	○800+△900	个	2.0				
-h	3100×1000	个	14.0				
604-8	里程碑						
-a	公路里程碑	个	24.0				
604-9	公路界碑						
-a	公路界碑	个	230.0				
604-10	百米桩						
-a	公路百米桩	个	207.0				

工程量清单

工程名称:××公路一期工程

合同段编号:No.1(K10+000~K33+000)

投标单位: 货币单位:人民币元

清单　第600章　安全设施及预埋管线

子目号	子目名称	单位	数量	单价	合价	备注
605-1	热熔型涂料路面标线					
-a	反光型	m²	9950.0			
605-6	轮廓标					
-a	柱式轮廓标					
-a-1	De-Rbw-E	个	3670.0			
-b	附着式轮廓标					
-b-1	De-Rbw-At1	个	1676.0			
-b-2	De-Rbw-At2	个	426.0			
608-7	便民候车亭	个	7.0			
清单　第600章合计　人民币				元		

工程量清单

工程量清单

工程名称:××公路一期工程

合同段编号:No.1(10+000~K33+000)

投标单位: 货币单位:人民币元

子目号	子目名称	单位	数量	单价	合价	备注
\multicolumn{7}{c}{清单　第700章　绿化及环境保护设施}						
704-1	人工种植乔木	棵	3665			
704-2	人工种植灌木	棵	250			
704-3	人工种植蔓藤植物					
-a	常青藤	棵	5928			
\multicolumn{7}{c}{清单　第700章合计　人民币　　　　　元}						

××公路一期土建工程施工招标

招标控制价

招标人：　　　　（盖章）

2019 年 4 月 6 日

工程量清单

工程名称：××公路一期工程

合同段编号：No.1（K10+000～K33+000）　　　　　　　　　　　　　　　货币单位：人民币元

清单　第100章　总则

子目号	子目名称	单位	数量	单价	合价	备注
101-1	保险费					
-b	按合同条款规定,提供第三者责任险	总额	1	3000	3000	
102-1	竣工文件	总额	1	110000	110000	
102-2	施工环保费	总额	1	102300	102300	
102-3	安全生产费	总额	1	1979700	1979700	
102-4	工程管理软件（暂估价）	总额	1	250000	250000	
102-5	保障原有道路畅通费	总额	1	162105	162105	
103-1	临时道路修建、养护与拆除 （包括原道路的养护费）	总额	1	336926	336926	
103-2	临时占地	总额	1	1991140	1991140	
103-3	临时供电设施					
-a	设施架设、拆除	总额	1	939049	939049	
-b	设施维修	月	24	1800	43200	
103-4	电信设施的提供、维修与拆除	总额	1	32545	32545	
103-5	供水与排污设施	总额	1	93000	93000	
104-1	承包人驻地建设	总额	1	1251837	1251837	

清单　第100章合计　　人民币　7294802　元

工程量清单

工程名称:××公路一期工程

合同段编号:No.1(K10+000~K33+000)

货币单位:人民币元

清单 第200章 路基

子目号	子目名称	单位	数量	单价	合价	备注
202-1	清理与掘除					
-a	清理现场	m²	126790.0	3.41	432354	
-b	砍伐树木	棵	20228.0	34.40	695843	
202-3	拆除结构物					
-a	钢筋混凝土结构	m³	270.6	454.57	123007	
-b	混凝土结构	m³	1334.8	443.94	592571	
-c	砖、石及其他砌体结构	m³	2003.4	72.11	144467	
203-1	路基挖方					
-a	挖土方(含5 km以内运费)	m³	639142.0	9.51	6078240	
-b	挖石方(含5 km以内运费)	m³	613364.0	28.90	17726220	
-c	挖除非适用材料(含淤泥)	m³	19392.0	15.46	299800	
203-2	平面交叉、改河、改渠、改路挖方					
-a	挖土方(含5 km以内运费)	m³	33201.9	13.31	441917	
-b	挖石方(含5 km以内运费)	m³	17368.0	22.58	392169	
204-1	路基填筑(包括填前压实)					
-b	利用土方	m³	396 611.0	7.00	2776277	
-c	利用石方	m³	401708.7	11.36	4563411	
-g-1	结构物台背回填砂砾	m³	849.1	35.79	30389	
-g-2	结构物台背回填碎石(砂砾)土	m³	10320.0	28.23	291334	
-g-3	结构物台背回填碎石	m³	916.5	178.56	163650	
-h	锥坡及台前溜坡填土	m³	17.9	34.02	609	
-i	翻挖压实	m³	109178.0	2.88	314433	
204-2	改河、改渠、改路填筑					
-a	利用土方	m³	10477.0	6.42	67262	
-b	利用石方	m³	1251.0	11.44	14311	
205-1	软土地基处理					
-b	涵洞基底换填砂砾	m³	430.0	45.65	19630	
-o	涵洞基底换填片石	m³	484.6	148.53	71978	
207-1	M7.5浆砌片石边沟					
-a	0.96 m³/m 边沟(一式)	m	260.0	618.50	160810	
-b	0.40 m³/m 边沟	m	22415.8	210.98	4729285	
207-2	M7.5浆砌片石排水沟					
-a	0.40 m³/m 排水沟(一式)	m	589.0	293.37	172795	

工程量清单

工程名称：××公路一期工程

合同段编号：No.1（K10+000～K33+000）　　　　　　　　　　　　　　　　货币单位：人民币元

子目号	子目名称	单位	数量	单价	合价	备注
	清单　第200章　路基					
-b	0.63 m³/m 排水沟（二式）	m	12708.2	190.65	2422818	
207-4	M7.5 浆砌片石急流槽	m³	382.5	293.91	112421	
207-5	渗沟					
-a	300 mm×500 mm 渗沟	m	260.0	107.46	27940	
207-6	平面交叉、改河、改沟、改渠铺砌					
-a	M7.5 浆砌片石	m³	5824.9	306.48	1785215	
207-9	后台排水					
-a	碎石反滤层	m³	104.4	178.57	18643	
-b	60 cm×40 cm 片石盲沟	m	71.0	182.03	12924	
207-10	纵向排水涵					
-a	路基纵向排水涵（跨径60 cm）	m	15.0	967.87	14518	
208-1	植物护坡					
-a	种草	m²	203137.0	7.36	1495088	
208-3	M7.5 浆砌片石护坡					
-c	M7.5 浆砌片石护坡	m³	1101.2	281.72	310230	
209-1	砌体挡土墙					
-a	M7.5 浆砌片石	m³	11761.4	339.69	3995230	
209-3	混凝土挡土墙					
-a	C15 片石混凝土	m³	13860.9	471.89	6540820	
215-1	浆砌片石河床铺砌					
-a	M10 砂浆、MU40 片石河床铺砌	m³	221.8	251.45	55772	
215-5	浆砌片石锥坡					
-a	M7.5 浆砌片石（MU40）锥坡	m³	49.6	367.78	18242	

清单　第200章合计　　人民币　57112623　元

工程量清单

工程名称：××公路一期工程

合同段编号：No.1（K10+000～K33+000）　　　　　　　　　　　　　　　货币单位：人民币元

子目号	子目名称	单位	数量	单价	合价	备注
	清单　第300章　路面					
302-1	碎石垫层					
-a	厚150 mm	m²	191197.0	22.60	4321052	
-b	级配碎石调平层	m³	4265.7	75.83	323468	
304-3	水泥稳定碎石基层					
-a	厚200 mm	m²	190191.0	39.02	7421253	
306-1	级配碎石底基层					
-a	厚150 mm	m²	187443.0	22.63	4241835	
308-1	透层					
-a	煤油稀释液体沥青透层	m²	195069	5.20	1014359	
310-1	沥青表面处治					
-a	厚30 mm	m²	5825	29.05	169216	
310-2	封层					
-a	沥青碎石下封层厚10mm	m²	188864	8.13	1535464	
312-1	水泥混凝土面板					
-b	厚240 mm（混凝土弯拉强度5.0 MPa）	m²	188322.0	117.10	22052506	
312-2	钢筋					
-a	光圆钢筋（HPB235、HPB300）	kg	136284.0	4.45	606464	
-b	带肋钢筋（HRB335、HRB400）	kg	49108.0	4.47	219513	
313-1	培土路肩	m³	300	9.40	2820	
313-6	浆砌片石护肩					
-a	M7.5浆砌片石护肩	m³	8597.4	353.89	3042534	

清单　　第300章合计　　人民币　　44950484　元

工程量清单

工程名称：××公路一期工程

合同段编号：No.1（K10+000～K33+000）　　　　　　　　　　　　　　　　　　货币单位：人民币元

清单　第400章　桥梁、涵洞

子目号	子目名称	单位	数量	单价	合价	备注
403-1	基础钢筋（包括灌注桩、承台、沉桩、沉井等）					
-b	带肋钢筋（HRB400）	kg	9618.8	4.28	41168	
403-2	下部结构钢筋					
-a	光圆钢筋（HPB300）	kg	5730.2	4.47	25614	
-b	带肋钢筋（HRB400）	kg	20801.5	4.47	92983	
-d	D10 型带肋钢筋焊网	kg	6786.0	4.34	29451	
403-3	上部结构钢筋					
-a	光圆钢筋（HPB300）	kg	446.4	4.70	2098	
-b	带肋钢筋（HRB400）	kg	75588.5	4.52	341660	
-d	D12 型带肋钢筋焊网	kg	20994.9	4.60	96577	
403-4	附属结构钢筋					
-a	光圆钢筋（HPB300）	kg	227.1	4.44	1008	
-b	带肋钢筋（HRB400）	kg	24288.6	4.59	111485	
404-1	挖土方					
-a	挖土方	m³	5085.0	27.58	140244	
410-1	混凝土基础（包括支撑梁、桩基承台，但不包括桩基）					
-b	C25 混凝土	m³	927.1	409.71	379842	
410-2	混凝土下部结构					
-b	C25 混凝土	m³	786.4	583.75	459061	
-c	C30 混凝土	m³	191.3	721.31	137987	
410-5	上部结构现浇整体化混凝土					
-a	C50 混凝土	m³	46.8	844.94	39543	
410-6	现浇混凝土附属结构					
-a	C20 混凝土	m³	11.2	414.46	4642	
-b	C30 混凝土	m³	117.5	471.45	55395	
-c	C40 混凝土	m³	87.3	679.06	59282	
411-5	后张法预应力钢绞线					
-a	ϕ^s15.2 钢绞线	kg	11193.0	15.33	171589	
411-8	预制预应力混凝土上部结构					
-a	C50 预应力混凝土	m³	322.2	1168.67	376545	
413-1	浆砌片石					
-a	M7.5 浆砌片石	m³	271.4	359.92	97682	

工程量清单

工程名称:××公路一期工程

合同段编号:No.1(K10+000～K33+000)　　　　　　　　　　　　　　货币单位:人民币元

清单　第 400 章　桥梁、涵洞

子目号	子目名称	单位	数量	单价	合价	备注
415-2	水泥混凝土桥面铺装					
-b	C50 防水混凝土厚 150 mm	m²	1075.3	82.74	88973	
415-3	防水层					
-a	水性渗透型无机防水涂层	m²	906.7	29.23	26503	
416-2	圆形板式橡胶支座					
-a	GYZ200×49 mm	个	120	115.33	13840	
417-2	模数式伸缩装置					
-a	GQF-E40 型	m	35.2	2229.09	78464	
419-1	单孔钢筋混凝土圆管涵					
-a	孔数-孔径(1-φ1.00 m)	m	1015	2534.93	2572954	
-b	孔数-孔径(1-φ1.50 m)	m	124	3705.80	459519	
419-3	钢筋混凝土圆管倒虹吸管涵					
-a	孔数-孔径(1-φ1.00m)	m	15	5263.27	78949	
420-1	钢筋混凝土盖板涵					
-a	孔数-跨径(1-1.00 m×0.80 m)	m	28	2533.64	70942	
-b	孔数-跨径(1-1.00 m×1.00 m)	m	67	2483.76	166412	
-d	孔数-跨径(1-1.50 m×1.50 m)	m	11	3329.18	36621	
-f	孔数-跨径(1-2.00 m×2.00 m)	m	36	6097.33	219504	
-i	孔数-跨径(1-3.00 m×3.00 m)	m	53	10714.08	567846	
-k	孔数-跨径(1-4.00 m×4.00 m)	m	9	22139.22	199253	
-m	孔数-跨径(2-3.00 m×3.00 m)	m	15	16459.20	246888	

清单　　第 400 章合计　　人民币　7490524　元

工程量清单

工程名称：××公路一期工程

合同段编号：No.1（K10+000～K33+000）　　　　　　　　　　　　货币单位：人民币元

清单　第600章　安全设施及预埋管线

子目号	子目名称	单位	数量	单价	合价	备注
602-1	C30 混凝土护栏					
-a-1	RrI-SA-E1	m	1100.0	693.26	762586	
-a-4	C30 钢筋混凝土护栏（路肩式挡土墙段）	m	2088.0	585.20	1221898	
-c	C20 混凝土护栏基座	m³	1481.8	599.10	887746	
602-2	单面波形梁钢护栏					
-b	Gr-B-2B	m	2486.0	245.90	611307	
-d	Gr-B-2E	m	2592.0	197.07	510805	
-e	Gr-B-4E	m	4707.0	149.36	703038	
-f	Gr-B-2C′	m	495.0	206.45	102193	
-g	明涵（小桥、盖板涵、通道）钢护栏	m	16.0	215.81	3453	
602-5	波形梁钢护栏起、终端头					
-a	AT1	m	816.0	236.80	193229	
-b	AT1（石方）	m	72.0	207.07	14909	
-d	AT2	m	816.0	230.98	188480	
-e	AT2（石方）	m	84.0	273.60	22982	
-g	BT-2	m	940.0	256.27	240894	
-h	BT-2（石方）	m	120.0	215.38	25846	
603-7	钢立柱					
-a	道口标注	根	52.0	177.87	9249	
604-5	单悬臂式交通标志					
-a	○800	个	3.0	4725.67	14177	
-b	△900	个	34.0	4618.82	157040	
-c	▽900	个	6.0	4618.17	27709	
-d	2△900	个	5.0	5321.80	26609	
-e	○800+△900	个	2.0	5468.50	10937	
-h	3100×1000	个	14.0	14886.93	208417	
604-8	里程碑					
-a	公路里程碑	个	24.0	161.00	3864	
604-9	公路界碑					
-a	公路界碑	个	230.0	77.11	17735	
604-10	百米桩					
-a	公路百米桩	个	207.0	42.00	8694	

工程量清单

工程名称:××公路一期工程

合同段编号:No.1(K10+000~K33+000)   货币单位:人民币元

清单 第600章 安全设施及预埋管线							
子目号	子目名称	单位	数量	单价	合价	备注	
605-1	热熔型涂料路面标线						
-a	反光型	m²	9950.0	46.60	463671		
605-6	轮廓标						
-a	柱式轮廓标 0						
-a-1	De-Rbw-E	个	3670.0	77.31	283728		
-b	附着式轮廓标 0						
-b-1	De-Rbw-At1	个	1676.0	11.91	19961		
-b-2	De-Rbw-At2	个	426.0	11.91	5074		
608-7	便民候车亭	个	7.0	23115.00	161805		

清单 第600章合计 人民币 6908036 元

工程量清单

工程名称:××公路一期工程

合同段编号:No.1(K10+000～K33+000)　　　　　　　　　　　　　　　　货币单位:人民币元

清单　第700章　绿化及环境保护设施

子目号	子目名称	单位	数量	单价	合价	备注
704-1	人工种植乔木	棵	3665	57.81	211874	
704-2	人工种植灌木	棵	250	93.47	23368	
704-3	人工种植蔓藤植物					
-a	常青藤	棵	5928	79.93	473825	

清单　第700章合计　　人民币　709067　元

公路工程投标报价汇总表

工程名称:××公路一期工程

合同段编号:No.1(K10+000~K33+000)　　　　　　　　　　　　　　货币单位:人民币元

序号	章次	科目名称	金额(元)	备注
1	100	总则	7294802	
2	200	路基	57112623	
3	300	路面	44950484	
4	400	桥梁、涵洞	7490524	
5	500	隧道	0	
6	600	安全设施及预埋管线	6908036	
7	700	绿化及环境保护设施	709067	
8		第100章至700章清单合计	124465536	
9		暂列金额(清单第100章至700章合计金额的6%计列)	7467932	
10		公路工程投标报价(8+9)=10	131933468	

附录3 工程量清单(节选)

1.第100章 总则

工程量清单

清单 第100章 总则

子目号	子目名称	单位	数量	单价	合价
101	通则				
101-1	保险费				
-a	按合同条款规定,提供建筑工程一切险	总额			
-b	按合同条款规定,提供第三者责任险	总额			
102	工程管理				
102-1	竣工文件	总额			
102-2	施工环保费	总额			
102-3	安全生产费	总额			
102-4	信息化系统(暂估价)	总额			
103	临时工程与设施				
103-1	临时道路修建、养护与拆除(包括原道路的养护)	总额			
103-2	临时占地	总额			
103-3	临时供电设施架设、维护与拆除	总额			
103-4	电信设施的提供、维修与拆除	总额			
103-5	临时供水与排污设施	总额			
104	承包人驻地建设				
104-1	承包人驻地建设	总额			
105	施工标准化				
105-1	施工驻地	总额			
105-2	工地试验室	总额			
105-3	拌和站	总额			
105-4	钢筋加工场	总额			
105-5	预制场	总额			
105-6	仓储存放地	总额			
105-7	各场(厂)区、作业区连接道路及施工主便道	总额			

清单100章合计 人民币 _____

2. 第 200 章　路基

工程量清单

清单　第 200 章　路基

子目号	子目名称	单位	数量	单价	合价
202	场地清理				
202-1	清理与掘除				
-a	清理现场	m^2			
-b	砍伐树木	棵			
-c	挖除树根	棵			
202-2	挖除旧路面				
-a	水泥混凝土路面	m^3			
-b	沥青混凝土路面	m^3			
-c	碎石路面	m^3			
202-3	拆除结构物				
-a	钢筋混凝土结构	m^3			
-b	混凝土结构	m^3			
-c	砖、石及其他砌体结构	m^3			
-d	金属结构	kg			
202-4	植物移栽				
-a	移栽乔（灌）木	棵			
-b	移栽草皮	m^2			
203	挖方路基				
203-1	路基挖方				
-a	挖土方	m^3			
-b	挖石方	m^3			
-c	挖除非适用材料（不含淤泥、岩盐、冻土）	m^3			
-d	挖淤泥	m^3			
-e	挖岩盐	m^3			
-f	挖冻土	m^3			
203-2	改河、改渠、改路挖方				
-a	挖土方	m^3			
-b	挖石方	m^3			
-c	挖除非适用材料（不含淤泥、岩盐、冻土）	m^3			
-d	挖淤泥	m^3			
-e	挖岩盐	m^3			
-f	挖冻土	m^3			

工程量清单

清单 第200章 路基

子目号	子目名称	单位	数量	单价	合价
204	填方路基				
204-1	路基填筑(包括填前压实)				
-a	利用土方	m³			
-b	利用石方	m³			
-c	利用土石混填	m³			
-d	借土填方	m³			
-e	粉煤灰及矿渣路堤	m³			
-f	吹填砂路堤	m³			
-g	EPS路堤	m³			
-h	结构物台背回填	m³			
-i	锥坡及台前溜坡填土	m³			
204-2	改河、改渠、改路填筑				
-a	利用土方	m³			
-b	利用石方	m³			
-c	利用土石混填	m³			
-d	借土填方	m³			
205	特殊地区路基处理				
205-1	软土路基处理				
-a	抛石挤淤	m³			
-b	爆炸挤淤	m³			
-c	垫层				
-c-1	砂垫层	m³			
-c-2	砂砾垫层	m³			
-c-3	碎石垫层	m³			
-c-4	碎石土垫层	m³			
-c-5	灰土垫层	m³			
-d	土工合成材料				
-d-1	反滤土工布	m²			
-d-2	防渗土工膜	m²			
-d-3	土工格栅	m²			
-d-4	土工格室	m²			
-e	预压与超载预压				
-e-1	真空预压	m²			
-e-2	超载预压	m³			

工程量清单

清单　第 200 章　路基

子目号	子目名称	单位	数量	单价	合价
-f	袋装砂井	m			
-g	塑料排水板	m			
-h	粒料桩				
-h-1	砂桩	m			
-h-2	碎石桩	m			
-i	加固土桩				
-i-1	粉喷桩	m			
-i-2	浆喷桩	m			
-j	CFG 桩	m			
-k	Y 形沉管灌注桩	m			
-1	薄壁筒型沉管灌注桩	m			
-m	静压管桩	m			
-n	强夯及强夯置换				
-n-1	强夯	m^2			
-n-2	强夯置换	m^3			
205-2	红黏土及膨胀土路基处理				
-a	石灰改良土	m^3			
-b	水泥改良土	m^3			
205-3	滑坡处理				
-a	清除滑坡体	m^3			
205-4	岩溶洞处理				
-a	回填	m^3			
205-5	湿陷性黄土路基处理				
-a	陷穴处理				
-a-1	灌砂	m^3			
-a-2	灌水泥砂浆	m^3			
-b	强夯及强夯置换				
-b-1	强夯	m^2			
-b-2	强夯置换	m^3			
-c	石灰改良土	m^3			
-d	灰土桩	m			
205-6	盐渍土路基处理				
-a	垫层				
-a-1	砂垫层	m^3			

工程量清单

清单　第 200 章　路基

子目号	子目名称	单位	数量	单价	合价
-a-2	砂砾垫层	m^3			
-b	土工合成材料				
-b-1	防渗土工膜	m^2			
-b-2	土工格栅	m^2			
205-7	风积沙路基处理				
-a	土工合成材料				
-a-1	土工格栅	m^2			
-a-2	土工格室	m^2			
-a-3	蜂窝式塑料网	m^2			
205-8	冻土路基处理				
-a	隔热层				
-a-1	XPS 保温板	m^2			
-b	通风管	m			
-c	热棒	根			
207	坡面排水				
207-1	边沟				
-a	浆砌片石	m^3			
-b	浆砌块石	m^3			
-c	现浇混凝土	m^3			
-d	预制安装混凝土	m^3			
-e	预制安装混凝土盖板	m^3			
-f	干砌片石	m^3			
207-2	排水沟				
-a	浆砌片石	m^3			
-b	浆砌块石	m^3			
-c	现浇混凝土	m^3			
-d	预制安装混凝土	m^3			
-e	预制安装混凝土盖板	m^3			
-f	干砌片石	m^3			
207-3	截水沟				
-a	浆砌片石	m^3			
-b	浆砌块石	m^3			
-c	现浇混凝土	m^3			
-d	预制安装混凝土	m^3			
-e	干砌片石	m^3			

工程量清单

清单　第 200 章　路基

子目号	子目名称	单位	数量	单价	合价
207-4	跌水与急流槽				
-a	干砌片石	m³			
-b	浆砌片石	m³			
-c	现浇混凝土	m³			
-d	预制安装混凝土	m³			
207-5	盲沟（渗沟）				
-a	盲沟	m			
-b	渗沟	m			
207-6	蒸发池				
-a	挖土（石）方	m³			
-b	圬工	m³			
207-7	涵洞上下游改沟、改渠铺砌				
-a	浆砌片石铺砌	m³			
-b	现浇混凝土铺砌	m³			
-c	预制混凝土铺砌	m³			
207-8	现浇混凝土坡面排水结构物	m³			
207-9	预制混凝土坡面排水结构物	m³			
207-10	仰斜式排水孔				
-a	钻孔	m			
-b	排水管	m			
-c	软式透水管	m			
208	护坡、护面墙				
208-1	护坡垫层	m³			
208-2	干砌片石护坡	m³			
208-3	浆砌片石护坡				
-a	满铺浆砌片石护坡	m³			
-b	浆砌骨架护坡	m³			
-c	现浇混凝土	m³			
208-4	混凝土护坡				
-a	现浇混凝土满铺护坡	m³			
-b	混凝土预制件满铺护坡	m³			
-c	现浇混凝土骨架护坡	m³			
-d	混凝土预制件骨架护坡	m³			
-e	浆砌片石	m³			

工程量清单

工程量清单

清单　第 200 章　路基

子目号	子目名称	单位	数量	单价	合价
208-5	护面墙				
-a	浆砌片(块)石护面墙	m³			
-b	现浇混凝土护面墙	m³			
-c	预制安装混凝土护面墙	m³			
208-6	封面				
-a	封面	m²			
208-7	捶面				
-a	捶面	m²			
208-8	坡面柔性防护				
-a	主动防护系统	m²			
-b	被动防护系统	m²			
209	挡土墙				
209-1	垫层	m³			
209-2	基础				
-a	浆砌片(块)石基础	m³			
-b	混凝土基础	m³			
209-3	砌体挡土墙				
-a	浆砌片(块)石	m³			
209-4	干砌挡土墙	m³			
209-5	混凝土挡土墙				
-a	混凝土	m³			
-b	钢筋	kg			
210	锚杆、锚定板挡土墙				
210-1	锚杆挡土墙				
-a	现浇混凝土立柱	m³			
-b	预制安装混凝土立柱	m³			
-c	预制安装混凝土挡板	m³			
210-2	锚定板挡土墙				
-a	现浇混凝土肋柱	m³			
-b	预制安装混凝土肋柱	m³			
-c	预制安装混凝土锚定板	m³			
210-3	现浇墙身混凝土、附属部位混凝土				
-a	现浇混凝土墙身	m³			
-b	现浇附属部位混凝土	m³			

工程量清单

清单　第 200 章　路基

子目号	子目名称	单位	数量	单价	合价
210-4	现浇桩基混凝土	m³			
210-5	锚杆及拉杆				
-a	锚杆	kg			
-b	拉杆	kg			
210-6	钢筋	kg			
211	加筋土挡土墙				
211-1	基础				
-a	浆砌片石基础	m³			
-b	混凝土基础	m³			
211-2	混凝土帽石				
-a	现浇帽石混凝土	m³			
211-3	预制安装混凝土墙面板	m³			
211-4	加筋带				
-a	扁钢带	kg			
-b	钢筋混凝土带	m³			
-c	塑钢复合带	kg			
-d	塑料土工格栅	m²			
-e	聚丙烯土工带	kg			
211-5	钢筋	kg			
212	喷射混凝土和喷浆边坡防护				
212-1	挂网土工格栅喷浆防护边坡				
-a	喷浆防护边坡	m²			
-b	铁丝网	kg			
-c	土工格栅	m²			
-d	锚杆	kg			
212-2	挂网锚喷混凝土防护边坡（全坡面）				
-a	喷射混凝土防护边坡	m²			
-b	钢筋网	kg			
-c	铁丝网	kg			
-d	土工格栅	m²			
-e	锚杆	kg			
212-3	坡面防护				
-a	喷浆边坡防护	m²			
-b	喷射混凝土边坡防护	m²			

工程量清单

工程量清单

清单　第 200 章　路基

子目号	子目名称	单位	数量	单价	合价
212-4	土钉支护				
-a	钻孔注浆钉	m			
-b	击入钉	m			
-c	喷射混凝土	m²			
-d	钢筋	kg			
-e	钢筋网	kg			
-f	网格梁、立柱、挡土板	m³			
-g	土工格栅	m²			
-d	土工格栅	m²			
-e	锚杆	m			
212-3	坡面防护				
-a	厚……mm 喷射混凝土	m²			
-b	厚……mm 喷射水泥砂浆	m²			
212-4	土钉支护				
-a	土钉钻孔桩	m			
-b	土钉预制击入桩	m			
-c	厚……mm 厚喷射混凝土	m²			
-d	钢筋	kg			
-e	钢筋网	kg			
-f	网格梁、立柱、挡土板	m³			
-g	土工格栅	m²			
213	预应力锚索边坡加固				
213-1	预应力钢绞线	m			
213-2	无黏接预应力钢绞线	m			
213-3	锚杆				
-a	钢筋锚杆	kg			
-b	预应力钢筋锚杆	kg			
213-4	混凝土框格梁	m³			
213-5	混凝土锚固板	m³			
213-6	钢筋	kg			
214	抗滑桩				
214-1	现浇混凝土桩				
-a	混凝土	m³			
214-2	桩板式抗滑挡墙				
-a	挡土板	m³			

工程量清单

清单 第200章 路基

子目号	子目名称	单位	数量	单价	合价
214-3	钢筋	kg			
215	河道防护				
215-1	河床铺砌				
-a	浆砌片石铺砌	m³			
-b	混凝土铺砌	m³			
215-3	导流设施(护岸墙、顺坝、丁坝、调水坝、锥坡)				
-a	浆砌片石	m³			
-b	混凝土	m³			
-c	石笼	m³			
215-4	抛石防护	m³			

清单200章合计　人民币＿＿＿＿＿＿＿＿

工程量清单

3. 第 300 章　路面

工程量清单

清单　第 300 章　路面

子目号	子目名称	单位	数量	单价	合价
302	垫层				
302-1	碎石垫层				
-a	厚……mm	m^2			
302-2	砂砾垫层				
-a	厚……mm	m^2			
302-3	水泥稳定土垫层				
-a	厚……mm	m^2			
302-4	石灰稳定土垫层				
-a	厚……mm	m^2			
303	石灰稳定土底基层				
303-1	石灰稳定土底基层				
-a	厚……mm	m^2			
303-2	搭板、埋板下石灰稳定土底基层	m^3			
304	水泥稳定土底基层、基层				
304-1	水泥稳定土底基层				
-a	厚……mm	m^2			
304-2	搭板、埋板下水泥稳定土底基层	m^3			
304-3	水泥稳定土基层				
-a	厚……mm	m^2			
305	石灰粉煤灰稳定土底基层、基层				
305-1	石灰粉煤灰稳定土底基层				
-a	厚……mm	m^2			
305-2	搭板、埋板下石灰粉煤灰稳定土底基层	m^3			
305-3	石灰粉煤灰稳定土基层				
-a	厚……mm	m^2			
305-4	石灰煤渣稳定土基层	m^2			
-a	厚……mm	m^2			
306	级配碎(砾)石底基层、基层				
306-1	级配碎石底基层				
-a	厚……mm	m^2			
306-2	搭板、埋板下级配碎石底基层	m^3			
306-3	级配碎石基层				
-a	厚……mm	m^2			

工程量清单

清单　第 300 章　路面

子目号	子目名称	单位	数量	单价	合价
306-4	级配砾石底基层				
-a	厚……mm	m²			
306-5	搭板、埋板下级配砾石底基层	m³			
306-6	级配砾石基层				
-a	厚……mm	m²			
307	沥青稳定碎石基层（ATB）				
307-1	沥青稳定碎石基层（ATB）				
-a	厚……mm	m²			
-b	厚……mm	m²			
308	透层和黏层				
308-1	透层	m²			
308-2	黏层	m²			
309	热拌沥青混合料面层				
309-1	细粒式沥青混凝土				
-a	厚……mm	m²			
-b	厚……mm	m²			
309-2	中粒式沥青混凝土				
-a	厚……mm	m²			
-b	厚……mm	m²			
309-3	粗粒式沥青混凝土				
-a	厚……mm	m²			
-b	厚……mm	m²			
310	沥青表面处治与封层				
310-1	沥青表面处治				
-a	厚……mm	m²			
-b	厚……mm	m²			
310-2	封层	m²			
311	改性沥青及改性沥青混合料				
311-1	细粒式改性沥青混合料路面				
-a	厚……mm	m²			
-b	厚……mm	m²			
311-2	中粒式改性沥青混合料路面				
-a	厚……mm	m²			
-b	厚……mm	m²			

工程量清单

工程量清单

清单 第300章 路面

子目号	子目名称	单位	数量	单价	合价
311-3	SMA 路面				
-a	厚……mm	m²			
-b	厚……mm	m²			
312	水泥混凝土面板				
312-1	水泥混凝土面板				
-a	厚……mm（混凝土弯拉强度……MPa）	m³			
-b	厚……mm（混凝土弯拉强度……MPa）	m³			
312-2	钢筋				
-a	光圆钢筋（HPB235、HPB300）	kg			
-b	带肋钢筋（HRB335、HRB400）	kg			
313	培土路肩、中央分隔带回填土、土路肩加固及路缘石				
313-1	培土路肩	m³			
313-2	中央分隔带回填土	m³			
313-3	现浇混凝土加固土路肩	m³			
313-4	混凝土预制块加固土路肩	m³			
313-5	混凝土预制块路缘石	m³			
314	路面及中央分隔带排水				
314-1	排水管	m			
314-2	纵向雨水沟（管）	m			
314-3	集水井	座			
314-4	中央分隔带渗沟	m			
314-5	沥青油毡防水层	m²			
314-6	路肩排水沟	m			
314-7	拦水带				
-a	沥青混凝土拦水带	m			
-b	水泥混凝土拦水带	m			

清单300章合计　人民币 _____

附录4　工程量清单计量规则(节选)

1.第100章　总则

子目号	子目名称	单位	工程量计量	工程内容
101	通则			
101-1	保险费			
-a	按合同条款规定,提供建筑工程一切险	总额	1.承包人按照合同条款约定的保险费率及保费计算方法办理建筑工程一切险,根据保险公司的保单金额以总额为单位计量; 2.保险期为合同约定的施工期及缺陷责任期; 3.承包人施工机械设备保险和雇用人员工伤事故保险费、人身意外伤害保险费由承包人负担	根据合同条款办理建筑工程一切险
-b	按合同条款规定,提供第三者责任险	总额	1.承包人按照合同条款约定的保险费率及保费计算方法办理第三者责任险,根据保险公司的保单金额以总额为单位计量; 2.保险期为合同约定的施工期及缺陷责任期	根据合同条款办理第三者责任险
102	工程管理			
102-1	竣工文件	总额	以总额为单位计量	按《公路工程竣(交)工验收办法》《公路工程竣(交)工验收办法实施细则》及合同条款规定进行编制
102-2	施工环保费	总额	以总额为单位计量	按《公路工程标准施工招标文件》(2018年版)技术规范 102.11 小节及合同条款规定落实环境保护
102-3	安全生产费	总额	按投标价的 1.5%(若招标人公布了最高投标限价时,按最高投标限价的 1.5%)以总额为单位计量	按《公路工程标准施工招标文件》(2018年版)技术规范 102.13 小节及合同条款规定落实安全生产
102-4	信息化系统(暂估价)	总额	以暂估价的形式按总额计量	1.工程信息化系统的配置、维护、备份管理及网络构筑; 2.系统操作人员培训、劳务
103	临时工程与设施			
103-1	临时道路修建、养护与拆除(包括原道路的养护)	总额	以总额为单位计量	按《公路工程标准施工招标文件》(2018年版)技术规范 103.03 小节及合同条款规定完成临时道路的修建、养护与拆除

续表

子目号	子目名称	单位	工程量计量	工程内容
103-2	临时占地	总额	1.以总额为单位计量； 2.取、弃土(渣)场的绿化、结构防护及排水在相应章节计量	1.按《公路工程标准施工招标文件》(2018年版)技术规范103.04小节及合同条款规定办理及使用临时占地，并进行复垦； 2.临时占地范围包括承包人驻地的办公室、食堂、宿舍、道路和机械设备停放场、材料堆放场地、弃土(渣)场、预制场、拌和场、仓库、进场临时道路、临时便道、便桥等
103-3	临时供电设施架设、维护与拆除	总额	以总额为单位计量	按《公路工程标准施工招标文件》(2018年版)技术规范103.02小节及合同条款规定完成临时供电设施架设、维护与拆除
103-4	电信设施的提供、维修与拆除	总额	以总额为单位计量	按《公路工程标准施工招标文件》(2018年版)技术规范103.02小节及合同条款规定完成电信设施的提供、维修与拆除
103-5	临时供水与排污设施	总额	以总额为单位计量	按《公路工程标准施工招标文件》(2018年版)技术规范103.02小节及合同条款规定完成临时供水与排污设施的修建、维修与拆除
104	承包人驻地建设			
104-1	承包人驻地建设	总额	以总额为单位计量	1.承包人驻地建设包括：施工与管理所需的办公室、住房、工地试验室、车间、工作场地、预制场地、仓库与储料场、拌和场、医疗卫生与消防设施等； 2.驻地建设的建设、管理与维护； 3.工程交工时，按照合同或协议要求将驻地移走、清除、恢复原貌
105	施工标准化			
105-1	施工驻地	总额	以总额为单位计量	按技术规范第105节施工标准化的内容和要求执行
105-2	工地试验室	总额	以总额为单位计量	按技术规范第105节施工标准化的内容和要求执行
105-3	拌和站	总额	以总额为单位计量	按技术规范第105节施工标准化的内容和要求执行
105-4	钢筋加工场	总额	以总额为单位计量	按技术规范第105节施工标准化的内容和要求执行
105-5	预制场	总额	以总额为单位计量	按技术规范第105节施工标准化的内容和要求执行
105-6	仓储存放地	总额	以总额为单位计量	按技术规范第105节施工标准化的内容和要求执行
105-7	各场(厂)区、作业区连接道路及施工主便道	总额	以总额为单位计量	按技术规范第105节施工标准化的内容和要求执行

2.第 200 章　路基

子目号	子目名称	单位	工程量计量	工程内容
202	场地清理			
202-1	清理与掘除			
-a	清理现场	m²	依据图纸所示位置及范围(路基范围以外临时工程用地清场等除外),按路基开挖线或填筑边线之间的水平投影面积以平方米为单位计量	1.灌木、竹林、胸径小于 10 cm 树木的砍伐及挖根; 2.清除场地表面 0~30 cm 内的垃圾、废料、表土(腐殖土)、石头、草皮; 3.与清理现场有关的一切挖方、坑穴的回填、整平、压实; 4.适用材料的装卸、移运、堆放及非适用材料的移运处理; 5.现场清理
-b	砍伐树木	棵	依据图纸所示路基范围内胸径 10 cm 以上(含 10 cm)的树木,按实际砍伐数量以棵为单位计量	1.砍伐; 2.截锯; 3.装卸、移运至指定地点堆放; 4.现场清理
-c	挖除树根	棵	依据图纸所示路基范围内胸径 10 cm 以上(含 10 cm)树木的树根,按实际挖除数量以棵为单位计量	1.挖除树根; 2.装卸、移运至指定地点堆放; 3.现场清理
202-2	挖除旧路面	m³	依据图纸所示位置,挖除路基范围内原有的旧路面,按不同的路面结构类型以立方米为单位计量	1.挖除; 2.装卸、移运处理; 3.场地清理、平整
202-3	拆除结构物			
-a	钢筋混凝土结构	m³	依据图纸所示位置,拆除路基范围内原有的钢筋混凝土结构以立方米为单位计量	1.挖除; 2.装卸、移运处理; 3.场地清理、平整
-b	混凝土结构	m³	依据图纸所示位置,拆除路基范围内原有的混凝土结构以立方米为单位计量	1.挖除; 2.装卸、移运处理; 3.场地清理、平整
-c	砖、石及其他砌体结构	m³	依据图纸所示位置,拆除路基范围内原有的砖、石及其他砌体结构,以立方米为单位计量	1.挖除; 2.装卸、移运处理; 3.场地清理、平整
-d	金属结构	kg	1.依据图纸所示位置,拆除路基范围内原有的金属结构,以千克为单位计量; 2.金属回收按合同有关规定办理	1.切割、挖除; 2.装卸、移运、堆放; 3.场地清理、平整
202-4	植物移栽			
-a	移栽乔(灌)木	棵	依据图纸所示位置,起挖路基范围内原有的乔(灌)木并移栽,按成活的各类乔(灌)木数量,以棵为单位计量	1.起挖; 2.植物保护、装卸、运输; 3.坑(穴)开挖; 4.种植; 5.支撑、养护; 6.场地清理

续表

子目号	子目名称	单位	工程量计量	工程内容
-b	移栽草皮	m²	依据图纸所示位置,起挖路基范围内原有的草皮并移栽,按成活的草皮面积,以平方米为单位计量	1.起挖; 2.植物保护、装卸、运输; 3.坑(穴)开挖; 4.种植; 5.养护; 6.场地清理
203	挖方路基			
203-1	路基挖方			
-a	挖土方	m³	1.依据图纸所示地面线、路基设计横断面图、路基土石比例,采用平均断面面积法计算,包括边沟、排水沟、截水沟的土方,按照天然密实体积以立方米为单位计量; 2.路床顶面以下挖松深300 mm再压实作为挖土方的附属工作,不另行计量; 3.取弃土场的绿化、防护工程、排水设施在相应章节内计量	1.挖、装、运输、卸车; 2.填料分理、弃土整形、压实; 3.施工排水处理; 4.边坡整修、路床顶面以下挖松深300 mm再压实、路床清理
-b	挖石方	m³	1.依据图纸所示地面线、路基设计横断面图、路基土石比例,按平均断面积法计算,包括边沟、排水沟、截水沟的石方,按照天然体积以立方米为单位计量; 2.弃土场绿化、防护工程、排水设施在相应章节内计量	1.石方爆破; 2.挖、装、运输、卸车; 3.填料分理、弃土整形、压实; 4.施工排水处理; 5.边坡整修、路床顶面凿平或填平压实、路床清理
-c	挖除非适用材料 (不含淤泥、岩盐、冻土)	m³	1.依据图纸所示位置,挖除路基范围内非适用材料(不含淤泥、岩盐、冻土)以立方米为单位计量; 2.弃土场绿化、防护工程、排水设施在相应章节内计量	1.施工排水处理; 2.挖除、装载、运输、卸车、堆放; 3.现场清理
-d	挖淤泥	m³	1.依据图纸所示位置,挖除路基范围内淤泥以立方米为单位计量; 2.弃土场绿化、防护工程、排水设施在相应章节内计量	1.施工排水处理; 2.挖除、装载、运输、卸车、堆放; 3.现场清理
-e	挖岩盐	m³	1.依据图纸所示地面线、路基设计横断面图、路基土石比例,按平均断面积法计算,按照天然体积以立方米为单位计量; 2.弃土场绿化、防护工程、排水设施在相应章节内计量	1.石方爆破或机械开挖; 2.挖、装、运输、卸车; 3.填料分理; 4.施工排水处理; 5.路床顶面岩盐破碎、润洒饱和卤水、碾压整平、路床清理
-f	挖冻土	m³	1.依据图纸所示地面线、路基设计横断面图、路基土石比例,按平均断面积法计算,按照天然体积以立方米为单位计量; 2.弃土场绿化、防护工程、排水设施在相应章节内计量	1.爆破或机械开挖; 2.挖除、装载、运输、卸车、堆放; 3.施工排水处理; 4.现场清理

续表

子目号	子目名称	单位	工程量计量	工程内容
203-2	改河、改渠、改路挖方			
-a	挖土方	m³	1.依据图纸所示地面线、设计横断面图、土石比例,按平均断面面积法计算,以立方米为单位计量; 2.路床顶面以下挖松深300 mm再压实作为挖土方的附属工作,不另行计量; 3.取弃土场的绿化、防护工程、排水设施在相应章节内计量	1.挖、装、运输、卸车; 2.填料分理、弃土整形、压实; 3.施工排水处理; 4.边坡整修、路床顶面以下挖松深300 mm再压实、路床清理
-b	挖石方	m³	1.依据图纸所示地面线、设计横断面图、土石比例,按平均断面面积法计算,以立方米为单位计量; 2.弃土场绿化、防护工程、排水设施在相应章节内计量	1.石方爆破; 2.挖、装、运输、卸车; 3.填料分理、弃土整形、压实; 4.施工排水处理; 5.边坡整修、路床顶面凿平或填平压实、路床清理
-c	挖除非适用材料(不含淤泥、岩盐、冻土)	m³	1.依据图纸所示位置,挖除非适用材料(不含淤泥、岩盐、冻土)以立方米为单位计量; 2.弃土场绿化、防护工程、排水设施在相应章节内计量	1.施工排水处理; 2.挖除、装载、运输、卸车、堆放; 3.现场清理
-d	挖淤泥	m³	1.依据图纸所示位置,挖除淤泥以立方米为单位计量; 2.弃土场绿化、防护工程、排水设施在相应章节内计量	1.施工排水处理; 2.挖除、装载、运输、卸车、堆放; 3.现场清理
-e	挖岩盐	m³	1.依据图纸所示位置,挖岩盐以立方米为单位计量; 2.路床顶面岩盐破碎、润洒卤水、碾压整平等作为挖岩盐的附属工作,不另行计量	1.石方爆破或机械开挖; 2.挖、装、运输、卸车; 3.填料分理; 4.施工排水处理; 5.路床顶面岩盐破碎、润洒饱和卤水、碾压整平、路床清理
-f	挖冻土	m³	1.依据图纸所示位置,挖冻土以立方米为单位计量; 2.弃土场绿化、防护工程、排水设施在相应章节内计量	1.爆破或机械开挖; 2.挖除、装载、运输、卸车、堆放; 3.施工排水处理; 4.现场清理
204	填方路基			
204-1	路基填筑(包括填前压实)			
-a	利用土方	m³	1.依据图纸所示地面线、路基设计横断面图,按平均断面面积法计算压实的体积,以立方米为单位计量; 2.当填料中石料含量小于30%时,适用于本条; 3.满足施工需要,预留路基宽度宽填的填方量作为路基填筑的附属工作,不另行计量;	1.基底翻松、压实、挖台阶; 2.临时排水、翻晒; 3.分层摊铺;

续表

子目号	子目名称	单位	工程量计量	工程内容
-a	利用土方	m³	3.满足施工需要,预留路基宽度宽填的填方量作为路基填筑的附属工作,不另行计量; 4.填前压实、地面下沉增加的填方量按填料来源参照本条计量	4.洒水、压实、刷坡; 5.整形
-b	利用石方	m³	1.依据图纸所示地面线、路基设计横断面图,按平均断面面积法计算压实的体积,以立方米为单位计量; 2.当填料中石料含量大于70%时,适用于本条; 3.地面下沉增加的填方量按填料来源参照本条计量	1.基底翻松、压实,挖台阶; 2.临时排水、翻晒; 3.边坡码砌; 4.分层摊铺; 5.小石块(或石屑)填缝、找补; 6.洒水、压实; 7.整形
-c	利用土石混填	m³	1.依据图纸所示地面线、路基设计横断面图,按平均断面面积法计算压实的体积,以立方米为单位计量; 2.当填料中石料含量大于30%,小于70%时,适用于本条; 3.满足施工需要,预留路基宽度宽填的填方量作为路基填筑的附属工作,不另行计量; 4.地面下沉增加的填方量按填料来源参照本条计量	1.基底翻松、压实,挖台阶; 2.临时排水、翻晒; 3.边坡码砌; 4.分层摊铺; 5.洒水、压实、刷坡; 6.整形
-d	借土填方	m³	1.依据图纸所示地面线、路基设计横断面图,按平均断面面积法计算压实的体积,以立方米为单位计量; 2.借土场绿化、防护工程、排水设施、临时用地在相应章节内计量; 3.满足施工需要,预留路基宽度宽填的填方量作为路基填筑的附属工作,不另行计量; 4.地面下沉增加的填方量按填料来源参照本条计量	1.借土场场地清理、清除不适用材料; 2.简易便道、基底翻松、压实、挖台阶; 3.挖、装、运输、卸车; 4.分层摊铺; 5.洒水、压实、刷坡; 6.施工排水处理; 7.整形
-e	粉煤灰及矿渣路堤	m³	1.依据图纸所示地面线、路基设计横断面图,按平均断面面积法计算压实的体积,以立方米为单位计量; 2.满足施工需要,预留路基宽度宽填的填方量作为路基填筑的附属工作,不另行计量; 3.地面下沉增加的填方量按填料来源参照本条计量	1.材料选择; 2.基底翻松、压实、挖台阶; 3.挖、装、运输、卸车; 4.分层摊铺; 5.洒水、压实、土质护坡; 6.施工排水处理; 7.整形
-f	吹填砂路堤	m³	1.依据图纸所示地面线、路基设计横断面图,按平均断面面积法计算压实的体积,以立方米为单位计量; 2.满足施工需要,预留路基宽度宽填的填方量作为路基填筑的附属工作,不另行计量; 3.地面下沉增加的填方量按填料来源参照本条计量	1.吹砂设备安设; 2.吹填; 3.施工排水处理(排水沟、反滤层设置); 4.封闭及整形

子目号	子目名称	单位	工程量计量	工程内容
-g	EPS 路堤	m³	依据图纸所示,按铺筑的 EPS 体积以立方米为单位计量	1.下承层处理; 2.铺设垫层; 3.EPS 块加工及铺装
-h	结构物台背回填	m³	1.依据图纸所示结构物台背回填数量,按照压实的体积以立方米为单位计量; 2.挡土墙墙背回填不另行计量	1.基底翻松、压实、挖台阶; 2.填料的选择; 3.临时排水; 4.分层摊铺; 5.洒水、压实; 6.整形
-i	锥坡及台前溜坡填土	m³	依据图纸所示锥坡及台前溜坡填土数量,按照压实的体积以立方米为单位计量	1.基底翻松、压实、挖台阶; 2.填料的选择; 3.临时排水; 4.分层摊铺; 5.洒水、压实; 6.整形
204-2	改河、改渠、改路填筑			
-a	利用土方	m³	1.依据图纸所示地面线、设计横断面图,按平均断面面积法计算压实的体积,以立方米为单位计量; 2.当填料中石料含量小于30%时,适用于本条; 3.满足施工需要,预留路基宽度宽填的填方量作为路基填筑的附属工作,不另行计量	1.基底翻松、压实、挖台阶; 2.临时排水; 3.分层摊铺; 4.洒水、压实、刷坡; 5.整形
-b	利用石方	m³	1.依据图纸所示地面线、设计横断面图,按平均断面面积法计算压实的体积,以立方米为单位计量; 2.当填料中石料含量大于70%时,适用于本条; 3.满足施工需要,预留路基宽度宽填的填方量作为路基填筑的附属工作,不另行计量	1.基底翻松、压实、挖台阶; 2.临时排水; 3.边坡码砌; 4.分层摊铺; 5.小石块(或石屑)填缝、找补; 6.洒水、压实; 7.整形
-c	利用土石混填	m³	1.依据图纸所示地面线、设计横断面图,按平均断面面积法计算压实的体积,以立方米为单位计量; 2.当填料中石料含量大于30%,小于70%时,适用于本条; 3.满足施工需要,预留路基宽度宽填的填方量作为路基填筑的附属工作,不另行计量	1.基底翻松、压实、挖台阶; 2.临时排水; 3.分层摊铺; 4.洒水、压实、刷坡; 5.整形
-d	借土填方	m³	1.依据图纸所示借方填筑数量,按照压实的体积以立方米为单位计量; 2.借土场绿化、防护工程、排水设施、临时用地在相应章节内计量; 3.满足施工需要,预留路基宽度宽填的填方量作为路基填筑的附属工作,不另行计量	1.借土场场地清理; 2.基底翻松、压实、挖台阶; 3.挖、装、运输、卸车; 4.分层摊铺; 5.洒水、压实、刷坡; 6.施工排水处理; 7.整形

续表

子目号	子目名称	单位	工程量计量	工程内容
205	特殊地区路基处理			
205-1	软土路基处理			
-a	抛石挤淤	m³	依据图纸所示位置和范围,按照抛石体积的片石数量,以立方米为单位计量	1.临时排水; 2.抛填片石; 3.小石块、石屑填塞垫平; 4.重型压路机压实
-b	爆炸挤淤	m³	依据图纸所示位置和范围,按照设计的爆炸挤淤的淤泥体积,以立方米为单位计量	1.超高填石; 2.爆炸设计; 3.布置炸药; 4.爆破; 5.填石; 6.钻探(或物探)检查
-c	垫层			
-c-1	砂垫层	m³	1.依据图纸所示位置和断面尺寸,按图示砂垫层密实体积以立方米为单位计量; 2.因换填而挖除的非适用材料列入203-1相关子目计量	1.基底清理; 2.临时排水; 3.分层铺筑; 4.分层碾压
-c-2	砂砾垫层	m³	1.依据图纸所示位置和断面尺寸,按图示砂砾垫层密实体积以立方米为单位计量; 2.因换填而挖除的非适用材料列入203-1相关子目计量	1.基底清理; 2.临时排水; 3.分层铺筑; 4.分层碾压
-c-3	碎石垫层	m³	1.依据图纸所示位置和断面尺寸,按图示碎石垫层密实体积以立方米为单位计量; 2.因换填而挖除的非适用材料列入203-1相关子目计量	1.基底清理; 2.临时排水; 3.分层铺筑; 4.路基边部片石砌护; 5.分层碾压
-c-4	碎石土垫层	m³	1.依据图纸所示位置和断面尺寸,按图示碎石土垫层密实体积以立方米为单位计量; 2.因换填而挖除的非适用材料列入203-1相关子目计量	1.基底清理; 2.临时排水; 3.分层铺筑; 4.分层碾压
-c-5	灰土垫层	m³	1.依据图纸所示位置和断面尺寸,按图示碎石土垫层密实体积以立方米为单位计量; 2.因换填而挖除的非适用材料列入203-1相关子目计量	1.基底清理; 2.临时排水; 3.石灰购置、运输、消解、拌和; 4.分层铺筑; 5.分层碾压
-d	土工合成材料			
-d-1	反滤土工布	m²	1.依据图纸所示位置和规格,按土层中分层铺设反滤土工布的累计净面积以平方米为单位计量; 2.接缝的重叠面积和边缘的包裹面积不予计量	1.清理下承层; 2.铺设及固定; 3.接缝处理(搭接、缝接、粘接); 4.边缘处理

续表

子目号	子目名称	单位	工程量计量	工程内容
-d-2	防渗土工膜	m²	1.依据图纸所示位置和规格,按土层中分层铺设防渗土工膜的累计净面积以平方米为单位计量; 2.接缝的重叠面积和边缘的包裹面积不予计量	1.清理下承层; 2.铺设及固定; 3.接缝处理(搭接、缝接、粘接); 4.边缘处理
-d-3	土工格栅	m²	1.依据图纸所示位置和规格、型号,按土层中分层铺设土工格栅的累计净面积以平方米为单位计量; 2.接缝的重叠面积和边缘的包裹面积不予计量	1.清理下承层; 2.铺设及固定; 3.接缝处理(搭接、缝接、粘接); 4.边缘处理
-d-4	土工格室	m²	1.依据图纸所示位置和规格、型号,按设置土工格室的累计净面积以平方米为单位计量; 2.接缝的重叠面积和边缘的包裹面积不予计量	1.清理下承层; 2.铺设及固定; 3.接缝处理(搭接、缝接、粘接); 4.边缘处理
-e	预压与超载预压			
-e-1	真空预压	m²	1.依据图纸所示的沿密封沟内缘线密封膜覆盖的路基面积以平方米为单位计量; 2.真空联合堆载预压的堆载土方在205-1-d-2子目计量; 3.砂垫层作为真空预压的附属工作不另行计量	1.场地清理及埋设沉降观测设施; 2.铺设砂垫层及密封薄膜; 3.施工密封沟; 4.安装真空设备; 5.抽真空、沉降观测; 6.拆除、清理场地; 7.围堰与临时排水
-e-2	超载预压	m³	依据图纸所示预压范围(宽度、高度、长度)预压后体积以立方米为单位计量	1.场地清理及埋设沉降观测设施; 2.指标试验; 3.围堰及临时排水; 4.挖运、堆载、整形及碾压; 5.沉降观测; 6.卸载
-f	袋装砂井	m	依据图纸所示位置和断面尺寸,按不同直径袋装砂井的长度以米为单位计量	1.场地清理; 2.(轨道铺、拆)装砂袋; 3.桩机定位; 4.打钢管; 5.下砂袋; 6.拔钢管; 7.起重机(门架)、桩机移位
-g	塑料排水板	m	1.依据图纸所示位置和断面尺寸,按图示不同类型的塑料排水板长度以米为单位计量; 2.不计伸入垫层内的塑料排水板长度	1.场地清理; 2.(轨道铺、拆)桩机定位; 3.穿塑料排水板; 4.安桩靴; 5.打拔钢管; 6.剪断排水板; 7.起重机(门架)、桩机移位
-h	粒料桩			

续表

子目号	子目名称	单位	工程量计量	工程内容
−h−1	砂桩	m	依据图纸所示位置和断面尺寸,按图示不同桩径的砂桩长度以米为单位计量	1.场地清理; 2.成桩设备安装与就位; 3.成孔; 4.灌砂; 5.桩机移位
−h−2	碎石桩	m	依据图纸所示位置和断面尺寸,按图示不同桩径的碎石桩长度以米为单位计量	1.场地清理; 2.成桩设备安装与就位; 3.成孔; 4.灌碎石; 5.桩机移位
−i	加固土桩			
−i−1	粉喷桩	m	依据图纸所示位置和断面尺寸,按图示不同桩径的粉喷桩长度以米为单位计量	1.场地清理; 2.钻机安装与就位; 3.钻孔; 4.喷(水泥)粉,搅拌; 5.复喷、二次搅拌; 6.桩机移位
−i−2	浆喷桩	m	依据图纸所示位置和断面尺寸,按图示不同桩径的浆喷桩长度以米为单位计量	1.场地清理; 2.钻机定位; 3.钻进; 4.上提喷浆、强制搅拌; 5.复搅; 6.提杆出孔; 7.钻机移位
−j	CFG 桩	m	依据图纸所示位置和断面尺寸,按图示不同桩径的 CFG 桩长度以米为单位计量	1.场地清理; 2.钻机定位; 3.钻进成孔; 4.CFG 桩混合料拌制; 5.灌注及拔管; 6.桩头处理; 7.钻机移位
−k	Y 形沉管灌注桩	m	依据图纸所示位置和断面尺寸,按图示不同规格的 Y 形沉管灌注桩长度以米为单位计量	1.场地清理; 2.打桩机定位; 3.沉管; 4.混合料拌制; 5.灌注及拔管; 6.桩头处理; 7.打桩机移位

子目号	子目名称	单位	工程量计量	工程内容
-l	薄壁筒形沉管灌注桩	m	依据图纸所示位置和断面尺寸,按图示不同规格的薄壁筒型沉管灌注桩长度以米为单位计量	1.场地清理; 2.打桩机定位; 3.沉管; 4.混合料拌制; 5.灌注及拔管; 6.桩头处理; 7.打桩机移位
-m	静压管桩	m	依据图纸所示位置和断面尺寸,按图示不同规格的静压管桩长度以米为单位计量	1.场地清理; 2.管桩制作; 3.静力压桩机定位; 4.压桩; 5.桩身连接; 6.桩头处理; 7.压桩机移位
-n	强夯及强夯置换			
-n-1	强夯	m²	依据图纸所示位置和处理面积,按图示路堤底面积以平方米为单位计量	1.场地清理; 2.拦截、排除地表水; 3.防止地表水下渗等防渗措施; 4.强夯处理; 5.路基整形; 6.压实; 7.沉降观测
-n-2	强夯置换	m³	依据图纸所示位置,按图示置换的体积以立方米为单位计量	1.场地清理; 2.拦截、排除地表水; 3.防止地表水下渗等防渗措施; 4.挖除材料; 5.铺设置换材料; 6.强夯; 7.路基整形; 8.承载力检测
205-2	红黏土及膨胀土路基处理			
-a	石灰改良土	m³	1.依据图纸所示位置和断面尺寸,对不良填料进行掺石灰改良处理,按不同掺灰量的压实体积,以立方米为单位计量; 2.本条内容仅指石灰改良土作业,包括石灰的购置、运输、消解、拌和、洒水; 3.土石方挖运、摊平、压实、整形在204节计量; 4.包边土方在第204节计量	1.原状土开挖翻松及晾晒; 2.石灰消解; 3.掺灰拌和

续表

子目号	子目名称	单位	工程量计量	工程内容
-b	水泥改良土	m³	1.依据图纸所示位置和断面尺寸,对不良填料进行掺水泥改良处理,按不同掺水泥量的压实体积,以立方米为单位计量; 2.本条内容仅指水泥改良土作业,包括水泥的购置、运输、消解、拌和、洒水; 3.土石方挖运、摊平、压实、整形在204节计量; 4.包边土方在第204节计量	1.原状土开挖翻松及晾晒; 2.水泥消解; 3.掺水泥拌和
205-3	滑坡处理			
-a	清除滑坡体	m³	依据图纸所示位置,按照清除滑坡体土方与石方的天然体积分别以立方米为单位计量	1.地表水引排、防渗、地下水疏导引离; 2.挖除、装载; 3.运输到指定地点堆放; 4.现场清理
205-4	岩溶洞处理			
-a	回填	m³	依据图纸所示位置和范围,按照图纸要求的回填材料的密实体积以立方米为单位计量	1.清除覆土; 2.炸开顶板; 3.地下水疏导引离; 4.挖除充填物; 5.分层回填; 6.碾压、夯实
205-5	湿陷性黄土路基处理			
-a	陷穴处理			
-3-1	灌砂	m³	依据图纸所示位置,按照灌砂的体积,以立方米为单位计量	1.施工排水处理; 2.开挖; 3.灌砂; 4.压实
-a-2	灌水泥砂浆	m³	依据图纸所示位置,按照灌水泥砂浆的体积,以立方米为单位计量	1.施工排水处理; 2.开挖; 3.水泥砂浆拌制; 4.灌水泥砂浆
-b	强夯及强夯置换			
-b-1	强夯	m²	依据图纸所示位置和处理面积,按图示路堤底面积以平方米为单位计量	1.场地清理; 2.拦截、排除地表水; 3.防止地表水下渗等防渗措施; 4.强夯处理; 5.路基整形; 6.压实; 7.沉降观测

子目号	子目名称	单位	工程量计量	工程内容
-b-2	强夯置换	m³	依据图纸所示位置,按图示置换的体积以立方米为单位计量	1.场地清理; 2.拦截、排除地表水; 3.防止地表水下渗等防渗措施; 4.挖除材料; 5.铺设置换材料; 6.强夯; 7.路基整形; 8.承载力检测
-c	石灰改良土	m³	1.依据图纸所示位置和断面尺寸,对不良填料进行掺石灰改良处理,按不同掺灰量的压实体积,以立方米为单位计量; 2.本条内容仅指石灰改良土作业,包括石灰的购置、运输、消解、拌和、洒水; 3.土石方挖运、摊平、压实、整形在204节计量	1.原状土开挖翻松及晾晒; 2.石灰消解; 3.掺灰拌和
-d	灰土桩	m	依据图纸所示位置和断面尺寸,按图示不同直径的灰土桩的长度以米为单位计量	1.场地清理; 2.钻机安装与就位; 3.钻孔; 4.喷(水泥)粉,搅拌; 5.复喷、二次搅拌; 6.桩机移位
205-6	盐渍土路基处理			
-a	垫层			
-a-1	砂垫层	m³	1.依据图纸所示位置和断面尺寸,按图示砂垫层密实体积以立方米为单位计量; 2.因换填而挖除的非适用材料列入203-1相关子目计量	1.基底清理; 2.临时排水; 3.分层铺筑; 4.分层碾压
-a-2	砂砾垫层	m³	1.依据图纸所示位置和断面尺寸,按图示砂砾垫层密实体积以立方米为单位计量; 2.因换填而挖除的非适用材料列入203-1相关子目计量	1.基底清理; 2.临时排水; 3.分层铺筑; 4.分层碾压
-b	土工合成材料			
-b-1	防渗土工膜	m²	1.依据图纸所示位置和规格,按土层中分层铺设防渗土工膜的累计净面积以平方米为单位计量; 2.接缝的重叠面积和边缘的包裹面积不予计量	1.清理下承层; 2.铺设及固定; 3.接缝处理(搭接、缝接、粘接); 4.边缘处理
-b-2	土工格栅	m²	1.依据图纸所示位置和规格、型号,按土层中分层铺设土工格栅的累计净面积以平方米为单位计量; 2.接缝的重叠面积和边缘的包裹面积不予计量	1.清理下承层; 2.铺设及固定; 3.接缝处理(搭接、缝接、粘接); 4.边缘处理

续表

子目号	子目名称	单位	工程量计量	工程内容
205-7	风积沙路基处理			
-a	土工合成材料			
-a-1	土工格栅	m²	1.依据图纸所示位置和规格、型号,按土层中分层铺设土工格栅的累计净面积以平方米为单位计量; 2.接缝的重叠面积和边缘的包裹	1.清理下承层; 2.铺设及固定; 3.接缝处理(搭接、缝接、粘接); 4.边缘处理
-a-2	土工格室	m²	1.依据图纸所示位置和规格、型号,按设置土工格室的累计净面积以平方米为单位计量; 2.接缝的重叠面积和边缘的包裹面积不予计量	1.清理下承层; 2.铺设及固定; 3.接缝处理(搭接、缝接、粘接); 4.边缘处理
-a-3	蜂窝式塑料网	m²	1.依据图纸所示位置和规格、型号,按设置蜂窝式塑料的累计净面积以平方米为单位计量; 2.接缝的重叠面积和边缘的包裹面积不予计量	1.清理下承层; 2.铺设及固定; 3.接缝处理(搭接、缝接、粘接); 4.边缘处理
205-8	冻土路基处理			
-a	隔热层			
-a-1	XPS保温板	m²	依据图纸所示位置和断面形状、尺寸,按图示粘贴的XPS保温板面积,以平方米为单位计量	1.备保温板、运输; 2.裁剪保温板; 3.清理粘贴面; 4.涂刷或批刮黏结胶浆; 5.贴到图示墙面或地面
-b	通风管	m	依据图纸所示位置和断面形状、尺寸,按设置的通风管长度以米为单位计量	1.基础开挖; 2.通风管制作; 3.通风管安装; 4.回填砂砾; 5.压实
-c	热棒	根	依据图纸所示位置和尺寸,按图示设置的热棒数量以根为单位计量	1.场地清理; 2.备水电、材料、机具设备; 3.钻机定位; 4.钻进、成孔; 5.起吊安装热棒; 6.热棒四周灌砂密实; 7.钻机移位
207	坡面排水			
207-1	边沟			
-a	浆砌片石	m³	依据图纸所示位置及断面尺寸,按浆砌片石的体积以立方米为单位计量	1.场地清理; 2.地基平整夯实,断面补挖; 3.铺设垫层; 4.砂浆拌制; 5.浆砌片石、勾缝、抹面、养生; 6.回填

子目号	子目名称	单位	工程量计量	工程内容
-b	浆砌块石	m³	依据图纸所示位置及断面尺寸,按照不同强度等级浆砌块石的体积以立方米为单位计量	1.场地清理; 2.地基平整夯实,断面补挖; 3.铺设垫层; 4.砂浆拌制; 5.浆砌块石、勾缝、抹面、养生; 6.回填
-c	现浇混凝土	m³	依据图纸所示位置及断面尺寸,按照不同强度等级混凝土浇筑的边沟的体积以立方米为单位计量	1.场地清理; 2.地基平整夯实,断面补挖; 3.铺设垫层; 4.模板制作、安装、拆除; 5.钢筋制作与安装; 6.混凝土拌和、运输、浇筑、养生; 7.回填
-d	预制安装混凝土	m³	依据图纸所示位置及断面尺寸,按照不同强度等级混凝土预制的边沟的体积以立方米为单位计量	1.场地清理; 2.地基平整夯实,断面补挖; 3.铺设垫层; 4.模板制作、安装、拆除; 5.预制件预制、运输、装卸; 6.预制件安装; 7.回填
-e	预制安装混凝土盖板	m³	依据图纸所示位置及断面尺寸,按照不同强度等级混凝土预制的盖板体积以立方米为单位计量	1.场地清理; 2.模板制作、安装、拆除; 3.钢筋制作与安装; 4.预制件预制、运输、装卸; 5.预制件安装
-f	干砌片石	m³	依据图纸所示位置及断面尺寸,按干砌片石的体积以立方米为单位计量	1.场地清理; 2.地基平整夯实,断面补挖; 3.铺设垫层; 4.铺砌片石; 5.回填
207-2	排水沟			
-a	浆砌片石	m³	依据图纸所示位置及断面尺寸,按浆砌片石的体积以立方米为单位计量	1.场地清理; 2.地基平整夯实,断面补挖; 3.铺设垫层; 4.砂浆拌制; 5.浆砌片石、勾缝、抹面、养生; 6.回填
-b	浆砌块石	m³	依据图纸所示位置及断面尺寸,按照不同强度等级浆砌块石的体积以立方米为单位计量	1.场地清理; 2.地基平整夯实,断面补挖; 3.铺设垫层; 4.砂浆拌制; 5.浆砌块石、勾缝、抹面、养生; 6.回填

续表

子目号	子目名称	单位	工程量计量	工程内容
-c	现浇混凝土	m³	依据图纸所示位置及断面尺寸,按照不同强度等级混凝土浇筑的排水沟的体积以立方米为单位计量	1.场地清理; 2.地基平整夯实,断面补挖; 3.铺设垫层; 4.模板制作、安装、拆除; 5.钢筋制作与安装; 6.混凝土拌和、运输、浇筑、养生; 7.回填
-d	预制安装混凝土	m³	依据图纸所示位置及断面尺寸,按照不同强度等级混凝土预制的排水沟的体积以立方米为单位计量	1.场地清理; 2.地基平整夯实,断面补挖; 3.铺设垫层; 4.模板制作、安装、拆除; 5.预制件预制、运输、装卸; 6.预制件安装; 7.回填
-e	预制安装混凝土盖板	m³	依据图纸所示位置及断面尺寸,按照不同强度等级混凝土预制的盖板体积以立方米为单位计量	1.场地清理; 2.模板制作、安装、拆除; 3.钢筋制作与安装; 4.预制件预制、运输、装卸; 5.预制件安装
-f	干砌片石	m³	依据图纸所示位置及断面尺寸,按干砌片石的体积以立方米为单位计量	1.场地清理; 2.地基平整夯实,断面补挖; 3.铺设垫层; 4.铺砌片石; 5.回填
207-3	截水沟			
-a	浆砌片石	m³	依据图纸所示位置及断面尺寸,按浆砌片石的体积以立方米为单位计量	1.场地清理; 2.地基平整夯实,断面补挖; 3.铺设垫层; 4.砂浆拌制; 5.浆砌片石、勾缝、抹面、养生; 6.回填
-b	浆砌块石	m³	依据图纸所示位置及断面尺寸,按照不同强度等级浆砌块石的体积以立方米为单位计量	1.场地清理; 2.地基平整夯实,断面补挖; 3.铺设垫层; 4.砂浆拌制; 5.浆砌块石、勾缝、抹面、养生; 6.回填
-c	现浇混凝土	m³	依据图纸所示位置及断面尺寸,按照不同强度等级混凝土浇筑的截水沟的体积以立方米为单位计量	1.场地清理; 2.地基平整夯实,断面补挖; 3.铺设垫层; 4.模板制作、安装、拆除; 5.混凝土拌和、运输、浇筑、养生; 6.回填

子目号	子目名称	单位	工程量计量	工程内容
-d	预制安装混凝土	m³	依据图纸所示位置及断面尺寸,按照不同强度等级混凝土预制的截水沟的体积以立方米为单位计量	1.场地清理; 2.地基平整夯实,断面补挖; 3.铺设垫层; 4.模板制作、安装、拆除; 5.预制件预制、运输、装卸; 6.预制件安装; 7.回填
-e	干砌片石	m³	依据图纸所示位置及断面尺寸,按干砌片石的体积以立方米为单位计量	1.场地清理; 2.地基平整夯实,断面补挖; 3.铺设垫层; 4.铺砌片石; 5.回填
207-4	跌水与急流槽			
-a	干砌片石	m³	依据图纸所示位置及断面尺寸,按干砌片石的体积以立方米为单位计量	1.场地清理; 2.基础开挖; 3.铺设垫层; 4.铺砌片石; 5.回填
-b	浆砌片石	m³	依据图纸所示位置及断面尺寸,按照不同强度等级浆砌片石的体积以立方米为单位计量	1.场地清理; 2.基础开挖; 3.铺设垫层; 4.砂浆拌制; 5.浆砌片石、勾缝、抹面、养生; 6.回填
-c	现浇混凝土	m³	依据图纸所示位置及断面尺寸,按照不同强度等级混凝土浇筑的体积以立方米为单位计量	1.场地清理; 2.地基平整夯实,断面补挖; 3.铺设垫层; 4.模板制作、安装、拆除; 5.混凝土拌和、运输、浇筑、养生; 6.回填
-d	预制安装混凝土	m³	依据图纸所示位置及断面尺寸,按照不同强度等级混凝土预制的体积以立方米为单位计量	1.场地清理; 2.地基平整夯实,跌水与急流槽; 3.急流槽断面补挖; 4.铺设垫层; 5.模板制作、安装、拆除; 6.预制件预制、运输、装卸; 7.预制件安装; 8.回填
207-5	盲沟(渗沟)			

续表

子目号	子目名称	单位	工程量计量	工程内容
-a	盲沟	m	依据图纸所示位置及断面尺寸,分不同类型及规格的盲沟,按长度以米为单位计量	1.基础开挖; 2.进出水口处理; 3.铺设防水材料; 4.铺设透水管; 5.填料填筑及夯实; 6.铺设透水土工材料; 7.回填夯实; 8.现场清理
-b	渗沟	m	依据图纸所示位置及断面尺寸,分不同类型及规格的渗沟,按长度以米为单位计量	1.基础开挖; 2.进出水口处理; 3.铺设防水材料; 4.铺设透水管; 5.填料填筑及夯实; 6.铺设透水土工材料; 7.回填夯实; 8.现场清理
207-6	蒸发池			
-a	挖土(石)方	m³	依据图纸所示地面线、断面尺寸、土石比例,按开挖的天然密实体积以立方米为单位计量	1.场地清理; 2.开挖、集中、装运; 3.施工排水处理; 4.弃方处理
-b	圬工	m³	依据图纸所示位置及断面尺寸,分不同类型及强度等级,按圬工体积以立方米为单位计量	1.场地清理; 2.基坑开挖及弃方处理; 3.地基平整夯实,断面补挖; 4.浆砌片石、勾缝、抹面、养生; 5.回填
207-7	涵洞上下游改沟、改渠铺砌			
-a	浆砌片石铺砌	m³	依据图纸所示位置及断面尺寸,按照不同强度等级水泥砂浆铺砌的片石体积以立方米为单位计量	1.场地清理; 2.地基平整夯实,沟、渠断面补挖; 3.铺设垫层; 4.砂浆拌制; 5.浆砌片石、勾缝、抹面、养生; 6.回填
-b	现浇混凝土铺砌	m³	依据图纸所示位置及断面尺寸,按照不同强度等级混凝土浇筑的沟、渠铺砌体积以立方米为单位计量	1.场地清理; 2.地基平整夯实,沟、渠断面补挖; 3.铺设垫层; 4.模板制作、安装、拆除; 5.混凝土拌和、运输、浇筑、养生; 6.回填

子目号	子目名称	单位	工程量计量	工程内容
-c	预制混凝土铺砌	m³	依据图纸所示位置及断面尺寸,按照不同强度等级混凝土预制的沟、渠铺砌的体积以立方米为单位计量	1.场地清理; 2.地基平整夯实,沟、渠断面补挖; 3.铺设垫层; 4.模板制作、安装、拆除; 5.预制件预制、运输、装卸; 6.预制件安装; 7.回填
207-8	现浇混凝土坡面排水结构物	m³	依据图纸所示位置及断面尺寸,按照不同强度等级混凝土浇筑的坡面排水结构物的体积以立方米为单位计量	1.场地清理; 2.地基平整夯实,坡面排水结构物断面补挖; 3.铺设垫层; 4.模板制作、安装、拆除; 5.混凝土拌和、运输、浇筑、养生; 6.回填
207-9	预制混凝土坡面排水结构物	m³	依据图纸所示位置及断面尺寸,按照不同强度等级混凝土预制的坡面排水结构物的体积以立方米为单位计量	1.场地清理; 2.地基平整夯实,坡面排水结构物断面补挖; 3.铺设垫层; 4.模板制作、安装、拆除; 5.预制件预制、运输、装卸; 6.预制件安装; 7.回填
207-10	仰斜式排水孔			
-a	钻孔	m	依据图纸所示位置及孔径,按照不同孔径排水孔长度以米为单位计量	1.搭拆脚手架; 2.安拆钻机; 3.布眼、钻孔、清孔; 4.现场清理
-b	排水管	m	依据图纸所示位置及排水管材质,按照不同管径排水管长度以米为单位计量	1.搭拆脚手架; 2.管体制作、包裹渗水土工布; 3.安装排水管,排水口处理; 4.现场清理
-c	软式透水管	m	依据图纸所示位置及排水管材质,按照不同管径排水管长度以米为单位计量	1.搭拆脚手架; 2.管体制作、包裹渗水土工布(反滤膜); 3.安装透水管,排水口处理; 4.现场清理
208	护坡、护面墙			
208-1	护坡垫层	m³	依据图纸所示位置和密实厚度,按照不同材料类别的垫层体积以立方米为单位计量	1.坡面清理、修整; 2.垫层材料铺筑; 3.压实、捣固; 4.弃渣处理

续表

子目号	子目名称	单位	工程量计量	工程内容
208-2	干砌片石护坡	m³	1.依据图纸所示位置和铺砌厚度,扣除急流槽所占部分,以立方米为单位计量; 2.含碎落台、护坡平台满铺干砌片石数量	1.清理边坡,坡面夯实,基础开挖; 2.铺砌片石; 3.回填; 4.清理现场
208-3	浆砌片石护坡			
-a	满铺浆砌片石护坡	m³	1.依据图纸所示位置和铺砌厚度、水泥砂浆强度,按照铺砌体积以立方米为单位计量; 2.含碎落台、护坡平台满铺浆砌片石数量; 3.扣除急流槽所占体积	1.清理边坡,坡面夯实,基础开挖; 2.浆砌片石; 3.勾缝、抹面、养生; 4.回填; 5.清理现场
-b	浆砌骨架护坡	m³	1.依据图纸所示位置和铺砌厚度、骨架形式、水泥砂浆强度,按照护坡体体积以立方米为单位计量; 2.含碎落台、护坡平台浆砌骨架数量; 3.扣除急流槽所占体积。	1.清理边坡,坡面夯实,基础开挖; 2.浆砌片石; 3.勾缝、抹面、养生; 4.回填; 5.清理现场
-c	现浇混凝土	m³	依据图纸所示位置及断面尺寸,按照不同强度等级混凝土浇筑的现浇混凝土体积以立方米为单位计量	1.清理边坡,坡面夯实,基坑开挖; 2.模板制作、安装、拆除; 3.混凝土拌和、运输、浇筑、养生; 4.回填; 5.清理现场
208-4	混凝土护坡			
-a	现浇混凝土满铺护坡	m³	1.依据图纸所示位置及断面尺寸,按照不同强度等级混凝土浇筑的实体体积以立方米为单位计量; 2.含碎落台、护坡平台满铺混凝土数量; 3.扣除急流槽所占体积。	1.清理边坡,坡面夯实,基坑开挖; 2.模板制作、安装、拆除; 3.混凝土拌和、运输、浇筑、养生; 4.回填; 5.清理现场
-b	混凝土预制件满铺护坡	m³	1.依据图纸所示位置和构造尺寸,按照不同强度等级混凝土预制件铺砌坡面的实体体积以立方米为单位计量; 2.含碎落台、护坡平台满铺混凝土数量; 3.扣除急流槽所占体积	1.清理边坡,坡面夯实,基坑开挖; 2.预制场建设; 3.预制件预制、运输、装卸; 4.预制件安装; 5.回填; 6.清理现场
-c	现浇混凝土骨架护坡	m³	依据图纸所示位置及断面尺寸,按照不同强度等级混凝土浇筑的骨架护坡体积以立方米为单位计量	1.清理边坡,坡面夯实; 2.基坑开挖; 3.模板制作、安装、拆除; 4.混凝土拌和、运输、浇筑、养生; 5.回填; 6.清理现场

续表

子目号	子目名称	单位	工程量计量	工程内容
-d	混凝土预制件骨架护坡	m³	依据图纸所示位置和构造尺寸,按照不同强度等级混凝土预制件骨架护坡的体积以立方米为单位计量	1.清理边坡,坡面夯实,基坑开挖; 2.预制场建设; 3.预制件预制、运输、装卸; 4.预制件安装; 5.回填; 6.清理现场
-e	浆砌片石	m³	依据图纸所示位置和铺砌厚度,按照不同强度等级水泥砂浆砌筑的浆砌片石护坡体积以立方米为单位计量	1.清理边坡,坡面夯实,基础开挖; 2.浆砌片石; 3.勾缝、抹面、养生; 4.回填; 5.清理现场
208-5	护面墙			
-a	浆砌片(块)石护面墙	m³	1.依据图纸所示位置和断面尺寸,按图示不同强度等级水泥砂浆砌片(块)石体积以立方米为单位计量; 2.不扣除沉降缝、泄水孔、预埋件所占体积	1.基坑开挖、地基平整夯实、废方弃运; 2.边坡清理夯实; 3.浆砌片石,设泄水孔及其滤水层; 4.接缝处理; 5.勾缝、抹面、墙背排水设施设置、填料分层填筑; 6.清理现场
-b	现浇混凝土护面墙	m³	1.依据图纸所示位置和断面尺寸,按图示不同强度等级混凝土体积以立方米为单位计量; 2.不扣除沉降缝、泄水孔、预埋件所占体积	1.场地清理; 2.基坑开挖,地基平整夯实,废方弃运; 3.边坡清理夯实; 4.模板制作、安装、拆除; 5.混凝土拌和、运输、浇筑、养生; 6.泄水孔及其滤水层、沉降缝设置; 7.墙背排水设施设置、填料分层填筑; 8.清理现场
-c	预制安装混凝土护面墙	m³	1.依据图纸所示位置及断面尺寸,按照不同强度等级混凝土预制件体积以立方米为单位计量; 2.不扣除沉降缝、泄水孔、预埋件所占体积	1.预制场建设; 2.预制件预制、运输、装卸; 3.预制件安装; 4.墙背排水设施设置、填料分层填筑; 5.清理现场
208-6	封面			
-a	封面	m²	依据图纸所示位置及断面尺寸,按照不同厚度的封面面积以平方米为单位计量	1.坡面清理; 2.封面施工; 3.清理现场
208-7	捶面			

续表

子目号	子目名称	单位	工程量计量	工程内容
-a	捶面	m²	依据图纸所示位置及断面尺寸,按照不同厚度的捶面面积以平方米为单位计量	1.坡面清理; 2.捶面施工; 3.清理现场
208-8	坡面柔性防护			
-a	主动防护系统	m²	1.依据图纸所示,按主动防护系统防护的坡面面积以平方米为单位计量; 2.网片搭接部分作为附属工作,不另行计量	1.坡面清理; 2.脚手架安设、拆除、完工清理和保养; 3.支撑绳穿绳、张拉、固定; 4.挂网、网片连接、缝合、固定; 5.钻孔、清孔、套管装拔,锚杆制作、安装、锚固、锚头处理; 6.浆液制备、注浆、养护; 7.网面调整
-b	被动防护系统	m²	1.依据图纸所示,按被动防护系统网面面积以平方米为单位计量; 2.网片搭接部分作为附属工作,不另行计量	1.坡面清理; 2.基础及立柱施工; 3.支撑绳穿绳、张拉、固定; 4.挂网、网片连接、缝合、固定; 5.钻孔、清孔、套管装拔,锚杆制作、安装、锚固、锚头处理; 6.浆液制备、注浆、养护; 7.网面调整
209	挡土墙			
209-1	垫层	m³	依据图纸所示位置及垫层密实厚度,按照不同材料的垫层体积以立方米为单位计量	1.基底清理; 2.临时排水; 3.铺筑垫层; 4.夯实
209-2	基础			
-a	浆砌片(块)石基础	m³	依据图纸所示位置和断面尺寸,按图示不同强度等级水泥砂浆砌石体积以立方米为单位计量	1.基坑开挖、清理、平整、夯实,废方弃运; 2.拌、运砂浆; 3.砌筑、养生; 4.回填
-b	混凝土基础	m³	依据图纸所示位置和断面尺寸,按图示不同强度等级混凝土体积以立方米为单位计量	1.基坑开挖、清理、平整、夯实; 2.混凝土制作、运输; 3.浇筑、振捣; 4.养生; 5.回填; 6.清理现场
209-3	砌体挡土墙			

子目号	子目名称	单位	工程量计量	工程内容
-a	浆砌片（块）石	m³	1.依据图纸所示位置和断面尺寸,按图示不同强度等级水泥砂浆砌石体积以立方米为单位计量; 2.不扣除沉降缝、泄水孔、预埋件所占体积	1.基坑开挖、清理、平整、夯实; 2.浆砌片（块）石,设泄水孔及其滤水层; 3.接缝处理; 4.勾缝、抹面、墙背排水设施设置、墙背填料分层填筑; 5.清理、废方弃运
209-4	干砌挡土墙	m³	1.依据图纸所示位置和断面尺寸,按图示干砌体积以立方米为单位计量; 2.不扣除沉降缝、泄水孔所占体积	1.基坑开挖、清理、平整、夯实; 2.砌筑片（块）石,泄水孔及其滤水层; 3.接缝处理; 4.抹面; 5.墙背排水设施设置、墙 6.背填料分层填筑; 7.清理、废方弃运
209-5	混凝土挡土墙			
-a	混凝土	m³	1.依据图纸所示位置和断面尺寸,按图示不同强度等级混凝土体积以立方米为单位计量; 2.不扣除沉降缝、泄水孔、预埋件所占体积	1.基坑开挖、清理、平整、夯实; 2.模板制作、安装、拆除; 3.混凝土拌和、运输、浇筑、养生; 4.泄水孔及其滤水层、沉降缝设置; 5.墙背填料分层填筑; 6.清理,弃方处理
-b	钢筋	kg	1.依据图纸所示及钢筋表所列钢筋质量,质量以千克为单位计量; 2.固定钢筋的材料、定位架立钢筋、钢筋接头、吊装钢筋、钢板、铁丝作为钢筋作业的附属工作,不另行计量	1.钢筋的保护、储存及除锈; 2.钢筋整直、接头; 3.钢筋截断、弯曲; 4.钢筋安设、支承及固定
210	锚杆、锚定板挡土墙			
210-1	锚杆挡土墙			
-a	现浇混凝土立柱	m³	依据图纸所示位置及断面尺寸,按照不同强度等级混凝土体积以立方米为单位计量	1.基坑开挖、清理、平整、夯实; 2.模板制作、安装、拆除; 3.混凝土拌和、运输、浇筑、养生; 4.锚头制作、防锈及防水封闭; 5.清理现场
-b	预制安装混凝土立柱	m³	依据图纸所示位置及断面尺寸,按照不同强度等级混凝土立柱体积以立方米为单位计量	1.基础开挖; 2.预制场建设; 3.预制件预制、运输、装卸; 4.预制件安装; 5.锚头制作、防锈及防水封闭; 6.清理现场

续表

子目号	子目名称	单位	工程量计量	工程内容
-c	预制安装混凝土挡板	m³	依据图纸所示位置和断面尺寸,按图示不同强度等级混凝土体积以立方米为单位计量	1.沟槽开挖; 2.预制场建设; 3.预制件预制、运输、装卸; 4.预制件安装; 5.墙背回填及墙背排水系统施工; 6.清理,弃方处理
210-2	锚定板挡土墙			
-a	现浇混凝土肋柱	m³	依据图纸所示位置及断面尺寸,按照不同强度等级混凝土体积以立方米为单位计量	1.基坑开挖、清理、平整、夯实; 2.模板制作、安装、拆除; 3.混凝土拌和、运输、 4.浇筑、养生; 5.锚头制作、防锈及防水封闭; 6.清理现场
-b	预制安装混凝土肋柱	m³	依据图纸所示位置及断面尺寸,按照不同强度等级混凝土体积以立方米为单位计量	1.基础开挖; 2.预制场建设; 3.预制件预制、运输、 4.装卸; 5.预制件安装; 6.锚头制作、防锈及防水封闭; 7.清理现场
-c	预制安装混凝土锚定板	m³	依据图纸所示位置及断面尺寸,按照不同强度等级混凝土体积以立方米为单位计量	1.沟槽开挖; 2.预制场建设; 3.预制件预制、运输、装卸; 4.预制件安装; 5.墙背回填及墙背排水系统施工; 6.清理现场
210-3	现浇墙身混凝土、附属部位混凝土			
-a	现浇混凝土墙身	m³	1.依据图纸所示位置和断面尺寸,按图示不同强度等级混凝土体积以立方米为单位计量; 2.不扣除沉降缝、泄水孔、预埋件所占体积	1.模板制作、安装、拆除; 2.混凝土拌和、运输、浇筑、养生; 3.墙背回填及墙背排水系统施工; 4.清理现场
-b	现浇附属部位混凝土	m³	依据图纸所示断面尺寸,按照不同强度等级混凝土体积以立方米为单位计量	1.模板制作、安装、拆除; 2.混凝土拌和、运输、浇筑、养生; 3.清理现场
210-4	现浇桩基混凝土	m³	1.依据图纸所示位置及断面尺寸,按照不同强度等级混凝土体积以立方米为单位计量; 2.护壁混凝土为桩基混凝土的附属工作,不另行计量	1.钻孔; 2.模板制作、安装、拆除; 3.护壁及桩身混凝土拌和、运输、浇筑、养生; 4.墙背回填、压实、排水措施施工; 5.清理现场
210-5	锚杆及拉杆			

续表

子目号	子目名称	单位	工程量计量	工程内容
-a	锚杆	kg	依据图纸所示位置,按照锚杆设计长度和规格计算质量,质量以千克为单位计量	1.坡面清理; 2.钻孔; 3.制作安放锚杆; 4.灌浆; 5.拉拔试验; 6.锚固; 7.锚头处理
-b	拉杆	kg	依据图纸所示位置,按照拉杆设计长度和规格计算质量,质量以千克为单位计量	1.拉杆沟槽开挖、废方弃运; 2.拉杆制作、防锈处理、安装; 3.拉杆与肋柱、锚定板连接处的防锈处理; 4.锚头制作、防锈处理、防水封闭、养生
210-6	钢筋	kg	1.依据图纸所示及钢筋表所列钢筋质量,质量以千克为单位计量; 2.固定钢筋的材料、定位架立钢筋、钢筋接头、吊装钢筋、钢板、铁丝作为钢筋作业的附属工作,不另行计量	1.钢筋的保护、储存及除锈; 2.钢筋整直、接头; 3.钢筋截断、弯曲; 4.钢筋安设、支承及固定
211	加筋土挡土墙			
211-1	基础			
-a	浆砌片石基础	m³	依据图纸所示位置和断面尺寸,按图示不同强度等级水泥砂浆砌石体积以立方米为单位计量	1.基坑开挖、清理、平整、夯实,废方弃运; 2.拌、运砂浆; 3.砌筑; 4.养生; 5.回填
-b	混凝土基础	m³	依据图纸所示位置和断面尺寸,按图示不同强度等级混凝土体积以立方米为单位计量	1.基坑开挖、清理、平整、夯实; 2.混凝土制作、运输; 3.浇筑、振捣; 4.养生; 5.回填; 6.清理现场
211-2	混凝土帽石			
-a	现浇帽石混凝土	m³	依据图纸所示断面尺寸,按照不同强度等级混凝土体积以立方米为单位计量	1.模板制作、安装、拆除; 2.混凝土拌和、运输、浇筑、养生; 3.清理现场
211-3	预制安装混凝土墙面板	m³	1.依据图纸所示位置及断面尺寸,按照不同强度等级混凝土体积以立方米为单位计量; 2.加筋土挡土墙的路堤填料第204节计量	1.沟槽开挖; 2.预制场建设; 3.预制件预制、运输、装卸; 4.预制件安装; 5.墙背回填(不含路堤填料的回填)及墙背排水系统施工; 6.清理现场

续表

子目号	子目名称	单位	工程量计量	工程内容
211-4	加筋带			
-a	扁钢带	kg	依据图纸所示位置和断面尺寸,按铺设数量换算为质量,质量以千克为单位计量	1.场地清理; 2.铺设加筋带; 3.填料摊平; 4.分层压实
-b	钢筋混凝土带	m³	1.依据图纸所示位置和断面尺寸,按不同强度等级混凝土体积以立方米为单位计量; 2.混凝土中的钢筋作为加筋带的附属工作,不另行计量	1.场地清理; 2.铺设加筋带; 3.填料摊平; 4.分层压实
-c	塑钢复合带	kg	依据图纸所示位置和断面尺寸,按铺设数量换算为质量,质量以千克为单位计量	1.场地清理; 2.铺设加筋带; 3.填料摊平; 4.分层压实
-d	塑料土工格栅	m²	1.依据图纸所示位置和规格、型号,按土层中分层铺设土工格栅的累计净面积以平方米为单位计量; 2.接缝的重叠面积和边缘的包裹面积不予计量	1.场地清理; 2.铺设加筋带; 3.填料摊平; 4.分层压实
-e	聚丙烯土工带	kg	依据图纸所示位置和断面尺寸,按铺设数量换算为质量,质量以千克为单位计量	1.场地清理; 2.铺设加筋带; 3.填料摊平; 4.分层压实
211-5	钢筋	kg	1.依据图纸所示及钢筋表所列钢筋质量,质量以千克为单位计量; 2.固定钢筋的材料、定位架立钢筋、钢筋接头、吊装钢筋、钢板、铁丝作为钢筋作业的附属工作,不另行计量; 3.加筋带中的钢筋不另行计量	1.钢筋的保护、储存及除锈; 2.钢筋整直、接头; 3.钢筋截断、弯曲; 4.钢筋安设、支承及固定
212	喷射混凝土和喷浆边坡防护			
212-1	挂网土工格栅喷浆防护边坡			
-a	喷浆防护边坡	m²	依据图纸所示位置及砂浆强度等级,按照不同厚度喷浆防护面积以平方米为单位计量	1.岩面清理; 2.设备安装与拆除; 3.水泥砂浆拌制; 4.喷射; 5.养护
-b	铁丝网	kg	1.依据图纸所示位置,按照设计数量以千克为单位计量; 2.因搭接而增加的铁丝网不予计量	1.清理坡面; 2.铁丝网安设、支承及固定

子目号	子目名称	单位	工程量计量	工程内容
-c	土工格栅	m²	1.依据图纸所示位置和规格、型号,按分层铺设土工格栅的累计净面积以平方米为单位计量; 2.接缝的重叠面积和边缘的包裹面积不予计量	1.清理坡面; 2.铺设; 3.接缝处理(搭接、缝接、粘接)
-d	锚杆	kg	依据图纸所示位置,按照锚杆设计长度和规格计算质量以千克为单位计量	1.清理坡面; 2.钻孔; 3.制作安放锚杆; 4.灌浆
212-2	挂网锚喷混凝土防护边坡(全坡面)			
-a	喷射混凝土防护边坡	m²	依据图纸所示位置及混凝土浆强度等级,按照不同厚度喷射混凝土防护面积以平方米为单位计量	1.岩面清理; 2.设备安装与拆除; 3.混凝土拌制; 4.喷射; 5.沉降缝设置; 6.养护
-b	钢筋网	kg	1.依据图纸所示位置,按照设计数量以千克为单位计量; 2.因搭接而增加的钢筋网不予计量	1.清理坡面; 2.钢筋网安设、支承及固定
-c	铁丝网	kg	1.依据图纸所示位置,按照设计数量以千克为单位计量; 2.因搭接而增加的铁丝网不予计量	1.清理坡面; 2.铁丝网安设、支承及固定
-d	土工格栅	m²	1.依据图纸所示位置和规格、型号,按分层铺设土工格栅的累计净面积以平方米为单位计量; 2.接缝的重叠面积和边缘的包裹面积不予计量	1.清理坡面; 2.铺设; 3.接缝处理(搭接、缝接、粘接)
-e	锚杆	kg	依据图纸所示位置,按照锚杆设计长度和规格计算质量以千克为单位计量	1.清理坡面; 2.钻孔; 3.制作安放锚杆; 4.灌浆
212-3	坡面防护			
-a	喷浆边坡防护	m²	依据图纸所示位置及砂浆强度等级,按照不同厚度喷浆防护面积以平方米为单位计量	1.岩面清理; 2.设备安装与拆除; 3.水泥砂浆拌制; 4.喷射; 5.养护
-b	喷射混凝土边坡防护	m²	依据图纸所示位置及混凝土强度等级,按照不同厚度喷射混凝土面积以平方米为单位计量	1.岩面清理; 2.设备安装与拆除; 3.混凝土拌制; 4.喷射; 5.养护
212-4	土钉支护			

续表

子目号	子目名称	单位	工程量计量	工程内容
-a	钻孔注浆钉	m	依据图纸所示位置,按图示不同直径的土钉钻孔桩长度以米为单位计量	1.清理坡面; 2.钻孔; 3.制作安放土钉钢筋; 4.浆体配置、运输、注浆
-b	击入钉	m	依据图纸所示位置,按图示金属击入桩的质量以千克为单位计量	1.清理坡面; 2.土钉制作; 3.土钉击入
-c	喷射混凝土	m²	依据图纸所示位置及混凝土强度等级,按照不同厚度喷射混凝土面积以平方米为单位计量	1.清理坡面; 2.混凝土拌制; 3.喷射混凝土; 4.沉降缝设置; 5.养护
-d	钢筋	kg	1.依据图纸所示及钢筋表所列钢筋质量以千克为单位计量; 2.固定钢筋的材料、定位架立钢筋、钢筋接头、铁丝作为钢筋作业的附属工作,不另行计量; 3.土钉用钢材不予计量	1.钢筋的保护、储存及除锈; 2.钢筋整直、接头; 3.钢筋截断、弯曲; 4.钢筋安设、支承及固定
-e	钢筋网	kg	1.依据图纸所示位置,按照设计数量以千克为单位计量; 2.因搭接而增加的钢筋网不予计量	1.清理坡面; 2.钢筋网安设、支承及固定
-f	网格梁、立柱、挡土板	m³	依据图纸所示位置及断面尺寸,按照混凝土体积以立方米为单位计量	1.边坡清理及土槽开挖; 2.模板制作、安装、拆除; 3.混凝土制作、运输、浇筑、养生; 4.清理现场
-g	土工格栅	m²	1.依据图纸所示位置和规格、型号,按分层铺设土工格栅的累计净面积以平方米为单位计量; 2.接缝的重叠面积和边缘的包裹面积不予计量	1.清理坡面; 2.铺设; 3.接缝处理(搭接、缝接、粘接)
213	预应力锚索边坡加固			
213-1	预应力钢绞线	m	依据图纸所示位置和钢绞线规格,按照各类锚索锚固端底至锚具外侧的长度,以米为单位计量	1.坡面清理; 2.脚手架安设、拆除、完工清理和保养; 3.钻孔、清孔; 4.锚索成束、支架及导向头制作安装、锚固; 5.浆液制备、注浆、养护; 6.锚头防腐处理、封锚

子目号	子目名称	单位	工程量计量	工程内容
213-2	无黏接预应力钢绞线	m	依据图纸所示位置和钢绞线规格,按照各类锚索锚固端底至锚具外侧的长度,以米为单位计量	1.坡面清理; 2.脚手架安设、拆除、完工清理和保养; 3.钻孔、清孔; 4.锚索成束、支架及导向头制作安装、锚固; 5.浆液制备、注浆、养护; 6.锚头防腐处理、封锚
213-3	锚杆			
-a	钢筋锚杆	kg	依据图纸所示位置和规格、型号,按照安装的锚杆质量以千克为单位计量	1.坡面清理; 2.脚手架安设、拆除、完工清理和保养; 3.钻孔、清孔、套管装拔; 4.锚杆制作、安装、锚固、锚头处理; 5.浆液制备、注浆、养护
-b	预应力钢筋锚杆	kg	依据图纸所示位置和规格、型号,按照安装的锚杆质量以千克为单位计量	1.坡面清理; 2.脚手架安设、拆除、完工清理和保养; 3.钻孔、清孔、套管装拔; 4.锚杆制作、安装; 5.浆液制备、一次注浆、锚固; 6.张拉、二次注浆
213-4	混凝土框格梁	m^3	依据图纸所示位置及断面尺寸,按照不同强度等级混凝土浇筑体积以立方米为单位计量	1.边坡清理; 2.模板制作、安装、拆除; 3.混凝土制作、运输、浇筑、养生; 4.清理现场
213-5	混凝土锚固板	m^3	依据图纸所示位置及断面尺寸,按照不同强度等级混凝土浇筑体积以立方米为单位计量	1.边坡清理; 2.模板制作、安装、拆除; 3.混凝土制作、运输、浇筑、养生; 4.清理现场
213-6	钢筋	kg	1.依据图纸所示及钢筋表所列钢筋质量以千克为单位计量; 2.固定钢筋的材料、定位架立钢筋、钢筋接头、吊装钢筋、钢板、铁丝作为钢筋作业的附属工作,不另行计量	1.钢筋的保护、储存及除锈; 2.钢筋整直、接头; 3.钢筋截断、弯曲; 4.钢筋安设、支承及固定
214	抗滑桩			
214-1	现浇混凝土桩			
-a	混凝土	m^3	1.依据图纸所示位置及断面尺寸,按照不同强度等级混凝土体积以立方米为单位计量; 2.护壁混凝土及护壁钢筋为桩基混凝土的附属工作,不另行计量; 3.声测管为现浇混凝土桩的附属工作,不另行计量	1.场地清理; 2.成孔; 3.模板制作、安装、拆除; 4.护壁及桩身混凝土制作、运输、浇筑、养生; 5.桩的无损检测; 6.清理现场

续表

子目号	子目名称	单位	工程量计量	工程内容
214-2	桩板式抗滑挡墙			
-a	挡土板	m³	依据图纸所示位置及断面尺寸,按照不同强度等级混凝土体积以立方米为单位计量	1.沟槽开挖; 2.预制场建设; 3.预制件预制、运输、装卸; 4.预制件安装; 5.墙背回填及墙背排水系统施工; 6.清理现场
214-3	钢筋	kg	1.依据图纸所示及钢筋表所列钢筋质量以千克为单位计量; 2.固定钢筋的材料、定位架立钢筋、钢筋接头、吊装钢筋、钢板、铁丝作为钢筋作业的附属工作,不另行计量; 3.抗滑桩的护壁钢筋不予计量	1.钢筋的保护、储存及除锈; 2.钢筋整直、接头; 3.钢筋截断、弯曲; 4.钢筋安设、支承及固定
215	河道防护			
215-1	河床铺砌			
-a	浆砌片石铺砌	m³	依据图纸所示位置和断面尺寸,按图示不同强度等级水泥砂浆铺砌体积以立方米为单位计量	1.临时排水; 2.基坑开挖; 3.拌、运砂浆; 4.砌筑; 5.养生; 6.清理现场
-b	混凝土铺砌	m³	依据图纸所示位置及断面尺寸,按照不同强度等级混凝土铺筑的体积以立方米为单位计量	1.临时排水; 2.基坑开挖; 3.模板制作、安装、拆除; 4.混凝土拌和、运输、浇筑、养生; 5.清理现场
215-3	导流设施(护岸墙、顺坝、丁坝、调水坝、锥坡)			
-a	浆砌片石	m³	图纸所示位置和断面尺寸,按图示不同强度等级水泥砂浆砌石体积以立方米为单位计量	1.围堰、临时排水工程施工; 2.基坑修整、清理夯实,废方弃运; 3.拌、运砂浆; 4.砌筑、勾缝、抹面、养生; 5.墙背回填、夯实
-b	混凝土	m³	依据图纸所示位置及断面尺寸,按照不同强度等级混凝土浇筑的体积以立方米为单位计量	1.围堰、临时排水工程施工; 2.基坑修整、清理夯实,废方弃运; 3.模板制作、安装、拆除、修理及保养; 4.混凝土制作、运输、浇筑、振捣、养生; 5.墙背回填、夯实

子目号	子目名称	单位	工程量计量	工程内容
-c	石笼	m³	1.依据图纸所示位置和构造类型、结构尺寸,按照实际铺筑的石笼防护体积以立方米为单位计量; 2.石笼钢筋(铁丝)网片不另行计量,含在石笼报价之中	1.备材料及补助设施; 2.编织网片、装入块石、封闭成石笼; 3.抛到图纸指定处; 4.石笼间连接牢固
215-4	抛石防护	m³	依据图纸所示位置和断面尺寸,按照抛填石料体积以立方米为单位计量	1.移船定位; 2.抛填; 3.测量检查

3.第300章　路面

子目号	子目名称	单位	工程量计量	工程内容
302	垫层			
302-1	碎石垫层	m²	依据图纸所示压实厚度,按照铺筑的顶面面积以平方米为单位计量	1.检查、清除路基上的浮土、杂物,并洒水湿润; 2.摊铺; 3.整平、整形; 4.洒水、碾压、整修
302-2	砂砾垫层	m²	依据图纸所示压实厚度,按照铺筑的顶面面积以平方米为单位计量	1.检查、清除路基上的浮土、杂物,并洒水湿润; 2.摊铺; 3.整平、整形; 4.洒水、碾压、整修
302-3	水泥稳定土垫层	m²	依据图纸所示压实厚度,按照铺筑的顶面面积以平方米为单位计量	1.检查、清除路基上的浮土、杂物,并洒水湿润; 2.拌和、运输、摊铺; 3.整平、整形; 4.洒水、碾压、整修、初期养护
302-4	石灰稳定土垫层	m²	依据图纸所示压实厚度,按照铺筑的顶面面积以平方米为单位计量	1.检查、清除路基上的浮土、杂物,并洒水湿润; 2.拌和、运输、摊铺; 3.整平、整形; 4.洒水、碾压、整修、初期养护
303	石灰稳定土底基层、基层			
303-1	石灰稳定土底基层	m²	依据图纸所示压实厚度,按照铺筑的顶面面积以平方米为单位计量	1.检查、清理下承层、洒水; 2.拌和、运输、摊铺; 3.整平、整形; 4.洒水、碾压、初期养护
303-2	搭板、埋板下石灰稳定土底基层	m³	依据图纸所示尺寸、范围,按照铺筑体积以立方米为单位计量	1.检查、清理下承层、洒水; 2.拌和、运输、摊铺; 3.整平、整形; 4.洒水、碾压、初期养护

续表

子目号	子目名称	单位	工程量计量	工程内容
303-3	石灰稳定土基层	m²	依据图纸所示压实厚度,按照铺筑的顶面面积以平方米为单位计量	1.检查、清理下承层、洒水; 2.拌和、运输、摊铺; 3.整平、整形; 4.洒水、碾压、初期养护
304	水泥稳定土底基层、基层			
304-1	水泥稳定土底基层	m²	依据图纸所示压实厚度,按照铺筑的顶面面积以平方米为单位计量	1.检查、清理下承层、洒水; 2.拌和、运输、摊铺; 3.整平、整形; 4.洒水、碾压、初期养护
304-2	搭板、埋板下水泥稳定土底基层	m³	依据图纸所示尺寸、范围,按照铺筑体积以立方米为单位计量	1.检查、清理下承层、洒水; 2.拌和、运输、摊铺; 3.整平、整形; 4.洒水、碾压、初期养护
304-3	水泥稳定土基层	m²	依据图纸所示压实厚度,按照铺筑的顶面面积以平方米为单位计量	1.检查、清理下承层、洒水; 2.拌和、运输、摊铺; 3.整平、整形; 4.洒水、碾压、初期养护
305	石灰粉煤灰稳定土底基层、基层			
305-1	石灰粉煤灰稳定土底基层	m²	依据图纸所示压实厚度,按照铺筑的顶面面积以平方米为单位计量	1.检查、清理下承层、洒水; 2.拌和、运输、摊铺; 3.整平、整形; 4.洒水、碾压、初期养护
305-2	搭板、埋板下石灰粉煤灰稳定土底基层	m³	依据图纸所示尺寸、范围,按照铺筑体积以立方米为单位计量	1.检查、清理下承层、洒水; 2.铺筑材料拌和、运输、摊铺; 3.整平、整形; 4.洒水、碾压、初期养护
305-3	石灰粉煤灰稳定土基层	m²	依据图纸所示压实厚度,按照铺筑的顶面面积以平方米为单位计量	1.检查、清理下承层、洒水; 2.铺筑材料拌和、运输、摊铺; 3.整平、整形; 4.洒水、碾压、初期养护
305-4	石灰煤渣稳定土基层	m²	依据图纸所示压实厚度,按照铺筑的顶面面积以平方米为单位计量	1.检查、清理下承层、洒水; 2.铺筑材料拌和、运输、摊铺; 3.整平、整形; 4.洒水、碾压、初期养护
306	级配碎(砾)石底基层、基层			
306-1	级配碎石底基层	m²	依据图纸所示压实厚度,按照铺筑的顶面面积以平方米为单位计量	1.检查、清理下承层、洒水; 2.铺筑材料拌和、运输、摊铺; 3.整平、整形; 4.洒水、碾压

子目号	子目名称	单位	工程量计量	工程内容
306-2	搭板、埋板下级配碎石底基层	m³	依据图纸所示尺寸、范围,按照铺筑体积以立方米为单位计量	1.检查、清理下承层、洒水; 2.铺筑材料拌和、摊铺; 3.整平、整形; 4.洒水、碾压
306-3	级配碎石基层	m²	依据图纸所示压实厚度,按照铺筑的顶面面积以平方米为单位计量	1.检查、清理下承层、洒水; 2.铺筑材料拌和、运输、摊铺; 3.整平、整形; 4.洒水、碾压
306-4	级配砾石底基层	m²	依据图纸所示压实厚度,按照铺筑的顶面面积以平方米为单位计量	1.检查、清理下承层、洒水; 2.铺筑材料拌和、运输、摊铺; 3.整平、整形; 4.洒水、碾压
306-5	搭板、埋板下级配砾石底基层	m³	依据图纸所示尺寸、范围,按照铺筑体积以立方米为单位计量	1.检查、清理下承层、洒水; 2.铺筑材料拌和、运输、摊铺; 3.整平、整形; 4.洒水、碾压
306-6	级配砾石基层	m²	依据图纸所示压实厚度,按照铺筑的顶面面积以平方米为单位计量	1.检查、清理下承层、洒水; 2.铺筑材料拌和、运输、摊铺; 3.整平、整形; 4.洒水、碾压
307	沥青稳定碎石基层(ATB)			
307-1	沥青稳定碎石基层(ATB)	m²	依据图纸所示级配类型、铺筑压实厚度按照铺筑的顶面面积以平方米为单位计量	1.检查和清理下承层; 2.拌和设备安装、调试、拆除; 3.沥青铺筑材料加热、保温、输送,配运料,矿料加热烘干,拌和、出料; 4.运输、摊铺、压实、成型; 5.接缝; 6.初期养护
308	透层和黏层			
308-1	透层	m²	依据图纸所示沥青品种、规格、喷油量,按照洒布面积以平方米为单位计量	1.检查和清扫下承层; 2.材料制备、运输; 3.试洒; 4.沥青洒布车均匀喷洒并检测洒布用量; 5.初期养护
308-2	黏层	m²	依据图纸所示沥青品种、规格、喷油量,按照洒布面积以平方米为单位计量	1.检查和清扫下承层; 2.材料制备、运输; 3.试洒; 4.沥青洒布车均匀喷洒并检测洒布用量; 5.初期养护
309	热拌沥青混合料面层			

续表

子目号	子目名称	单位	工程量计量	工程内容
309-1	细粒式沥青混凝土	m²	依据图纸所示级配类型及铺筑压实厚度,按照铺筑的顶面面积以平方米为单位计量	1.检查和清理下承层; 2.拌和设备安装、调试、拆除; 3.沥青加热、保温、输送,配运料,矿料加热烘干,拌和、出料; 4.运输、摊铺、碾压、成型; 5.接缝; 6.初期养护
309-2	中粒式沥青混凝土	m²	依据图纸所示级配类型及铺筑压实厚度,按照铺筑的顶面面积以平方米为单位计量	1.检查和清理下承层; 2.拌和设备安装、调试、拆除; 3.沥青加热、保温、输送,配运料,矿料加热烘干,拌和、出料; 4.运输、摊铺、碾压、成型; 5.接缝; 6.初期养护
309-3	粗粒式沥青混凝土	m²	依据图纸所示级配类型及铺筑压实厚度,按照铺筑的顶面面积以平方米为单位计量	1.检查和清理下承层; 2.拌和设备安装、调试、拆除; 3.沥青加热、保温、输送,配运料,矿料加热烘干,拌和、出料; 4.运输、摊铺、碾压、成型; 5.接缝; 6.初期养护
310	沥青表面处治与封层			
310-1	沥青表面处治	m²	依据图纸所示沥青种类、厚度、喷油量,按照沥青表面处治面积以平方米为单位计量	1.检查和清理下承层; 2.安拆除熬油设备; 3.熬油、运油; 4.沥青撒布车洒油; 5.整形、碾压、找补; 6.初期养护
310-2	封层	m²	依据图纸所示沥青种类、厚度,按照封层面积以平方米为单位计量	1.检查和清扫下承层; 2.试验段施工; 3.专用设备撒布或施工封层; 4.整形、碾压、找补; 5.初期养护
311	改性沥青及改性沥青混合料			
311-1	细粒式改性沥青混合料路面	m²	依据图纸所示级配类型及压实厚度,按照铺筑的顶面面积以平方米为单位计量	1.检查和清理下承层; 2.拌和设备安装、调试、拆除: 3.改性沥青混合料生产; 4.混合料运输、摊铺、碾压、成型; 5.接缝; 6.初期养护

子目号	子目名称	单位	工程量计量	工程内容
311-2	中粒式改性沥青混合料路面	m²	依据图纸所示级配类型及压实厚度,按照铺筑的顶面面积以平方米为单位计量	1.检查和清理下承层; 2.拌和设备安装、调试、拆除: 3.改性沥青混合料生产; 4.混合料运输、摊铺、碾压、成型; 5.接缝; 6.初期养护
311-3	SMA路面	m²	依据图纸所示级配类型及压实厚度,按照铺筑的顶面面积以平方米为单位计量	1.检查和清理下承层; 2.拌和设备安装、调试、拆除: 3.改性沥青混合料生产; 4.混合料运输、摊铺、碾压、成型; 5.接缝; 6.初期养护
312	水泥混凝土面板			
312-1	水泥混凝土面板	m³	依据图纸所示厚度和混凝土强度等级,按照铺筑体积以立方米为单位计量	1.检查和清理下承层、洒水湿润; 2.模板制作、架设、安装、修理、拆除; 3.混凝土拌和物配合比设计、配料、拌和、运输、浇筑、振捣、真空吸水、抹平、压(刻)纹、养生; 4.切缝、灌缝; 5.初期养生
312-2	钢筋	kg	1.依据图纸所示水泥混凝土路面钢筋按图示质量以千克(kg)为单位计量; 2.因搭接而增加的钢筋作为附属工作,不另行计量	1.钢筋的保护、储存及除锈; 2.钢筋整直、连接; 3.钢筋截断、弯曲; 4.钢筋安设、支承及固定
313	培土路肩、中央分隔带回填土、土路肩加固及路缘石			
313-1	培土路肩	m³	依据图纸所示断面尺寸,按照压实体积以立方米为单位计量	1.挖运土; 2.路基整修、培土、整形; 3.分层填筑、压实; 4.修整路肩横坡
313-2	中央分隔带回填土	m³	依据图纸所示断面尺寸,按照压实后体积以立方米为单位计量	1.挖运土; 2.路基整修、培土、整形; 3.分层填筑、压实;
313-3	现浇混凝土加固土路肩	m³	依据图纸所示断面尺寸和混凝土强度等级,按照浇筑体积以立方米为单位计量	1.路基整修; 2.模板制作、安装、拆除、修理、涂脱模剂; 3.混凝土拌和、制备、运输、摊铺、振捣、养生
313-4	混凝土预制块加固土路肩	m³	依据图纸所示断面尺寸和混凝土强度等级,按照预制安装体积以立方米为单位计量	1.预制场地平整,硬化处理; 2.预制块预制、装运; 3.路基整修; 4.预制块铺砌、勾缝

续表

子目号	子目名称	单位	工程量计量	工程内容
313-5	混凝土预制块路缘石	m³	依据图纸所示断面尺寸和混凝土强度等级,按照预制安装体积以立方米为单位计量	1.预制场地平整、硬化处理; 2.路缘石预制、装运; 3.路基整修、基槽开挖与回填,废方弃运; 4.基槽夯实; 5.路缘石铺砌、勾缝; 6.路缘石后背回填夯实
314	路面及中央分隔带排水			
314-1	排水管	m	依据图纸所示位置,分不同类型及规格,按埋设管长以米为单位计量	1.基槽开挖填筑、废方弃运; 2.垫层(基础)铺筑; 3.排水管制作; 4.安放排水管; 5.接头处理; 6.回填、压实; 7.出水口处理
314-2	纵向雨水沟(管)	m	依据图纸所示位置,分不同类型及规格,按埋设长度以米为单位计量	1.基槽开挖、废方弃运; 2.垫层(基础)铺筑; 3.模板制作、安装、拆除、修理; 4.钢筋制作与安装; 5.盖板预制及安装; 6.混凝土拌和、运输、浇筑; 7.养生; 8.安放排水管; 9.接头处理; 10.回填、压实; 11.出水口处理
314-3	集水井	座	依据图纸所示位置,分不同类型及规格,按设置的集水井数量,以座为单位计量	1.基坑开挖及废方弃运; 2.地基平整夯实,垫层及基础施工; 3.模板制作、安装、拆除、修理; 4.钢筋制作与安装; 5.混凝土拌和、运输、浇筑、养生; 6.井壁外围回填,夯实
314-4	中央分隔带渗沟	m	依据图纸所示位置,分不同类型,按埋设长度以米为单位计量	1.基槽开挖、废方弃运; 2.垫层(基础)铺筑; 3.制管、打孔; 4.安放排水管; 5.接头处理; 6.填碎石、铺设土工布; 7.回填、压实
314-5	沥青油毡防水层	m²	依据图纸所示位置,按铺设的防水层面积以平方米为单位计量	1.下承层清理; 2.喷涂黏结层; 3.铺油毡; 4.接缝处理

续表

子目号	子目名称	单位	工程量计量	工程内容
314-6	路肩排水沟	m	依据图纸所示位置及断面尺寸,按照不同类型的路肩排水沟的长度,以米为单位计量	1.场地清理; 2.地基平整夯实,排水沟断面补挖; 3.铺设垫层; 4.模板制作、安装、拆除; 5.钢筋制作、安装; 6.混凝土拌和、运输、浇筑、养生; 7.预制件预制(现浇)、运输、装卸、安装; 8.回填、清理
314-7	拦水带	m	依据图纸所示位置及断面尺寸,分不同类型,按照拦水带长度,以米为单位计量	1.混凝土制作、运输、浇筑、振捣、养护、拆模、刷漆; 2.开槽; 3.预制块装运、安装、接缝防漏处理; 4.沥青混凝土配运料、拌和、运输、摊铺、压实、成型、初期养护; 5.清理
315	其他路面			
315-1	沥青贯入式碎石路面			
-a	石油沥青贯入式路面	m²	依据图纸所示沥青品种、规格、压实厚度,按照铺筑的顶面面积以平方米为单位计量	1.检查和清理下承层; 2.安拆熬油设备;熬油、运油; 3.主层集料摊铺、碾压; 4.沥青撒布车洒油; 5.铺撒嵌缝料; 6.整形、碾压、找补; 7.初期养护
-b	乳化沥青贯入式路面	m²	依据图纸所示沥青品种、规格、压实厚度,按照铺筑的顶面面积以平方米为单位计量	1.检查和清理下承层; 2.主层集料摊铺、碾压; 3.沥青撒布车洒油; 4.铺撒嵌缝料; 5.整形、碾压、找补; 6.初期养护
315-2	上拌下贯式沥青碎石路面			
-a	石油沥青贯入式路面	m²	依据图纸所示沥青品种、规格、压实厚度,按照铺筑的顶面面积以平方米为单位计量	1.检查和清理下承层; 2.安拆熬油设备、熬油、运油; 3.下层集料摊铺、整平; 4.沥青撒布车洒油; 5.整形、碾压、找补; 6.上层沥青混合料施工;拌和、运输、摊铺、碾压、整修; 7.初期养护

续表

子目号	子目名称	单位	工程量计量	工程内容
-b	乳化沥青贯入式路面	m²	依据图纸所示沥青品种、规格、压实厚度,按照铺筑的顶面面积以平方米为单位计量	1.检查和清理下承层; 2.安拆熬油设备、熬油、运油; 3.下层集料摊铺、整平; 4.沥青撒布车洒油; 5.整形、碾压、找补; 6.上层沥青混合料施工;拌和、运输、摊铺、碾压、整修; 7.初期养护
315-3	贫混凝土基层	m³	依据图纸所示厚度和混凝土强度等级,按照铺筑体积以立方米为单位计量	1.检查和清理下承层、洒水; 2.混凝土拌和、运输、摊铺; 3.整平、整形; 4.碾压、设置纵缝、横缝并灌入填缝料; 5.初期养护
315-4	天然砂砾路面	m²	依据图纸所示压实厚度,按照铺筑的顶面面积以平方米为单位计量	1.检查和清理下承层、洒水; 2.摊铺、整平、整形; 3.洒水、碾压、找补
315-5	级配碎(砾)石路面	m²	依据图纸所示沥青品种、规格、压实厚度,按照铺筑的顶面面积以平方米为单位计量	1.检查和清理下承层、洒水; 2.摊铺、整平、整形; 3.洒水、碾压、找补
315-6	泥结碎(砾)石路面	m²	依据图纸所示压实厚度,按照铺筑的顶面面积以平方米为单位计量	1.清理下承层、洒水; 2.铺筑材料拌和、运输; 3.摊铺、整平; 4.撒铺嵌缝材料、整形、洒水、碾压、找补,初期养护
315-7	整齐块石路面			
-a	水泥混凝土预制块路面	m³	依据图纸所示厚度和混凝土强度等级,按照预制块铺筑体积以立方米为单位计量	1.清理下承层; 2.水泥混凝土预制块制备、养生、运输; 3.找平层水泥砂浆制备、运输、铺筑; 4.人工铺砌预制块、找平; 5.灌注嵌缝砂浆或石屑; 6.初期养护
-b	砖块路面	m²	依据图纸所示砖块规格和铺筑厚度,按照铺筑的	1.清理下承层; 2.砖块制备、运输;
-c	块石路面	m²	依据图纸所示块石规格和铺筑压实厚度,按照铺筑的顶面面积以平方米为单位计量	1.检查和清理下承层; 2.块石制备、运输; 3.找平层水泥砂浆制备、运输、铺筑; 4.人工铺砌砖块、找平; 5.灌注嵌缝砂浆或石屑; 6.初期养护
315-8	避险车道			
-a	避险车道制动坡床路面	m³	依据图纸所示,分不同材料,按照铺筑的体积以立方米为单位计量	1.检查和清理下承层、洒水; 2.摊铺、整平、整形、找补

附录5 公路工程建设项目估算概算预算编制办法广西补充规定

一、适用范围

本补充规定适用范围与《公路工程建设项目投资估算编制办法》(JTG 3820-2018)、《公路工程建设项目概算预算编制办法》(JTG 3830-2018)、《公路工程估算指标》(JTG/T 3821-2018)、《公路工程概算定额》(JTG/T 3831-2018)、《公路工程预算定额》(JTG/T 3832-2018)、《公路工程机械台班费用定额》(JTG/T 3833-2018)(以下统称"新编办""新定额")的适用工程范

二、人工费

人工费单价(含机械人工、船员)全区统一为101.25元/工日;潜水员人工费单价为164元/工日。本人工费单价只作为编制投资估算、概算预算的依据,不作为施工企业实发工资的依据。

三、沿海地区工程施工增加费

沿海地区工程施工增加费适用于我区北海、钦州及防城港市受海风、海浪和潮汐影响施工的构造物Ⅱ、构造物Ⅲ、技术复杂大桥、钢材和钢结构工程。

四、规费

规费包括施工企业应缴纳的养老保险费、失业保险费、医疗保险费、工伤保险费和住房公积金。本规费费率只作为编制投资估算、概算预算的依据,不作为施工企业实际缴纳相关费用的依据。

规费费率表

规费项目	养老保险费	医疗保险费 (含生育保险)	失业保险费	工伤保险费	住房公积金	合计
费率(%)	16	7.5	0.5	1	8.5	33.5

五、税率

税率按财税部门规定税率执行。

六、新编办、新定额执行时间和要求

(一)2019年5月1日前已批准工程概算、预算的公路工程建设项目,造价不因新编办、新定额施行进行调整。

(二)2019年5月1日后上报的公路工程建设项目工程概算、预算,应按部新编办、新定额编制;但2019年5月1日前已通过设计文件行业审查的公路工程建设项目工程概算、预算仍按原编办及定额编制。

(三)2019年新开工地高网高速公路建设项目可按原编办及定额执行。

七、自2019年5月1日起,我厅原下发的《关于印发公路基本建设工程概算预算编制办法广西补充规定的通知》(桂交基建发〔2008〕62号)、《关于发布广西公路工程机械台班车船使用税标准的通知》(桂交基建发〔2009〕11号)同时废止。

附录6 广西壮族自治区交通运输工程造价事务中心关于印发广西高速公路工程概预算编制指导意见（暂行）（2023年版）的通知

广西壮族自治区

交通运输工程造价事务中心文件

桂交监造价发〔2023〕1号

广西壮族自治区交通运输工程造价事务中心
关于印发广西高速公路工程概预算编制
指导意见（暂行）（2023年版）的通知

各公路工程设计、咨询单位：

为更好推进我区高速公路项目前期工作，规范高速公路工程概预算编制行为，提高概预算文件编制水平，受自治区交通运输厅委托，经相关单位及行业内专家对《广西高速公路工程概预算编制指导意见（暂行）（2022年版）》进行修编，并征求相关单位意见，形成《广西高速公路工程概预算编制指导意见（暂行）（2023年版）》，现印发给你们，请遵照执行。

执行过程中如有建议，请及时反馈我中心。

广西壮族自治区交通运输工程造价事务中心
2023年6月2日

参考文献

［1］中华人民共和国交通运输部.公路工程标准施工招标文件：2018年版［S］.北京：人民交通出版社，2018.

［2］中华人民共和国交通运输部.公路工程建设项目投资估算编制办法：JTG 3820—2018［S］.北京：人民交通出版社，2018.

［3］中华人民共和国交通运输部.公路工程估算指标：JTG/T 3821—2018［S］.北京：人民交通出版社，2018.

［4］中华人民共和国交通运输部.公路工程建设项目概算预算编制办法：JTG 3830—2018［S］.北京：人民交通出版社，2018.

［5］中华人民共和国交通运输部.公路工程概算定额：JTG/T 3831—2018［S］.北京：人民交通出版社，2018.

［6］中华人民共和国交通运输部.公路工程预算定额：JTG/T 3832—2018［S］.北京：人民交通出版社，2018.

［7］中华人民共和国交通运输部.公路工程机械台班费用定额：JTG/T 3833—2018［S］.北京：人民交通出版社，2018.

［8］蔡跃.职业教育活页式教材开发指导手册［M］.上海：华东师范大学出版社，2020.

［9］刘大君.基于工作过程导向的项目化课程的设计——以建筑设备监控系统工程设计与施工课程为例［J］.现代职业教育，2020(35)：148-149.

［10］匡永萍，闫向琴.公路工程造价编制［M］.北京：人民交通出版社，2012.

［11］曹佐，王虎盛.公路工程造价与清单计价［M］.北京：清华大学出版社，2020.

［12］姜仁安，郭梅.公路工程施工招投标［M］.北京：机械工业出版社，2020.

本书配套数字资源表

序号	资源名称	二维码	资源类型	页码	序号	资源名称	二维码	资源类型	页码
1	同望公路造价软件操作-新建项目及填写属性		微课	020	9	路基土石方压实方与天然方换算系数应用		微课	032
2	同望公路造价软件操作-编制清单及套用定额		微课	020	10	路基土石方工程量清单编制-列项		微课	033
3	同望公路造价软件操作-定额选择		微课	020	11	路基土石方工程量清单编制-确定清单工程量		微课	033
4	同望公路造价软件操作-工料机汇总及取费		微课	020	12	同望公路造价软件进行路基土石方工程量清单列项示例		微课	035
5	同望公路造价软件操作-项目文件备份及交互共享		微课	021	13	路基排水工程工程量清单编制-复核图纸		微课	035
6	纵横公路造价软件操作-编制清单		微课	023	14	路基排水工程工程量清单编制-列项及确定清单工程量		微课	036
7	工程量清单及招标控制价导读		微课	027	15	路面工程工程量清单编制		微课	037
8	工程量清单基础		微课	027	16	第100章总则清单编制		微课	040

续表

序号	资源名称	二维码	资源类型	页码	序号	资源名称	二维码	资源类型	页码
17	工程量清单汇总表编制		微课	098	27	路基土石方工程施工		短视频	061
18	工程量清单固化		微课	099	28	路基土石方工程施工机械		短视频	061
19	如何确定工程的取费类别		微课	048	29	软基处理-自动落锤式强夯锤强夯		短视频	061
20	工地转移费费率之内插法		微课	052	30	软基及高填方路基处理-冲击碾压		短视频	061
21	公路工程预算定额组成与运用		微课	056	31	机械台班预算单价计算示例		微课	067
22	查书章节法查定额		微课	059	32	如何填写单价分析表		微课	066
23	软件章节法查定额		微课	059	33	工料机费与定额工料机费		微课	071
24	软件智查法查定额		微课	059	34	路基排水工程施工		短视频	073
25	如何编制路基土石方工程量清单单价		微课	060	35	如何编制路基排水工程工程量清单单价		微课	073
26	怎样确定清单项目的组价方案		微课	061	36	涵台背回填砂石-人工打夯机夯实		短视频	073

续表

序号	资源名称	二维码	资源类型	页码	序号	资源名称	二维码	资源类型	页码
37	涵台背回填砂性土-液压强夯机夯实		短视频	073	47	沥青混凝土路面施工机械设备		短视频	082
38	涵台背回填砂石-液压强夯机夯实		短视频	073	48	如何编制路面工程工程量清单单价		微课	082
39	与混凝土配合比有关的定额调整		微课	076	49	沥青混凝土路面施工-摊铺		短视频	083
40	与钢筋有关的定额调整		微课	077	50	沥青混凝土路面施工-初压		短视频	083
41	定额工程量计算方法		微课	079	51	沥青混凝土路面施工-复压		短视频	083
42	材料预算价格计算方法		微课	081	52	沥青混凝土路面施工-终压		短视频	083
43	同望公路造价软件进行工料机预算单价计算操作示例		微课	081	53	沥青混凝土路面铣刨		短视频	086
44	路面施工工艺流程		短视频	082	54	平地机铺筑水泥稳定碎石层施工		短视频	086
45	路面水泥稳定碎石基层施工机械设备		短视频	082	55	与路面厚度有关的定额调整		微课	087
46	水泥混凝土路面施工机械设备		短视频	082	56	与水泥稳定碎石配合比有关的定额调整		微课	088

续表

序号	资源名称	二维码	资源类型	页码	序号	资源名称	二维码	资源类型	页码
57	厂拌混合料的平均运距计算		微课	089	61	第100章清单单价编制方法		微课	094
58	增运运距是几倍		微课	090	62	编制投标报价方法		微课	105
59	路面分层施工的定额调整		微课	090	63	同望公路造价软件操作-分摊与调价		微课	107
60	同望公路造价软件调整工料机定额消耗量的操作方法		微课	090					

高等教育路桥工程类专业系列教材

（第2版）

公路工程招投标与工程造价

GONGLU GONGCHENG ZHAOTOUBIAO YU GONGCHENG ZAOJIA

主　编　张春艳　成德贤　/　副主编　杨照叔　姚杏芬　银燕琼
主　审　黄泰群　兰秋足

重庆大学出版社

内容提要

本书以《公路工程建设项目概算预算编制办法》(JTG 3830—2018)及《公路工程标准施工招标文件》(2018 年版)为编写依据,以编制公路工程项目招投标阶段的造价文件为主线,以真实工程项目为载体,设置一个实操训练项目和一个案例学习项目。每个项目以企业实际工作过程分别设置 5 个任务,分别是公路工程造价认知、公路工程造价管理软件操作、编制公路工程招标工程量清单、编制公路工程量清单招标控制价、编制公路工程量清单投标报价,每个任务都融入课程思政元素。

本书为新型活页式、工作手册式教材,分为 4 个部分,包括工作任务、案例项目、任务项目图纸和案例项目图纸,并配套数字化辅助教学资源。

本书适合作为应用型高等教育院校、职业院校工程造价、道路桥梁工程技术专业教材,也可作为相关专业工程技术人员学习公路工程招投标与工程造价的参考书。

图书在版编目(CIP)数据

公路工程招投标与工程造价 / 张春艳,成德贤主编.
2 版. -- 重庆:重庆大学出版社,2025.1. --(高等教
育路桥工程类专业系列教材). -- ISBN 978-7-5689
-5122-7

Ⅳ. U415.1

中国国家版本馆 CIP 数据核字第 20250NV961 号

公路工程招投标与工程造价
(第 2 版)

主　编　张春艳　成德贤
副主编　杨照叔　姚杏芬　银燕琼
主　审　黄泰群　兰秋足
责任编辑:肖乾泉　　版式设计:肖乾泉
责任校对:谢　芳　责任印制:赵　晟

*

重庆大学出版社出版发行
出版人:陈晓阳
社址:重庆市沙坪坝区大学城西路 21 号
邮编:401331
电话:(023)88617190　88617185(中小学)
传真:(023)88617186　88617166
网址:http://www.cqup.com.cn
邮箱:fxk@ cqup.com.cn (营销中心)
全国新华书店经销
重庆正文印务有限公司印刷

*

开本:889mm×1194mm　1/16　印张:23.5　字数:773千　插页:8 开 1 页
2022 年 1 月第 1 版　2025 年 1 月第 2 版　2025 年 1 月第 4 次印刷
ISBN 978-7-5689-5122-7　定价:59.00 元

教材使用说明

尊敬的读者,感谢您使用本工作手册式教材。为帮助读者更好使用本教材,以下从教材结构、教材内容组成、教材使用建议等方面进行说明。

一、教材结构

教材主要由两个部分构成,分别是第 1 部分工作任务和第 2 部分案例项目,每个部分包括一个独立项目的招投标阶段造价文件编制及其配套图纸。教材结构如图 1 所示。

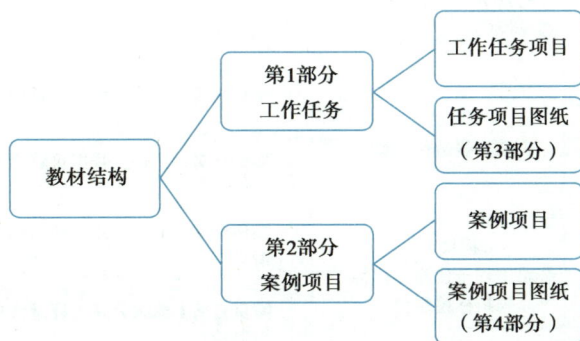

图 1　教材结构

二、教材内容组成

两个部分在教材内容组成上相似,具体任务内容不同。

第 1 部分工作任务和第 2 部分案例项目内容组成相似,均包含 3 个模块和 5 个任务,模块属性名称、各模块内的任务属性名称均相同,教材内容组成如图 2 所示。

由于第 1 部分工作任务与第 2 部分案例项目分别根据不同的项目设计图纸进行编写,各模块下的具体任务内容则不同。第 1 部分工作任务的内容是拟完成任务项目造价编制的空白报表,第 2 部分案例项目的内容是完成案例项目的造价编制过程及完整报表成果。

三、教材使用建议

建议将第 1 部分工作任务作为习材,第 2 部分案例项目可作为学材。

教材第 1 部分工作任务的内容是拟完成任务项目的造价文件空白报表,第 2 部分案例项目的内容是完成了的案例项目造价文件编制过程及完整的成果报表。所以,将第 2 部分案例项目可作为教学或自学材料,第 1 部分工作任务可作为习得练习,也是检验学习成果的材料。

根据第 1 部分工作任务中提出的学习目标,从第 2 部分案例项目中找出解决问题的方法,再利用第 1 部分的工作任务空白工作单(报表)进行同步练习、操练解决实际问题的方法和步骤。

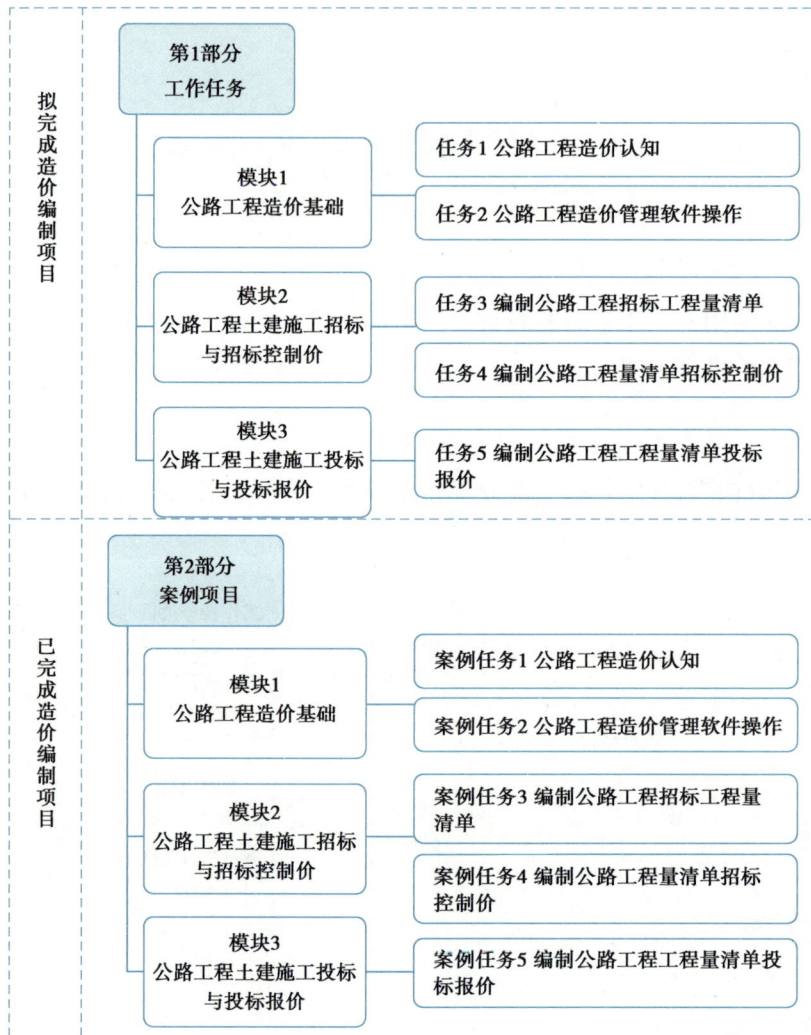

图 2　教材内容组成

为方便学习者分步骤书写来完成任务,第 1 部分工作任务原第 1 版设计为活页式,便于拆分、替换、重组及查阅。为适应信息化教学需要,该部分改为平装。也可以直接进行第 2 部分案例项目的学习或教学,不再使用第 1 部分的工作任务。

教师使用教材时,可以采用 PBL 教学法、任务驱动教学法、案例教学法或混合使用若干方法。图 3 所示仅提出使用本教材的一种思路或建议。

当前对教师的信息化素养提出较高要求,采用线上线下混合式教学法已经在教学中普及。本教材提供大量的同步练习,并全部形成数字化练习题,在项目造价编制过程提出许多启发学习者思考的问题。利用这些练习和问题,教师可以较好地在课堂教学中通过线上发布问题,快速对学习效果进行检测,及时得到教学反馈。

感谢您耐心看完以上说明,再次感谢您使用本教材。

创设情境：

阅读第1部分工作任务

确定问题：

提出工作目标

自主学习+协作学习：

查阅资料，分析目标并提出解决方案，

学习案例项目解决问题方法和具体步骤

解决问题：

学习案例项目的解决方法，按步骤完成工作任务

效果评价：

归纳总结解决同类问题的方法和步骤，评价学习效果

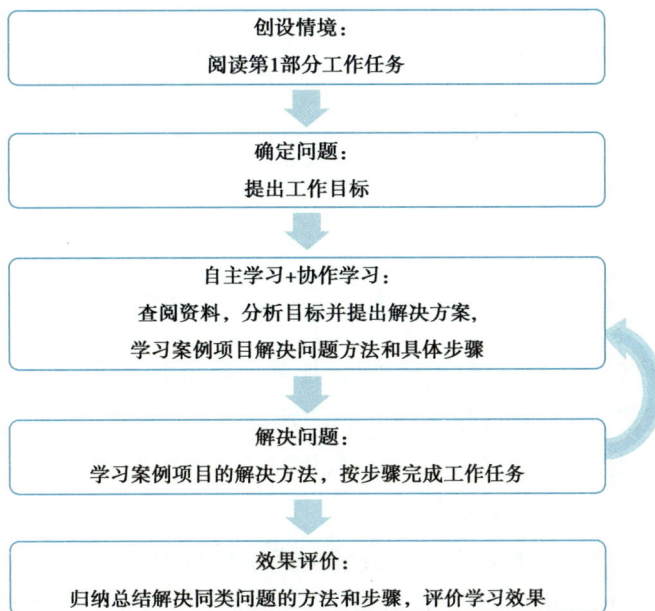

图 3　教材使用建议

前 言（第2版）

本书为工作手册式教材，包括工作任务、案例项目、任务项目图纸、案例项目图纸4个部分，并配套数字化辅助教学资源，是响应《国家职业教育改革实施方案》"建设一大批校企'双元'合作开发的国家规划教材，倡导使用新型活页式、工作手册式教材并配套开发信息化资源"的要求，对道路桥梁工程技术专业工程造价课程教材进行的改革与创新。本书主要具有以下特点：

（1）以交通运输部颁布的《公路工程建设项目概算预算编制办法》（JTG 3830—2018）及《公路工程标准施工招标文件》（2018年版）为编写依据，经过企业调研，由企业与学校合作共同编写而成。

（2）按照"以就业为导向，以培养学生综合职业能力为本位，以岗位需要为依据，满足学生职业生涯发展需求"的指导思想，以编制公路工程项目招投标阶段的造价文件为主线，以企业实际工作过程为教材结构，内容上突出"职业性、实用性、适用性"，以探究式、体验式学习设计为组织形式，详细介绍了招标控制价和投标报价的编制方法、步骤，可以实现学习过程记录和学习成果达成的目标，体现"项目导向、任务驱动"的教学原则，让学生在具体工程项目的招标工程量清单及招标控制价编制过程中掌握相关的技能与基础理论，以更好地适应"校企合作、工学结合"的人才培养模式。

（3）把"立德树人"贯穿教育教学全过程，实现全程育人、全方位育人的目标。在每个任务中根据课程内容恰当地融入了课程思政元素，贯彻"立德树人"的中心思想。

（4）为便于教学，本书配套数字化辅助教学资源。

（5）采用项目教学法，以任务驱动教学模式开展教学，根据课程设置融入课程思政元素，引导学生树立和培养远大理想、职业道德和工匠精神。通过本课程的学习，培养学生良好的职业素质，应用相关规范和公路工程造价软件编制工程量清单和招标控制价（投标报价）。

本书由广西建设职业技术学院张春艳、成德贤担任主编，广西建设职业技术学院杨照叔、姚杏芬及南宁学院银燕琼担任副主编。其中，任务1由姚杏芬负责编写，任务2由银燕琼负责编写，任务3由成德贤负责编写，任务4由张春艳负责编写，任务5由杨照叔负责编写，张春艳、成德贤负责编写工程项目造价文件。全书由重庆驰久工程咨询有限公司黄泰群和广西路桥工程集团有限公司兰秋足担任主审。

本书案例、任务评价参考答案均采用同望公路工程造价管理软件进行编制，编写中参考了国内有关著作、论文和公路工程项目实践案例，在此谨向有关专家、学者和工程技术人员表示衷心的感谢。

由于编者学识有限，书中难免存在不妥之处，有待于教学使用的检验，恳请读者提出宝贵意见。

编 者
2024年10月

目　录

第 1 部分　工作任务

模块3 公路工程土建施工投标与投标报价 …………………………………… 056

第2部分 案例项目

模块1 公路工程造价基础

模块2 公路工程土建施工招标与招标控制价

模块3 公路工程土建施工投标与投标报价

附录

参考文献

本书配套数字资源表

第3部分 任务项目图纸

项目名称：陆塞至和驰高速公路 No.10 合同段

第4部分 案例项目图纸

项目名称：北塞至畔绥公路 No.1 合同段

第 *1* 部分　工作任务

任务项目导读

陆塞至和驰高速公路为新建公路项目，其中 No.10 合同段位于广西壮族自治区河池市金城江区境内，起点位于河池市陆塞镇附近，起点桩号为 YK86+198（ZK86+200），终点位于河池市和驰镇地吴村以西 600 m 附近，终点桩号为 K96+880，路线全长 10.682 km。路基宽度为 26.0 m，采用三层式沥青混凝土路面。

该项目已经在中国采购与招标网、广西招标网等发布了招标信息，距离开标时间还有 21 天。接到编制招标控制价的任务后，招标委托人要求在开标前 5 天公布招标控制价（最高投标限价）。

陆塞至和驰高速公路 No.10 合同段项目在国家指定的媒体网络上公开发布招标信息后，共有 15 家施工单位报名参与项目投标。

模块 1 公路工程造价基础

任务 1 公路工程造价认知

1.1 任务引入

为完成陆塞至和驰高速公路 No.10 合同段招标和投标工作任务,首先要对公路工程造价相关知识有一定认知。例如:了解公路工程建设项目的建设程序,招投标阶段的招标工作和投标工作在建设程序中的地位和作用;招标人的招标工作和施工单位的投标工作中,与公路工程造价相关的主要内容有哪些,怎样才能完成这些相关造价文件的编制。

1.2 学习目标

素质目标	1.全过程造价分析,逐级地深化与精准,理解工程造价的科学发展观 2.从专业发展和学长经历分享,塑造价值观 3.翻转学习,高效利用时间,树立正确的人生观、价值观
知识目标	1.公路工程建设项目的建设程序 2.招投标阶段的造价文件 3.编制造价文件的依据
能力目标	1.以"预则立,不预则废"强调预习与自学的重要性,培养独立思考和分析问题的能力 2.能够对不同阶段造价文件选择合适的造价依据

1.3 任务书

通过阅读公路工程造价概述,学习公路工程造价的基础知识,知道公路工程建设各阶段的造价工作及其依据、方法,能够明确项目招投标阶段有哪些造价工作,招标人和投标人要编制哪些造价文件,编制造价文件的依据和方法是什么。

1.4 任务实施

学习完公路工程造价基础知识,请完成以下任务:
①政府投资公路建设项目与企业投资公路建设项目,在建设程序上有什么不同?

②建设程序有：工可、立项、技术设计、初步设计、施工图设计、决算、项目招标、项目实施、项目后评价，将以上建设程序按正确顺序排列。

③在陆塞至和驰高速公路 No.10 合同段项目招标阶段，招标人和投标人分别要完成哪些造价工作？

④列出公路工程施工图设计及招投标阶段编制造价的主要依据。现在执行的是哪一年的版本？

1.5　评价及反馈（表 1.1.1）

表 1.1.1　学习情况评价表

评价指标		权重(%)	自评分	组内互评	教师评分	
知识与能力	造价知识认知	50				综合评分
	造价依据选择	20				
素质		30				
合计						

任务 2　公路工程造价管理软件操作

2.1　任务引入

随着社会发展步入信息化时代，交通行业的造价文件编制工作变得高效、快捷，应用公路工程造价管理软件编制完成造价文件是当前完成造价工作的必备技能。在陆塞至和驰高速公路 No.10 合同段土建施工招标阶段，需要编制招标控制价和投标报价。这就要求我们必须掌握公路工程相关造价管理软件操作，并能够熟练应用它们完成造价工作任务。

2.2　学习目标

素质目标	1.对比软件发展，激发创新意识 2.操作过程中培养协作共进的团队精神 3.培养刻苦训练、踏踏实实、干一行爱一行的敬业精神
知识目标	1.同望公路工程造价管理软件 2.纵横公路工程造价管理软件
能力目标	1.学会造价软件基本操作 2.能够应用软件完成一般造价的编制流程

2.3　任务书

应用公路工程造价管理软件完成陆塞至和驰高速公路 No.10 合同段工程量清单计价文件编制，包括新建项目、列清单项并填写相应工程量、选套定额并填写相应工程量、工料机分析及汇总、取费、计算、报表预览、导出导入文件等操作，并通过反复训练，熟悉软件各操作界面功能，达到熟练应用。

2.4　任务实施

1）新建项目和造价文件

根据陆塞至和驰高速公路 No.10 合同段项目概况，完成新建项目和造价文件任务。

2）设置界面操作

将自动保存文件时间设为 5~10min，不自动填写工程量，自动计算造价，工程量、消耗量、费用显示 3 位小数，单价显示 2 位小数。

3）预算书界面操作

按表 1.1.2 所示内容，在软件上列出工程量清单子目，并选择定额，填入工程量。

表 1.1.2　预算书界面操作基础数据

清单子目号	定额编号	子目或定额名称	单位	数量
102-3		安全生产费	总额	1
203-1		路基挖方		

续表

清单子目号	定额编号	子目或定额名称	单位	数量
-c		挖除非适用材料（不含淤泥、岩盐、冻土）（含5 km运输）	m³	18590
	1-1-9-8	2.0 m³以内挖掘机挖装普通土	1000 m³天然密实方	18590
	1-1-11-13	30 t以内自卸汽车运输土1 km	1000 m³天然密实方	18590
207-1		边沟		
-a		M7.5浆砌片石	m³	4720
	1-3-1-2	人工开挖石方	1000 m³	6294
	1-3-3-1	浆砌片石边沟	10 m³	4720
	4-11-6-17	水泥砂浆抹面厚2 cm	100 m²	2951

4）工料机汇总界面操作

①填写广西人工、机械工预算单价：101.25元/工日。

②计算32.5级水泥预算单价，将结果填入相应表中，相关参数如表1.1.3所示。

表1.1.3　材料预算单价计算参数表

原价 （元/t）	起讫地点	运输方式	运距 （km）	运价 [元/（t·km）]	装卸次数	装卸单价 （元/t）	其他费用	预算单价 （元/t）
310	河池水泥厂—工地	汽车	6.3	0.44	1	3.20	0	

③计算代号为8007020的30 t以内自卸汽车台班单价，将结果填入相应表中，相关参数如表1.1.4所示。

表1.1.4　机械台班预算单价计算参数表

机械工预算单价 （元/工日）	柴油预算单价 （元/kg）	车船使用税标准	养路费	不变系数	机械台班预算价 （元/台班）
101.25	6.32	《广西壮族自治区交通工程造价管理站关于公布广西公路工程机械台班车船使用税标准的函》（桂交监造价函〔2019〕16号）	0	1.0	

5）取费程序界面操作

根据表1.1.5所示信息填写取费费率参数。

表1.1.5　取费费率参数表

费率信息	取费参数信息
费率标准	《广西壮族自治区交通运输厅关于印发公路工程建设项目估算概算预算编制办法广西补充规定的通知》（桂交建管发〔2019〕39号）
雨季施工	河池市属于Ⅱ区，5个月
冬季、夜间、高原、风沙、沿海施工、行车干扰、职工取暖	不计

续表

费率信息	取费参数信息
施工辅助、基本费用、职工探亲、财务费用、辅助生产、利润	计
工地转移(km)	250
综合里程(km)	5
税金(%)	9
基价系数	1.0

在表 1.1.6 中填写综合费率。

表 1.1.6 综合费率表

工程类别	费率				
01 土方	措施费Ⅰ(%)	措施费Ⅱ(%)	企业管理费(%)	规费(%)	利润(%)

6)项目文件备份

将陆塞至和驰高速公路 No.10 合同段造价文件,分别导出为项目文件(.ecpt 文件)和造价文件(.ecbt 文件)。

7)项目文件交互共享

将陆塞至和驰高速公路 No.10 合同段造价文件导入造价管理软件,将新的造价文件名称改为"陆塞至和驰高速公路 No.11 合同段"。

8)完成任务需要解决的问题

①怎样确定陆塞至和驰高速公路 No.10 合同段项目处于哪个工程建设阶段?要进行哪些造价工作?

②新建项目时,如果工程阶段选择错误,会有什么影响?

③新建造价文件时,如果计价依据选择错误,会有什么影响?

2.5 评价及反馈(表1.1.7)

表 1.1.7 学习情况评价表

评价指标		权重(%)	自评分	组内互评	教师评分	
知识与能力	新建文件	10				综合评分
	设置参数	10				
	预算书	15				
	工料机	15				
	取费	10				
	导出	10				
	导入	10				
素质		20				
合计						

模块 2　公路工程土建施工招标与招标控制价

任务 3　编制公路工程招标工程量清单

3.1　任务引入

我们已接受编制陆塞至和驰高速公路 No.10 合同段招标控制价的任务,招标人要求在开标前 5 天公布招标控制价(最高投标限价)。我们怎样完成编制招标控制价任务呢?

编制招标控制价应根据招标项目的设计图纸及招标文件要求,需要先编制招标工程量清单。

3.2　学习目标

素质目标	1.以招标时的团队协作培养团队意识 2.在自主学习中领会不同造价软件的优势,激发创业创新意识 3.从失误教训中反思分析,提高责任意识 4.从清单的完善性探讨对工程项目实施的影响,提出坚守职业道德和工匠精神
知识目标	1.公路工程工程量清单组成 2.公路工程工程量清单计量规则 3.公路工程工程量清单编制方法 4.土石方换算系数 5.路基排水及路面工程分类与构造
能力目标	1.能编制本项目的路基土石方、排水、防护、路面工程工程量清单 2.能从设计图纸上正确摘取和计算清单工程量 3.能够应用公路工程造价软件完成上述工作

3.3　任务书

根据公路项目基本建设程序及其相应造价文件编制要求,陆塞至和驰高速公路 No.10 合同段工程项目处于招投标阶段,进行的是土建施工招标。受招标人委托,第一步应编制招标项目招标文件的主要部分,即第五章工程量清单。

3.4　任务实施

通过本书第 2 部分案例项目的学习,分章节完成编制工程量清单的任务。

任务单 1　编制第 200 章路基土石方工程工程量清单

1)实施步骤

步骤 1:回顾附录 3 工程量清单第 200 章路基土石方工程工程量清单。

步骤2:梳理设计图纸中的路基土石方工程。

梳理陆塞至和驰高速公路 No.10 合同段的路基土石方工程量,填入表 1.2.1。

表 1.2.1　土石方工程数量

工程数量梳理情况	图纸数量表摘录

工程数量梳理情况

挖土方包括挖＿＿＿和挖＿＿＿＿＿,挖石方包括挖
＿＿＿＿挖＿＿＿＿和挖＿＿＿＿;
本项目挖普通土＿＿＿＿m³,挖硬土＿＿＿＿m³,挖软
石＿＿＿＿m³,挖次坚石＿＿＿＿m³,挖坚石＿＿＿＿m³;
请复核:
挖方总量 = ＿＿＿＿＿＿＿＿＿＿

图纸数量表摘录

序号	起讫桩号	长度(m)	挖方(m³)					
			总数量	土方		石方		
				普通土	硬土	软石	次坚石	坚石
1	2	3	4	5	6	7	8	9
29	合计	8649.72	1150077	66291	275071	284992	516193	7530

填方总量 = ＿＿＿＿＿＿＿＿＿＿＿＿＿＿＿＿＿＿＿＿＿;

填方中(有/无)利用土石填方,(有/无)借方;
(以下以天然密实方为单位)
本项目利用普通土填方＿＿＿＿＿＿＿＿m³,
利用硬土填方＿＿＿＿＿＿＿＿m³,
利用软石填方＿＿＿＿＿＿＿＿m³,
利用次坚石填方＿＿＿＿＿＿＿＿m³,
利用坚石填方＿＿＿＿＿＿＿＿m³,
借普通土填方＿＿＿＿＿＿＿＿m³,
借硬土填方＿＿＿＿＿＿＿＿m³

填方数量(m³)			
总数量	填土石	填石	码砌石方
10	11	12	13
1290438	1290438		

填方(自然方)									
利用方(m³)					借方(m³)			合计(m³)	
普通土	硬土	软石	次坚石	坚石	普通土	硬土	软石	土	石
14	15	16	17	8	19	20	21	22	23
30504	274537	284992	498612	467	71496	107246		399158	784071

本项目(有/无)弃方,如有,请复核:
弃普通土＿＿＿＿＿＿＿＿m³,

弃硬土＿＿＿＿＿＿＿＿m³,

弃软石＿＿＿＿＿＿＿＿m³,

弃次坚石＿＿＿＿＿＿＿＿m³,

弃坚石＿＿＿＿＿＿＿＿m³,

总弃方量 = ＿＿＿＿＿＿＿＿

弃方(m³)					机械碾压(m³)		备注
普通土	硬土	软石	次坚石	坚石	土方	石方	
24	25	26	27	28	30	31	32
35787	534		644		438187	852251	往回清表回填出次坚石 16937 m³,坚石 7063 m³

汇总挖方、填方、利用方和借方工程量,填入表1.2.2,土石方换算请写出计算式。

表 1.2.2　土石方工程数量统计表

挖方		填方		利用方			借方		
土石类	数量（天然方）	土石类	数量（压实方）	土石类	数量（天然方）	数量（压实方）	土石类	数量（天然方）	数量（压实方）
普通土		填土石		普通土			普通土		
硬土				硬土			硬土		
软石				软石					
次坚石		码砌石方		次坚石					
坚石				坚石					
合计		合计		合计			合计		

步骤3:初编工程量清单。

步骤4:检查完善工程量清单。

初编并完善第200章路基土石方工程量清单,填入表1.2.3。

表 1.2.3　工程量清单表

清单　第200章　路基			
子目号	子目名称	单位	数量计算过程及结果

步骤5:用造价软件列出工程量清单。

2)完成任务需要解决的问题

①要做到路基土石方平衡,挖方、填方、利用方、弃方、借方之间应满足什么关系?

②路基土石方挖方、填方、利用方、弃方、借方中,哪些按天然密实体积计算,哪些按压(夯)实后的体积计算?

③为什么公路等级越高,其压实方换算天然密实方系数会越大? 请说说你的理解。

④怎么理解"路基填方为借方时,则压实方换算天然密实方系数应在原系数基础上增加 0.03 的损耗"?

⑤对于设计图纸中出现的内容,在《公路工程标准施工招标文件》(2018 年版)中没有找到对应的子目项时,应如何列其清单?依据是什么?

⑥挖方中的运输运距如何确定?

3)任务评价及反馈(表 1.2.4)

表 1.2.4　学习情况评价表

评价指标		权重(%)	自评分	组内互评	教师评分	
知识与能力	设计图纸梳理	20				综合评分
	工程量清单列项	20				
	清单工程量计算	20				
	软件完成任务的时间质量	20				
	素质	20				
合计						

任务单 2　编制第 200 章路基排水构造物工程量清单

1）实施步骤

步骤 1：回顾附录 3 工程量清单第 200 章路基排水工程工程量清单。

步骤 2：梳理设计图纸中的路基排水工程。

根据陆塞至和驰高速公路 No.10 合同段工程设计图纸，以 K96+860—K96+880 段为例，复核图纸工程量，填入表 1.2.5。

表 1.2.5　边沟工程量复核

起讫桩号	工程名称	位置及数量	材料及部位	M7.5 浆砌片石	C20 现浇混凝土台帽	M10 砂浆抹面	C30 混凝土盖板	HPB300 Φ8 钢筋	HRB400 ⽣14 钢筋	开挖基础
		右/m	单位	m³	m³	m²	m³	kg	kg	m³
K96+860~ K96+880	矩形边沟		总工程数量							

工程量计算过程：

水沟底边总宽度：_____

台帽厚度：_____

开挖基础土方：_____

浆砌片石沟身：_____

C20 混凝土台帽：_____

M10 砂浆抹面：_____

盖板数量：_____

C30 预制盖板：_____

带肋钢筋：_____

光圆钢筋：_____

步骤 3：初编工程量清单。

步骤 4：检查完善工程量清单。

初编并完善第 200 章路基排水工程工程量清单，填入表 1.2.6。

表 1.2.6 工程量清单表

清单 第 200 章 路基			
子目号	子目名称	单位	数量

步骤5:用造价软件列出工程量清单。

2) 完成任务需要解决的问题

①按《公路工程标准施工招标文件》(2018 年版)第五章工程量清单第 200 章初步编制的路基排水工程工程量清单,应从哪些方面检查完善?

②按混凝土结构物施工的方式不同,应如何列工程量清单?

3) 任务评价及反馈(表 1.2.7)

表 1.2.7 学习情况评价表

评价指标		权重(%)	自评分	组内互评	教师评分	
知识与能力	设计图纸梳理	20				综合评分
	工程量清单列项	20				
	清单工程量计算	20				
	软件完成任务时间质量	20				
	素质	20				
合计						

任务单3　编制第300章路面工程量清单

1）实施步骤

步骤1：回顾附录3工程量清单第300章路面工程工程量清单范本。

步骤2：梳理设计图纸中的路面工程。

本项目的路面工程主要内容有：＿＿＿＿＿＿＿＿＿＿＿＿＿＿＿＿＿＿＿。

本项目路面工程设计图纸分析如下：

路面结构类型有：＿＿＿＿＿＿＿＿＿＿＿＿＿＿＿＿＿＿＿＿＿＿＿＿。

路面结构及功能层由底至上共＿＿＿＿层，分别是：

＿＿＿＿＿＿＿＿＿＿＿＿＿＿＿＿＿＿＿＿＿＿＿＿＿＿＿＿＿＿＿＿＿

路面附属结构主要包括：＿＿＿＿＿＿＿＿＿＿＿＿＿＿＿＿＿＿＿＿＿。

步骤3：初编工程量清单。

步骤4：检查完善工程量清单。

初编并完善第300章路面工程工程量清单，填入表1.2.8。

表1.2.8　工程量清单表

清单　第300章　路面

子目号	子目名称	单位	数量

续表

清单　第300章　路面			

步骤5:用造价软件列出工程量清单。

2)完成任务需要解决的问题

①列路面工程量清单项时,应注意哪些问题?

②列路面工程量清单时,本项目沥青混合料路面与案例项目的水泥混凝土路面有什么不同?

③本项目路面面层采用什么类型的沥青和碎石材料?

④计算路面工程清单工程量时,应注意哪些问题?

⑤《公路工程标准施工招标文件》（2018 年版）第五章工程量清单中的清单子目单位与设计图纸工程数量表中的单位不一致时，以前者单位还是后者单位为准？

3）任务评价及反馈（表 1.2.9）

表 1.2.9　学习情况评价表

评价指标		权重（%）	自评分	组内互评	教师评分	
知识与能力	设计图纸梳理	20				综合评分
	工程量清单列项	20				
	清单工程量计算	20				
	软件完成任务时间质量	20				
	素质	20				
合计						

任务单4 编制第100章总则清单

根据陆塞至和驰高速公路 No.10 合同段工程的招标文件获取以下信息：

"不计保险费，安全生产费不作为竞争性费用，信息化系统指定暂估价 200000 元。"

"查阅陆塞至和驰高速公路 No.10 合同段设计图纸可知，设计中还包括

_____ 等，与这些相关的内容也是应该列出的清单项。"

"承包人施工驻地根据招标文件技术规范要求，需计列。"

根据以上分析，初编并完善陆塞至和驰高速公路 No.10 合同段招标工程量清单第 100 章列项，填入表 1.2.10。

表 1.2.10 工程量清单表

清单 第 100 章 总则

子目号	子目名称	单位	数量	单价	合价

1)完成任务需要解决的问题

本项目第100章总则清单,必须列出《公路工程标准施工招标文件》(2018年版)中第100章所列的全部清单项吗?第100章应根据什么列项?

2)任务评价及反馈(表1.2.11)

表1.2.11　学习情况评价表

评价指标		权重(%)	自评分	组内互评	教师评分	
知识与能力	工程量清单列项	40				综合评分
	清单工程量计算	10				
	软件完成任务时间质量	30				
	素质	20				
合计						

任务单 5 工程量清单固化

学习案例项目中工程量清单固化方法,明确固化的内容和需要编辑的计算式,对陆塞至和驰高速公路No.10 合同段招标工程量清单进行固化。

1)完成任务需要解决的问题

①招标工程量清单固化主要是锁定哪些不允许投标人修改的内容?

②工程量清单中,需要编辑计算式的有哪几项? 写出需要编辑的计算式。

2)任务评价及反馈(表 1.2.12)

表 1.2.12 学习情况评价表

	评价指标	权重(%)	自评分	组内互评	教师评分	
知识与能力	固化单价	20				综合评分
	固化章合计及合价	20				
	固化汇总表	20				
	完成任务时间质量	20				
	素质	20				
合计						

3.5　任务成果

1）成果文件

提供陆塞至和驰高速公路 No.10 合同段固化工程量清单 Excel 电子文件。

2）清单编制小结

（提示：主要从清单编制的依据、步骤、方法、注意事项等方面进行小结，如有对教学的意见建议，也请写出。）

3.6　评价及反馈（表 1.2.13）

表 1.2.13　学习情况评价表

评价内容	任务单 1	任务单 2	任务单 3	任务单 4	任务单 5	成果	小结	综合评分
分值								

任务4　编制公路工程量清单招标控制价

4.1　任务引入

我们已接到编制陆塞至和驰高速公路 No.10 合同段招标控制价的任务,招标人要求在开标前 5 天公布招标控制价(最高投标限价)。

目前,根据招标项目的设计图纸及招标文件要求,完成了招标工程量清单编制。下一步任务是编制工程量清单计价文件并形成招标控制价,其中最主要的工作是计算工程量清单子目单价。

4.2　学习目标

素质目标	1.以招标时的团队协作培养团队意识 2.以招标控制价的重要性来获得认同感,建立信心,提升自身的专业能力及专业素养 3.以训练过程的思考,培养科学思维 4.从招标控制价编制的严谨性,提出坚守职业道德和工匠精神 5.从招标控制价的保密性,提出加强法律意识,严恪职业操守
知识目标	1.工程量清单单价组成 2.建设项目费用组成 3.工程量清单单价编制方法及步骤 4.公路工程预算定额 5.预算定额的调整换算方法 6.公路工程建设项目概预算编制办法
能力目标	1.能编制本项目的路基土石方、排水、路面工程等章节清单子目单价及合价 2.能够导出及打印报表 3.能够应用造价软件完成上述工作

4.3　任务书

在陆塞至和驰高速公路 No.10 合同段土建施工招标阶段,已完成编制招标文件和招标工程量清单工作,下一步任务是编制工程量清单计价文件并形成招标控制价。

该项目路面混合料运输的平均运距为 2.8 km。

经过询价,本项目材料原价及运输信息如表 1.2.14 所示。

表 1.2.14　材料预算单价计算参数表

序号	名称	单位	原价(元)	起讫地点	运输方式	运距(km)	单位运价(元/t·km)	装卸费(元/t·次)	装卸次数	其他费用(元/t)	预算单价
1	光圆钢筋	t	3600	河池钢材厂—工地	汽车	30	0.44	3.2	1	5	
2	带肋钢筋	t	3600								

续表

序号	名称	单位	原价（元）	起讫地点	运输方式	运距（km）	单位运价（元/t·km）	装卸费（元/t·次）	装卸次数	其他费用（元/t）	预算单价
3	32.5级水泥	t	310	河化集团群山水泥厂—工地	汽车	6.3	0.44	3.2	1	0	
4	石油沥青	t	3700	南宁—工地	汽车	280	0.44	3.9	1	15	
5	改性沥青	t									4870
6	橡胶沥青	t									4100
7	改性乳化沥青	t									3000
8	岩沥青	t									3410
9	重油	kg									4.1
10	汽油	kg									7.02
11	柴油	kg									6.32
12	电	kW·h									1.92
13	水	m³									2.22
14	砂（各类）	m³	68								
15	片石	m³	50								
16	碎石（各类石灰岩碎石）	m³	70	六甲梅洞石场—工地	汽车	6.3	0.4	1.5	1	0	
17	路面用石屑	m³	80								
18	辉绿岩碎石	m³	90	田东那拔石场—工地	汽车	240	0.4	2	1	0	

注：表中未列出的材料，预算单价采用定额单价。

有关取费费率参数如表1.2.15所示。

表1.2.15　取费费率参数表

费率信息	参数要求
工地转移（南宁—工地）（km）	250
综合里程（沿线乡镇）（km）	5

4.4　任务实施

通过第2部分案例项目学习,分章节完成编制工程量清单单价的任务。

任务单1　编制第200章路基土石方工程量清单单价

1)实施步骤

步骤1:分析清单子目的计量规则。

通过案例项目回顾路基土石方工程工程量清单计量规则。

步骤2:清单子目选套定额,填入表1.2.16。

根据本项目路基土石方工程的清单子目工程内容,选套正确定额,并将部分结果填入表1.2.16中。

步骤3:计算定额工程量,填入表1.2.16。

步骤4:分析消耗的资源及数量,计算工料机预算价格。

①分析清单子目工作的工料机消耗量。

通过查找清单子目对应的定额,求出清单子目工作的资源消耗量。

试在表1.2.17中,分析【203-1-c 挖除非适用材料(不含淤泥、岩盐、冻土)(含5 km运输)】的资源消耗量,该工作拟采用的机械为2.0 m³以内履带式液压单斗挖掘机和装载质量30 t以内自卸汽车。

表 1.2.16　清单子目项与定额子目对应关系（路基土石方工程）

工程内容	子目号/定额编号	子目名称/定额名称	单位/定额单位	设计工程量	定额换算	工程类别
推、装、运、弃	202-1-a	清理现场	m²	221592		
挖、装、运、弃	203-1-a	路基挖土方（含 5 km 运输）	m³	341362		

				挖、装、运、弃	203-1-c	挖除非适用材料（不含淤泥、岩盐、冻土）（含5 km运输）	m³	18590			
				整平、碾压	204-1-a	路基利用土填筑	m³	278165			

表 1.2.17 单价分析表

细目号：203-1-c
细目名称：挖除非适用材料（不含淤泥、岩盐、冻土）（含 5 km 运输）

工程项目　　　　　　　　　　数量：

工程细目

定额单位　　　　　　　　　　单位：

工程数量

　　　　　　　　　　　　　　单价：

序号	定额表号	工料机名称	单位	定额单价	定额人工	预算单价	定额	数量（计算过程）	金额（计算过程）	定额	数量（计算过程）	金额（计算过程）	定额	数量	金额
										合计					
1															
2															
3															
4	基价（定额直接费）		元												

5	其中:定额人工费	元											
6	其中:定额施工机械费	元											
7	直接费	元											
8	其中:人工费	元											
	其中:机械人工费	元											
	措施费	Ⅰ	元										
		Ⅱ	元										
	企业管理费	元											
	规费	元											
	利润	元											
	税金	元											
	金额合计	元											
	综合单价	元/m³											

②确定人工和机械台班预算单价。

a.确定人工预算单价。根据《公路工程建设项目估算概算预算编制办法广西补充规定》（桂交建管发〔2019〕39号）（简称《部颁编制办法广西补充规定》），人工费单价（含机械人工、船员）全区统一为_____元/工日，潜水员人工费单价为_____元/工日。

b.确定机械台班预算单价。在表1.2.18中计算装载质量30 t以内自卸汽车（代号8007020）的台班预算单价，已知机械的车船税为1.36元/台班，不计养路费。

表1.2.18　机械台班预算单价计算

	不变费用		可变费用		
装载质量30 t以内自卸汽车	折旧费		名称	台班消耗量	金额
	检修费		人工		
	维护费		燃油		
	安拆辅助费		其他费用	—	
	小计		小计	—	
台班预算单价（元/台班）					

步骤5：计算措施费及企业管理费。

①根据工程类别的划分标准，确定各定额子目的工程类别，填入表1.2.16。

②根据《公路工程建设项目概算预算编制办法》（JTG 3830—2018），将措施费各项费率填入表1.2.19，企业管理费各项费率填入表1.2.20。

③在表1.2.17中完成措施费、企业管理费的计算。

表1.2.19　措施费费率

	工程类别	序号	取费参数信息		
措施费费率（%）	冬季施工增加费	1			
	雨季施工增加费	2			
	夜间施工增加费	3			
	高原地区施工增加费	4			
	风沙地区施工增加费	5			
	沿海地区施工增加费	6			
	行车干扰施工增加费	7			
	施工辅助费	8			
	工地转移费	9			
	综合费率 Ⅰ	10	—		
	Ⅱ	11	—		

表 1.2.20　企业管理费费率

序号	工程类别	企业管理费率(%)					
		基本费用	主副食运费补贴	职工探亲路费	职工取暖补贴	财务费用	综合费率
1							
2							

步骤6：计算规费、利润及税金。

根据《部颁编制办法广西补充规定》《公路工程建设项目概算预算编制办法》（JTG 3830—2018）及国家现行有关税项规定，在表1.2.17中完成规费、利润及税金的计算。

步骤7：用造价软件完成清单子目单价、合价及章合计计算。

①在表1.2.17中完成指定清单子目的单价计算。

②陆塞至和驰高速公路No.10合同段路基土石方清单的单价、合价、章合计结果填入表1.2.21。

③利用公路工程造价软件完成路基土石方工程工程量清单计价，导出块文件。

表 1.2.21　标价工程量清单

清单　第200章　路基					
子目号	子目名称	单位	数量	单价	合价
清单　第200章合计　人民币＿＿＿＿＿元					

2) 完成任务需要解决的问题

①结合陆塞至和驰高速公路 No.10 合同段设计图纸,工程量清单子目"202-1-a 清理现场"的工程内容有哪些?

②本项目招标工程量清单子目描述中已经说明含 5 km 运输,如果超出此运距,怎么处理?

③与机械作业相关的同一定额表中有多个可选择的定额时,如定额表 1-1-10,应如何选择定额?

④清单子目 202-1-a 场地清理、203-1-c 挖除非适用材料(不含淤泥、岩盐、冻土)和 204-1-d 借土填方套用了运输定额,其运距如何确定?

⑤清单子目中的"单位"和套用定额时的"定额单位"有什么不同?

⑥对比定额子目工程量与清单子目工程量,有何异同?

⑦如何理解工程量清单计价中经常说的"计价不计量"?

⑧定额直接费怎么计算?

3)任务评价及反馈(表 1.2.22)

表 1.2.22 学习情况评价表

	评价指标	权重(%)	自评分	组内互评	教师评分	
知识与能力	定额选择	10				综合评分
	定额工程量计算	10				
	机械台班预算单价计算	10				
	确定取费费率	10				
	单价分析表计算完整正确	20				
	问题的分析与解决	10				
	软件完成任务时间质量	10				
	素质	20				
合计						

任务单 2　编制第 200 章路基排水工程量清单单价

1）实施步骤

步骤 1：分析清单子目的计量规则。

通过案例项目回顾路基排水工程工程量清单计量规则。

步骤 2：清单子目选套定额，填入表 1.2.23。

①根据本项目排水工程的清单子目工程内容，选套正确定额，填入表 1.2.23。

表 1.2.23　清单子目项与定额子目对应关系（路基排水工程）

工程内容	子目号/定额编号	子目名称/定额名称	单位/定额单位	设计工程量	定额换算	工程类别
挖基、砌石、勾缝、抹面	207-1-a	M7.5 浆砌片石	m³	4720		
混凝土拌和、浇筑	207-1-c	现浇 C20 混凝土台帽	m³	1396		
预制混凝土、钢筋制作及安装、盖板安装	207-1-e	预制安装 C30 混凝土边沟盖板	m³	482		

续表

工程内容	子目号/定额编号	子目名称/定额名称	单位/定额单位	设计工程量	定额换算	工程类别
挖基、铺防水材料、铺管、填筑、铺透水土工材料	207-5-b	渗沟	m	5653		

②分析判断有无定额换算。根据定额和设计分析判断,对于边沟所套用的定额,有定额换算的填入表1.2.24。

表 1.2.24　定额调整分析

序号	定额	定额采用	设计采用	定额换算/调整

③对于定额【4-6-3-1 混凝土墩、台帽】,混凝土 C30 换算成 C20,调整定额中水泥、中粗砂和碎石消耗量,计算过程填入表 1.2.25。

表 1.2.25　混凝土配合比定额换算

项目	原定额	设计	混凝土用量(m^3)	32.5 级水泥用量	中粗砂用量(m^3)	碎石(m^3)
配合比						
现浇混凝土台帽						

步骤3:计算定额工程量,填入表1.2.23。

步骤4:分析消耗的资源及数量,计算工料机预算价格。

①分析清单子目工作的工料机消耗量。通过查找清单子目对应的定额,求出清单子目工作的资源消耗量。

试在表 1.2.26 中,分析【207-1-c 现浇 C20 混凝土台帽】的资源消耗量,该工作拟采用 250 L 以内混凝土搅拌机拌和。

②确定材料的预算单价。试计算材料碎石、32.5 级水泥的预算单价,计算参数详见"第 1 部分 4.3 任务书"。

a.碎石:

运杂费 = _____

预算单价 = _____

b.32.5 级水泥:

运杂费 = _____

预算单价 = _____

表 1.2.26 单价分析表

细目号：207-1-c

细目名称：现浇 C20 混凝土台帽

工程项目：　　　　数量：　　　　单位：　　　　单价：　　　　货币单位：人民币元

工程细目：

定额单位：

工程数量：

定额表号：

序号	工料机名称	单位	定额单价	定额人工	预算单价	定额	数量（计算过程）	金额（计算过程）	定额	数量（计算过程）	金额（计算过程）	数量	金额
1													
2													
3													
4													
5													
6													
7													
8													

合计

	9	10	11	12	13	其中:定额人工费	其中:定额施工机械使用费	直接费	其中:人工费(含机械工)		措施费	企业管理费	规费	利润	税金	金额合计	综合单价
										I							
										II							
						元	元	元	元	元	元	元	元	元	元	元	元/m³

步骤 5：计算措施费及企业管理费。

①根据工程类别的划分标准，确定各定额子目的工程类别，填入表 1.2.23。

②根据《公路工程建设项目概算预算编制办法》(JTG 3830—2018)关于措施费及企业管理费计算规定，确定排水工程措施费及企业管理费的取费类别及费率，填入表 1.2.27。

③根据确定的措施费及企业管理费综合费率，完成表 1.2.26 中措施费、企业管理费的计算。

步骤 6：计算规费、利润及税金。

在表 1.2.26 中完成规费、利润及税金的计算。

表 1.2.27　措施费及企业管理费综合费率计算表

工程类别	措施费综合费率（%）											企业管理费综合费率（%）					
	冬季施工增加费	雨季施工增加费	夜间施工增加费	高原地区施工增加费	风沙地区施工增加费	沿海地区施工增加费	行车干扰施工增加费	施工辅助费	工地转移费	合计 I	合计 II	基本费用	主副食运费补贴	职工探亲路费	职工取暖补贴	财务费用	合计

步骤 7：用造价软件完成清单子目单价、合价及章合计计算。

本项目路基边沟清单的单价、合价、章合计计算如表 1.2.28 所示。

表 1.2.28　标价工程量清单

| 清单　第 200 章　路基 | | | | | |
子目号	子目名称	单位	数量	单价	合价
清单　第 200 章合计　人民币 _____ 元					

利用公路工程造价管理软件完成路基排水工程工程量清单计价，导出块文件。

2) 完成任务需要解决的问题

①边沟盖板采用现场预制和预制场预制的不同施工方法,工程内容上有什么不同?

②现浇混凝土边沟与浆砌片石边沟套用定额有何不同?

③如何判断混凝土结构物定额中是否包含拌制混凝土的工作?

④需要单独套用混凝土拌制工作内容的定额时,一般应在《公路工程预算定额》(JTG/T 3832—2018)哪个章节中查找?

⑤现浇混凝土结构物套用混凝土拌制定额时,定额工程量是否要考虑损耗? 损耗率怎么计算?

⑥碎石从石场运输到工地堆料场过程中发生的运输损耗属于什么损耗,损耗率怎么确定? 从工地堆料场到施工工作面发生的运输及操作损耗属于什么损耗,损耗率怎么确定?

3)任务评价及反馈(表 1.2.29)

表 1.2.29 学习情况评价表

评价指标		权重(%)	自评分	组内互评	教师评分	
知识与能力	定额选择	10				综合评分
	定额工程量计算	10				
	材料预算单价计算	10				
	确定取费费率	10				
	单价分析表计算完整正确	20				
	问题的分析与解决	10				
	软件完成任务时间质量	10				
	素质	20				
合计						

任务单 3　编制第 300 章路面工程量清单单价

1) 实施步骤

步骤 1:分析清单子目的计量规则。

通过案例项目回顾路基排水工程工程量清单计量规则。

步骤 2:清单子目选套定额,填入表 1.2.30。

①根据路面工程清单子目工程内容,选套正确定额,填入表 1.2.30。

配碎石层采用平地机拌和机械摊铺,水泥稳定碎石层采用生产能力 300 t/h 拌和设备,装载质量 30 t 以内自卸汽车和宽度 12.5 m 以内摊铺机施工,沥青混合料采用生产能力 240 t/h 拌和设备机械摊铺。

②分析判断有无定额换算。根据定额和设计分析判断,路面工程清单所套用的定额,换算填入表 1.2.31。

a.路面厚度换算。本任务中【定额 2-2-2-15 机械摊铺级配碎石底基层】分析如表1.2.32所示。

消耗量换算如表 1.2.33 所示。

b.稳定土配合比的换算。本任务中【定额 2-1-7-5 厚 40 cm 厂拌水泥稳定碎石基层】分析如表 1.2.34 所示。

消耗量换算如表 1.2.35 所示。

c.运距超过 1 km 时的换算。本任务中【定额 2-1-8-11 装载质量 30 t 以内自卸汽车运厂拌基层稳定土混合料运输第一个 1 km】,根据稳定土拌和站位置及供应全线水泥稳定碎石混合料的关系,确定本项目水泥稳定碎石混合料的平均运距为 2.8 km。

增运运距分析填入表 1.2.36。

消耗量换算如表 1.2.37 所示。

d.分层拌和碾压时的换算。本任务中【定额 2-1-9-12 宽度 12.5 m 以内摊铺机铺筑底基层】消耗量换算如表 1.2.38 所示。

步骤 3:计算定额工程量。

分析图纸相应清单子目的工程内容,正确摘取并计算定额子目的工程量。各定额子目的工程量填入表 1.2.30 中。

步骤 4:分析消耗的资源及数量,计算工料机预算价格。

①分析清单子目工作的全部资源(工料机等)消耗量。通过查找清单子目对应的定额,可求出清单子目工作的资源消耗量。

下面以【310-2 厚 6 mm 改性乳化沥青稀浆封层】为例,利用表 1.2.39 分析资源消耗量。

②确定工料机预算单价。

a.确定人工预算单价。根据《部颁编制办法广西补充规定》,人工费单价全区统一为＿＿＿＿＿元/工日。

b.确定材料预算单价。请计算石油沥青(罐装)、路面用石屑的预算单价,计算参数详见"第 1 部分 4.3 任务书"。

● 石油沥青:

运杂费 =＿＿＿＿＿＿＿＿＿＿＿＿＿＿

预算单价 =＿＿＿＿＿＿＿＿＿＿＿＿＿

● 路面用石屑:

运杂费 =＿＿＿＿＿＿＿＿＿＿＿＿＿＿

预算单价 =＿＿＿＿＿＿＿＿＿＿＿＿＿

表 1.2.30　清单子目项与定额子目对应关系（路面工程）

工程内容	子目号/定额编号	子目名称/定额名称	单位/定额单位	设计工程量	定额换算	工程类别
摊铺、整平、洒水、碾压	302-1-a	厚 150 mm 级配碎石垫层	m²	200704		
拌和、运输、摊铺、整形、碾压、养护、拌和站安拆	304-3-a	厚 400 mm4%水泥稳定碎石底基层	m²	176482		
清理下承层、洒布、整形、碾压、找补、养护	310-2	厚 6 mm 改性乳化沥青稀浆封层	m²	171784		
拌和、运输、摊铺、整形、碾压、养护、拌和站安拆	309-3-a	厚 80 mmAC-25C 粗粒式沥青混凝土下面层	m²	167027		

表 1.2.31　定额调整分析

序号	定额	定额采用	设计采用	定额换算/调整

表 1.2.32　路面结构层厚度定额换算分析

项目	原定额	设计	增加厚度
厚度（cm）			

表 1.2.33　结构层厚度定额换算

工料机名称	单位	原定额消耗		按设计要求换算的定额消耗
		压实厚度 8 cm	每增减 1 cm	厚度 15 cm
人工	工日			
碎石	m³			
10000 L 以内洒水汽车	台班			

表 1.2.34　水泥稳定碎石层定额换算分析

项目	原定额	设计
厚度(cm)		
水泥用量(%)		
碎石用量(%)		

表 1.2.35　厚度、配合比定额换算

工料机名称	单位	原定额消耗		按设计要求换算的定额消耗	
		压实厚度 20 cm	每增减 1 cm	先换算厚度	再换算配合比
32.5 级水泥	t	22.566	1.128		
碎石	m³	296.73	14.84		

表 1.2.36　混合料增运级数分析

项目	原定额	设计	增运运距	增运级数 (每增运 0.5 km 为一级)
运距(km)				

表 1.2.37　运距定额换算

工料机名称	单位	原定额消耗		按设计要求换算的定额消耗
		第一个 1 km	每增运 0.5 km	运距 19.82 km
30 t 以内自卸汽车	台班			

表 1.2.38　分层碾压定额换算

工料机名称	单位	原定额消耗量	按设计要求换算的定额消耗量
		单层碾压	分(　　)层碾压
人工	工日		
12~15 t 光轮压路机	台班		
20 t 以内振动压路机	台班		
12.5 m 以内稳定土摊铺机	台班		
16~20 t 轮胎式压路机	台班		
10000 L 以内洒水汽车	台班		

表 1.2.39 单价分析表

细目号:310-2
细目名称:厚 6 mm 改性乳化沥青稀浆封层

工程项目：　　　　　单位：　　　　　数量：　　　　　单价：　　　　　货币单位:人民币元

序号	工料机名称	单位	定额单价	定额人工	预算单价	定额表号	定额	数量（计算过程）	金额（计算过程）	数量	金额
1											
2											
3											
4											
5											
6											
合计											

工程细目：
定额单位：
工程数量：

7	8	9		
		基价（定额直接费）		元
		其中：定额人工费		元
		其中：定额施工机械使用费		元
		直接费		元
		其中：人工费（含机械工）		元
		措施费	I	元
			II	元
		企业管理费		元
		规费		元
		利润		元
		税金		元
		合计金额		元
		综合单价		元/m²

c.确定机械预算单价。

在表 1.2.40 中计算 10000 L 以内洒水汽车(代号 8007043)的台班预算单价,已知机械的车船税为 0.76 元/台班,不计养路费。

③将工料机预算单价填入表 1.2.39 中相应位置,并继续填写单价分析表。

表 1.2.40　机械台班预算单价计算表

10000 L 以内洒水汽车	不变费用		可变费用		
	折旧费		名称	台班消耗量	金额
	检修费		人工		
	维护费		燃油		
	安拆辅助费		其他费用	—	
	小计		小计	—	
台班预算单价 (元/台班)					

步骤 5:计算措施费及企业管理费。

①根据工程类别的划分标准,确定各定额子目的工程类别,填入表 1.2.39。

②查《公路工程建设项目概算预算编制办法》(JTG 3830—2018),确定本任务涉及的工程类别的措施费综合费率和企业管理费综合费率,填入表 1.2.41。

③根据确定的措施费及企业管理费综合费率,完成表 1.2.39 中措施费、企业管理费的计算。

步骤 6:计算规费、利润及税金。

在表 1.2.39 中完成规费、利润及税金的计算。

表 1.2.41　措施费及企业管理费综合费率计算表

工程类别	措施费综合费率(%)											企业管理费综合费率(%)					
	冬季施工增加费	雨季施工增加费	夜间施工增加费	高原地区施工增加费	风沙地区施工增加费	沿海地区施工增加费	行车干扰施工增加费	施工辅助费	工地转移费	合计		基本费用	主副食运费补贴	职工探亲路费	职工取暖补贴	财务费用	合计
										I	II						

步骤7:用造价软件完成清单子目单价、合价及章合计计算。

本项目路面工程清单的单价、合价、章合计计算如表1.2.42所示。

表 1.2.42　标价工程量清单

清单　第300章　路面					
子目号	子目名称	单位	数量	单价	合价

续表

<table>
<tr><td colspan="6" align="center">清单　第300章　路面</td></tr>
<tr><td align="center">子目号</td><td align="center">子目名称</td><td align="center">单位</td><td align="center">数量</td><td align="center">单价</td><td align="center">合价</td></tr>
<tr><td></td><td></td><td></td><td></td><td></td><td></td></tr>
<tr><td></td><td></td><td></td><td></td><td></td><td></td></tr>
<tr><td></td><td></td><td></td><td></td><td></td><td></td></tr>
<tr><td></td><td></td><td></td><td></td><td></td><td></td></tr>
<tr><td></td><td></td><td></td><td></td><td></td><td></td></tr>
<tr><td></td><td></td><td></td><td></td><td></td><td></td></tr>
<tr><td></td><td></td><td></td><td></td><td></td><td></td></tr>
<tr><td></td><td></td><td></td><td></td><td></td><td></td></tr>
<tr><td></td><td></td><td></td><td></td><td></td><td></td></tr>
<tr><td></td><td></td><td></td><td></td><td></td><td></td></tr>
<tr><td colspan="6" align="center">清单　300章合计　人民币 ＿＿＿＿＿＿＿ 元</td></tr>
</table>

利用公路工程造价软件完成路面工程工程量清单计价,导出块文件。

2) 完成任务需要解决的问题

①级配碎石底基层,水泥混凝土的拌和、运输,拌和站安拆定额分别在哪些章节?

②以40 cm厚4%水泥稳定碎石为例说明,当路面结构层压实厚度超过定额要求,且需要分层拌和碾压时,选用定额如何换算?

③如果本项目水泥稳定碎石基层采用生产能力为400 t/h以内稳定土厂拌设备进行拌和,选择的定额有哪些变化?需进行哪些调整?

3) 任务评价及反馈(表1.2.43)

表1.2.43　学习情况评价表

评价指标		权重(%)	自评分	组内互评	教师评分	
知识与能力	定额选择	10				综合评分
	定额工程量计算	10				
	材料预算单价计算	10				
	确定取费费率	10				
	单价分析表计算完整正确	20				
	问题的分析与解决	10				
	软件完成任务时间质量	10				
	素质	20				
合计						

任务单 4　编制第 100 章总则工程量清单总额价

根据《公路工程标准施工招标文件》（2018 年版）关于第 100 章总则的有关条款，采用相应方法确定各项清单子目的总额价。

在造价软件中计算陆塞至和驰高速公路 No.10 合同段第 100 章清单子目单价、合价，填入表 1.2.44。

表 1.2.44　第 100 章清单子目计价方式

清单　第 100 章　总则

子目号	子目名称	单位	数量	单价	计价方式
102	工程管理				
102-1	竣工文件	总额	1		
102-2	施工环保费	总额	1		
102-3	安全生产费	总额	1		
102-4	信息化系统（暂估价）	总额	1		
103	临时工程与设施				
103-1	临时道路修建、养护与拆除	总额	1		
103-2	临时占地	总额	1		
103-3	临时供电设施架设、维护与拆除（包括原道路的养护）	总额	1		
103-4	电信设施提供、维修与拆除	总额	1		
103-5	临时供水与排污设施	总额	1		
104	承包人驻地建设				
105	施工标准化				
105-1	施工驻地	总额	1		
105-3	拌和站	总额	1		

4.5 任务成果

1)招标控制价成果文件

①导出项目文件。

②导出报表。根据《公路工程标准施工招标文件》(2018年版),报表包括工程量清单说明、投标报价说明、计日工说明、其他说明及工程量清单。

③编制招标控制价封面。

2)清单子目单价编制小结

(提示:主要从清单子目单价编制的依据、步骤、方法、注意事项等方面进行小结,如有对教学的意见建议,也请写出。)

4.6 评价及反馈(表1.2.45)

表1.2.45 学习情况评价表

评价内容	任务单1	任务单2	任务单3	任务单4	成果	小结	综合评分
分值							

模块 3　公路工程土建施工投标与投标报价

任务 5　编制公路工程工程量清单投标报价

5.1　任务引入

陆塞至和驰高速公路 No.10 合同段项目在规定的媒体上公布公开招标信息后,共有 15 家施工单位报名参与项目投标。作为其中一家投标单位,在项目招标规定的投标截止日期之前,需要编制投标文件并参与投标。

投标文件的核心是投标报价。投标报价要根据招标项目的设计图纸及招标要求,按照招标人公布的招标工程量清单进行工程量清单复核、工程量清单子目单价和合价计算、投标报价汇总,再根据招标控制价(最高投标限价)、评标办法等调整报价,最终确定项目的投标报价。

5.2　学习目标

素质目标	1.以投标时需要良好的团队协作培养团队意识 2.对围标、串标等社会热点问题进行讨论分析,提高辨识能力和法律意识 3.以注重企业成本分析管理促进投标报价竞争性,强化管理出效率的企业精神 4.以编制优质的投标报价获取中标来获得认同感,建立信心,提升自身的专业能力
知识目标	1.投标步骤 2.评标办法 3.投标单价编制方法 4.投标报价的调整方法
能力目标	1.能够导入招标工程量清单 2.学会编制投标报价的方法 3.能够说出实施性施工组织设计与投标报价的关系 4.能够应用造价软件完成编制、调整、导出投标报价工作

5.3　任务书

根据项目的招标文件要求,以《公路工程建设项目概算预算编制办法》(JTG 3830—2018)、《部颁编制办法广西补充规定》《公路工程预算定额》(JTG/T 3832—2018)、《公路工程机械台班费用定额》(JTG/T 3833—2018)、企业施工定额及市场询价为依据,编制陆塞至和驰高速公路 No.10 合同段标投标报价,并根据公布的招标控制价调整报价。

已经公布的陆塞至和驰高速公路 No.10 合同段的招标控制价为 134653500 元。

5.4 任务实施

任务单1 编制投标报价

通过造价软件编制陆塞至和驰高速公路 No.10 合同段的工程量清单单价、合价,填写投标报价汇总表(表 1.3.1)。

表 1.3.1 投标报价汇总表

公路　　　　合同段

序号	章次	科目名称	金额(元)
1	100	总则	
2	200	路基	
3	300	路面	
4	400	桥梁、涵洞	
5	500	隧道	
6	600	安全设施及预埋管线	
7	700	绿化及环境保护设施	
8		第 100 章至 700 章清单合计	
9		已包含在清单合计中的材料、工程设备、专业工程暂估价合计	
10		清单合计减去材料、工程设备、专业工程暂估价合计(即 8−9＝10)	
11		计日工合计	
12		暂列金额(不含计日工总额,按第 100 章至 700 章清单合计 ＿6＿ %计)	
13		投标报价(8+11+12)＝ 13	

任务单2 调整投标报价

分别采取以下 3 种调价方案调整投标报价,将调价结果填入表 1.3.2。

表 1.3.2 调价方案与调价结果

方案	调价目标	调整后报价(元)
一	目标报价约 1.20 亿元	
二	机械调价系数 0.90(311-2 AC-20C 中粒式岩沥青改性沥青混凝土的机械系数不调价)	
三	按以下几项清单子目的目标综合单价调整: 挖土方:9.96 元/m^3 挖石方:24.70 元/m^3 M7.5 浆砌片石:330.50 元/m^3	

5.5 任务成果

1)成果文件

①编制最终投标报价,导出项目文件。

②编制投标报价封面。

2)投标报价编制小结

(提示:主要从投标报价编制与招标控制价编制的比较等进行小结,如有对教学的意见建议,也请写出。)

5.6 评价及反馈(表 1.3.3)

表 1.3.3 学习情况评价表

评价内容	任务单 1	任务单 2	成果	小结	综合评分
分值					

练习题

一、判断题

1.大、中桥起点至终点桩号之间的土石方数量计入桥梁工程的工程量中,不计入路基土石方工程量。（　　）

2.现行公路工程造价组成中,建筑安装工程费包括安全生产费和标准化工程建设费。（　　）

3.施工图预算、工程招标的标底或造价控制值等不能随意突破概算。（　　）

4.借方=填方-利用方,单位为压实方;弃方=挖方-利用方,单位为天然密实方。（　　）

5.各省、自治区等根据不同情况,对《公路工程建设项目概算预算编制办法》（JTG 3830—2018）须进行相关补充,形成重要的编制办法补充规定文件。（　　）

6.场外运输损耗是指有些材料在正常的运输过程中发生的损耗,这部分损耗应摊入材料单价内。（　　）

7.劳动定额和机械台班定额一般以时间定额的形式出现,分别是定额单位工日和台班。（　　）

8.高速公路项目招标工程量清单可自行编制,不需要执行《公路工程标准施工招标文件》（2018年版）。（　　）

9.在项目建设的各阶段中,对建设工程全过程造价控制的重点是在设计阶段。（　　）

10.在公路工程造价中,所有人工、机械均按8小时来计工日或台班。（　　）

11.图纸中所列的工程数量表及数量汇总表仅是提供招投标资料,不是工程量清单的外延。当图纸与工程量清单所列数量不一致时,以清单数量为准。（　　）

12.工程量清单一般由招标单位提供。在招投标时,根据相同的工程量清单,招标人编制投标报价,投标人编制招标控制价。（　　）

13.已中标的工程量清单单价,在施工结算中不能变更。（　　）

14.同为基础混凝土工程,C30混凝土和C25混凝土工程量可以合并列,只列一项清单子目。（　　）

15.工程量清单不考虑设计图纸未提供的工程量。（　　）

16.计日工清单可以用来处理一些附加或小型的变更工程计价。（　　）

17.工程量清单综合单价不包含风险费用,否则报价会偏高。（　　）

18.不计风险费用时,清单子目综合单价=建筑安装工程费/清单子目工程量。（　　）

19.投标报价时,工程量清单第100章可以不填报价格。（　　）

20.一般变更工程清单项目综合单价需要考虑下浮系数,即中标价/招标上控价。（　　）

二、选择题

1.《公路工程预算定额》（JTG/T 3832—2018）可在（　　）时使用。

　　A.编制施工图预算　　　　　　　　　　　　B.编制设计概算

　　C.编制工可估算　　　　　　　　　　　　　D.编制招标控制价

2.材料从采购点运至施工地点或仓库过程中发生的损耗即场外运输损耗费,（　　）。

　　A.计入定额消耗量　　　　　　　　　　　　B.不计场外运输损耗

　　C.计入材料预算单价　　　　　　　　　　　D.以固定费率考虑

3.《公路工程预算定额》（JTG/T 3832—2018）中,隧道洞身喷射混凝土的混凝土施工操作损耗率为（　　）。

　　A.15%　　　　　　　　B.1.5%　　　　　　　　C.2.0%　　　　　　　　D.20%

4.《公路工程预算定额》（JTG/T 3832—2018）中,【1-3-3 石砌边沟、排水沟、截水沟、急流槽】工作内容不包含下列( )。

    A.拌制砂浆   B.砌筑、勾缝   C.抹面   D.养生

5.下列各项费用中,( )不属于公路工程机械台班单价组成部分。

    A.检修费及维护费   B.折旧费

    C.机上人工费及动力燃料费   D.大型机械进退场费

6.编制工程量清单的主要依据是下列的( )。

    A.《公路工程预算定额》(JTG/T 3832—2018)

    B.《公路工程标准施工招标文件》(2018年版)

    C.《公路工程建设项目概算预算编制办法》(JTG 3830—2018)

    D.《公路工程机械台班费用定额》(JTG/T 3833—2018)

7.清单工程量计算与计量规则依据( )确定。

    A.《公路工程预算定额》(JTG/T 3832—2018)工程量计算规则

    B.《公路工程标准施工招标文件》(2018年版)

    C.设计图纸

    D.《公路工程建设项目概算预算编制办法》(JTG 3830—2018)

8.一个清单子目计价时的定额数目为( )。

    A.一个   B.两个

    C.多个   D.由清单工程内容和定额工作内容确定

9.工程量清单是招标文件的重要组成部分,其用途是( )。

    A.编制投标报价   B.编制招标控制价

    C.施工中期计量支付   D.竣工结算

10.清单子目综合单价由( )组成。

    A.直接费   B.设备购置费   C.企业管理费

    D.措施费   E.规费   F.利润和税金

11.根据《公路工程标准施工招标文件》(2018年版)规定,公路工程招投标报价文件的编制工作流程中"分解清单细目,确定相应定额子目"的下一步流程应为( )。

    A.通过资格预审,获取招标文件   B.制定施工组织计划

    C.计算清单项目预算单价   D.分析计算待摊费用、确定清单细目综合单价

12.招标控制价编制时,定额工程量计算依据是( )。

    A.《公路工程预算定额》(JTG/T 3832—2018)工程量计算规则

    B.《公路工程标准施工招标文件》(2018年版)

    C.《部颁编制办法广西补充规定》

    D.《公路工程建设项目概算预算编制办法》(JTG 3830—2018)

13.公路工程计量和计价时,挖台阶工作( )。

    A.单独计量   B.为利用方的附属工作,不单独计量

    C.为挖方的附属工作,不单独计量   D.为附属工作,不予以计量

14.清单第100章安全生产费属于招标人指定项目,投标报价时( )。

    A.可以不报价   B.可以随意报价

    C.按招标文件要求报价   D.先按招标文件要求报价,再调整

15.根据《公路工程标准施工招标文件》(2018年版),采用路基挖土方进行软土路基的回填,则回填工作应( )。

    A.计入换填方   B.计入利用方回填

C.计入借方回填 　　　　　　　　　　　　　D.计入灰土垫层

16.某项目路基填料采用挖方,其中石料含量为28%,则路基填筑清单子目为（　　）。

A.利用土方 　　　　B.利用石方 　　　　C.借土填方 　　　　D.利用土石混填

三、计算题

1.广西壮族自治区南宁市某一级公路项目袋装42.5级水泥、碎石情况如习题表1所示。

习题表1　材料预算单价计算参数表

材料、名称	原价	起讫地点	运输方式	运距（km）
袋装42.5级水泥	320元/t	某水泥厂、工地	汽车	15
碎石	80元/m³	某碎石场、工地	汽车	4

已知材料运价为0.5元/(t·km),装卸费为5元/t(只装卸一次),杂费为0.8元/t。

请确定42.5级水泥、碎石的材料预算价格(计算结果保留两位小数)。

2.广西壮族自治区南宁市汽油单价为7.12元/kg,请确定2000 L以内沥青洒布车(代号8003037)的台班预算单价(车船使用税为0.27)。

3.某一级公路项目路基土石方工程数量如习题表2所示,请列出清单(习题表3),计算清单工程量,写出计算过程(计算结果保留整数)。

习题表 2 工程数量表

序号	工程项目	单位	工程量(天然方)
1	清除表土(厚 30 cm)	m³	2354
2	挖掘机挖装松土	m³	748
3	挖掘机挖装硬土	m³	8651
4	挖掘机挖装腐殖土	m³	967
5	挖除旧沥青混凝土路面(厚 3 cm)	m³	3245
6	铲运机铲运普通土 60 m	m³	5346
7	机械打眼开炸软石	m³	1763
8	机械打眼开炸次坚石	m³	874
9	自卸汽车运土 3 km(利用方)	m³	9399
10	自卸汽车运腐殖土 5 km	m³	967
11	本桩利用普通土填筑	m³	5346
12	本桩利用石方填筑	m³	2637
13	自卸汽车远运利用松土填筑	m³	748
14	自卸汽车远运利用硬土填筑	m³	8651
15	自卸汽车运输借方(普通土)	m³	5692

习题表 3 工程量清单

子目号	子目名称	单位	数量

4.某一级公路项目路面工程数量如习题表4所示,请列出清单(习题表5),计算清单工程量,写出计算过程(计算结果保留整数)。

习题表4 工程数量表

序号	工程项目	单位	工程量
1	行车道		
(1)	级配碎石垫层(厚20 cm)	m^2	33745
(2)	石灰粉煤灰稳定碎石底基层(厚28 cm)	m^2	31540
(3)	4%水泥稳定碎石基层(厚25 cm)	m^2	29170
(4)	乳化沥青碎石下封层(厚1 cm)+透层	m^2	29170
(5)	AC-25C沥青混凝土下面层(厚8 cm)	m^2	28260
(6)	AC-13C沥青混凝土上面层(厚6 cm)	m^2	28260
2	硬路肩		
(1)	级配碎石垫层(厚12 cm)	m^2	2325
(2)	石灰粉煤灰稳定碎石底基层(厚18 cm)	m^2	2130
(3)	4%水泥稳定碎石基层(厚25 cm)	m^2	2050
(4)	乳化沥青碎石下封层(厚1 cm)+透层	m^2	2050
(5)	AC-16C沥青混凝土面层(厚6 cm)	m^2	1950
3	培土路肩(厚26cm)	m^2	365
4	混凝土预制块路缘石(横断面面积0.04 m^2)	m	1000

习题表5 工程量清单

子目号	子目名称	单位	数量(写出计算过程)

续表

子目号	子目名称	单位	数量(写出计算过程)

5.某二级公路项目部分路段设计采用浆砌块石挡土墙,挡土墙墙身横断面面积为 1.6 m²,工程数量如习题表 6 所示,所列清单如习题表 7 所示。请分析清单子目工程内容,选套正确定额,完成习题表 7(不用写定额名称,需计算的请写出计算过程)。

习题表 6　工程数量表

序号	工程内容	单位	工程量
1	M10 浆砌块石挡土墙墙身	m	40
2	沥青麻絮沉降缝	处	7
3	锥坡填土	m³	8
4	M10 水泥砂浆抹面	m²	45

习题表 7　清单子目项与定额子目对应关系

子目号/定额编号	工程细目/工程内容	单位/定额单位	设计工程量	定额抽换简述
209-3-a	M10 浆砌块石挡土墙	m³	64	
	砌墙			
	沉降缝			
	锥坡			
	抹面			

6.某浆砌块石盖板排水沟采用M12.5砂浆砌筑、M10砂浆勾缝,水沟盖板预制构件在小型构件预制场预制,并用手摇卷扬机装车、4t以内载货汽车运至现场,预制场到现场的平均运距为3.2 km。习题表8和习题表9是进行定额调整的过程,请按要求在习题表8、习题表9中补充完整(消耗量保留3位小数)。

习题表8 砂浆配合比定额换算

定额编号					
工程细目名称		浆砌块石盖板排水沟			
项目	原定额砂浆强度等级	设计砂浆强度等级	砂浆用量(m³)	32.5级水泥用量	中(粗)砂用量(m³)
配合比					
砌筑					
勾缝					
勾缝、砌筑合计					

习题表9 运距定额换算

定额编号				
工程细目名称		装载质量4 t以内载重汽车运输(手摇卷扬机装卸)		
工料机名称	单位	原定额消耗量		按设计要求换算的定额消耗量
		第一个1 km	每增运0.5 km	运距3.2 km
4 t以内载货汽车	台班			

7.某6%水泥稳定石屑基层,压实厚度为36 cm,拟采用稳定土拌和机拌和、路拌法施工,分两层摊铺、碾压。习题表10、习题表11是进行定额调整的过程,请按要求在习题表10、习题表11中补充完整(消耗量保留3位小数)。

习题表10 水泥稳定石屑层定额换算分析

定额编号	
工程细目名称	路拌法水泥稳定石屑基层
定额单位	
项目	原定额 设计
厚度(cm)	
混合料中的水泥剂量(%)	
混合料中的石屑用量(%)	

习题表 11 厚度、配合比、分层碾压定额换算

工料机名称	单位	原定额消耗量		按设计要求换算的定额消耗量	
		压实厚度 20 cm	每增减 1 cm	先换算厚度	再换算配合比及分层施工
人工	工日				
32.5 级水泥	t				
石屑	m³				
12~15 t 光轮压路机	台班		—	—	
洒水汽车					

8.某桥梁盖梁设计采用 C35 钢筋混凝土 30 m³,现浇非泵送施工。习题表 12 是进行定额调整的过程,请按要求在习题表 12 中补充完整(消耗量保留 3 位小数)。

习题表 12 混凝土配合比定额换算

定额编号					
工程细目名称					
项目	原定额混凝土强度等级	设计混凝土强度等级	混凝土用量(m³)	水泥用量	中粗砂用量(m³)	碎石用量(m³)
配合比					
现浇混凝土盖梁					

9.某县中桥桥面防水剂防水层工程量为 500 m²。请完成习题表 13,需要计算的,写出计算过程(金额保留整数)。

习题表 13 单价分析表(部分)

工程项目					防水层		
工程细目					桥面防水剂防水层		
定额单位					1000 m²		
工程数量							
定额表号					4-11-4-6		
工料机名称	单位	定额单价	定额人工	预算单价	定额	数量(计算过程)	金额(计算过程)
人工	工日	106.28		101.25	2.6		

续表

桥面防水涂料	m³	10.26		11.00	1664		
4000 L以内沥青洒布车	台班	587.79	1	543.08	0.06	0.03	16
基价(定额直接费)	元	1		1	17384		
其中:定额人工费	元						
其中:定额施工机械使用费	元						
直接费	元						
其中:人工费(含施工机械人工费)	元						

10.某县中桥桥面防水剂防水层工程量为 500 m²,套用定额4-11-4-6,定额单位为1000 m²。请完成习题表 14,需要计算的,写出计算过程(金额保留整数,综合单价保留两位小数)。

习题表 14　单价分析表(部分)

费用名称		单位	费率	金额(计算过程及结果)
基价(定额直接费)		元		8692
其中:定额人工费		元		138
其中:定额施工机械使用费		元		18
直接费		元		9300
其中:人工费(含施工机械人工费)		元		135
措施费	Ⅰ	元	2.235%	
	Ⅱ	元	1.537%	
企业管理费		元	5.759%	
规费		元		
利润		元		
税金		元	9%	
合计金额		元		
综合单价		元/m²